知行合一五千年

的
黄帝
一个
"中
了"中
，还
全呈现
界。

王莽：王莽迷信政策的出台，认为只要政策好就一定会收到奇效，却没有用力去兑现，所有他自认为好的政策都停留在纸面上，这是典型的知行不一。

王莽

羽：诸多史学家都
有妇人之仁，这是错误
。项羽正如我们大多数
，是意志不坚定，常常
初心的那种人。忘记初心，
付出忘记初心的代价。

汉武帝

汉武帝：如果说，嬴政是中华世界的缔造者，那么刘彻就是中华世界的守护者、巩固者，开疆拓土，沟通东西文化，其功勋后无来者。

汉

刘邦：楚汉相争，刘邦屡战屡败，每次战败，大家都认为刘邦死透了，可他又摇摇晃晃地从地上爬起，且比上一次更强大。大多数人都平庸无奇，就在于不敢屡败屡战。

秦始皇：秦帝
诞生，是对几千年
确立“中华”观念
回应。黄帝只是知
华”，而秦帝国则行
华”，不仅从文化
从地理、政治上完
为一个世界：中华

项
说项
的判
人一
忘了
就要

战国时期各个国家大眼瞪小眼，都发现今时不同往日，“弱肉强食”更加具体化，要想在这竞争激烈的时代不被淘汰，就必须变法图强，让自己快速脱胎换骨，超越他国。

三皇（燧人氏、伏羲氏、神农氏）：盘古创世纪，将硬件搭建完成后，软件工作则交给了“三皇”团队。中国人性格中的“团结”品质在此彰显。

黄帝：黄帝战蚩尤、平炎帝，首次实现部落大联盟，自此，中华人骨子里就有了统一意识。

春秋

齐桓公：齐国称霸，齐桓公只做了一件事，就是毫无条件地任用管仲。管仲知行合一，践行法家思想，助齐国迅速崛起。

晋文公：想成为霸主，“尊王”只是开胃菜，“攘夷”才是正餐。春秋时期，只有齐桓公和晋文公真正做到了“尊王攘夷”，知行合一。

战国

知行合一五千年思想线路图

从盘古到王莽

三皇

盘古：盘古开天地的神话告诉我们，世界和万物不是由神创造的，而是由人创造的。

尧舜禹

尧舜禹：尧的“谦让”、舜的“孝悌”，一让一孝，为我们中华人定型、定性，大禹治水给后人树立为民服务的典范。“尧舜禹”并称，是因为一脉相承，其所承的就是从心出发，知行合一。

西周

周公：尧舜时代，人们迫切需要的不是礼乐，而是填饱肚子。到了周公时代，人们已经能填饱肚子，建立良好的秩序刻不容缓，所以周公才制礼作乐。在应该做这件事时敢于担当，即知行合一。

知行合一五千年

度阴山讲中国史

度阴山 著

江苏凤凰文艺出版社
JIANGSU PHOENIX LITERATURE AND ART PUBLISHING, LTD

写在前

几千年以前，当黄帝站在中华大地上指点江山时，他不会想到他的子孙将在这块土地上汇演出无数可歌可泣的传奇，书写出无数慷慨激昂的雄壮史诗。

在几千年的历史长河中，中国人用书写历史的方式净化心灵、进化人格，从而形成了鹤立鸡群的民族性格，这种民族性格主宰着中国的命运，自然也影响着世界的进程。中国人不是喜欢历史，而是敬畏历史，我们把历史当成民族的《圣经》，用历史总结过去、展望未来，以历史上那些光辉人物为榜样，无论顺境逆境，都此心光明，永远向前。中国人还把历史看成一本天书，进入天书的人物就是我们的神。

我们的信仰不来自宗教，而是来自历史，这也正是我们的文明从未间断的根本原因。那么，中国人信仰的历史到底有哪些特质，从而使中国人是中国人而不是他国人呢？

首先，中国历史指点我们要有民族自信。中国历史中那些流传千古的人物，全属于圣贤，高度智慧和高度行动力打造了无数中华儿女精英，很少有民族会像中华民族一样，屡坠屡起，绝不服输，虽然有过黑暗，但人人都向往光明，而且肯去行动。

其次，中国历史指点我们要有文化自信。中国的文化不在诸子百家，不在儒释道，恰好在历史中，是那些拥有担当精神的伟大人物支撑起了我们的文化自信。

最后，中国历史指点我们要知行合一。五千年来，中国人始终用这四个字为自己的人生保驾护航，勤奋、智慧、和平，脚踏实地、实事求是，这一切唯独中国人才具备的品质，其来源正是知行合一的力量。

读史可以明智，这还停留在“术”的低层次，我们读中国历史，不仅要明智，更要明心见性。我们必须要知道今日之中国何以是这样而不是那样，历史中就有答案；我们必须要明白中国人何以是这种性格而不是那种性格，历史中也有答案；我们更要明白你是中国人不仅仅因为你黄皮肤黑头发，还因为你作为炎黄子孙，骨子里流淌的血液是三皇五帝的，是秦皇汉武的，是唐宗宋祖的，是“知其不可而为之”的孔子的，是“犯我强汉，虽远必诛”的陈汤的，是“此心光明”的王阳明的。

只有我们明白这一切，才能明白，中国人的《圣经》就是历史，而人心和人性就是推动历史前进的强大力量。知此，则可知未来中国，知此，我们才可以明白道路自信的真谛——决定一个民族命运的不是制度，而是民族性格。

中华民族的性格就是躬身入局，知行合一，五千年来没有变过，五千年后也不会变！

目　录

第三章　东周分两段之春秋

第四章　东周分两段之战国

第五章　太阳从秦升起

第六章　西汉：中华第一帝国的巅峰

第一章

创世纪——中国人的神话和传说

1／
盘古创世纪

当上帝在西方创造世界时，盘古也在中国创造世界。上帝说，要有光，就有了光；要有天地，就有了天地。不同于上帝的诙谐轻松，盘古创造世界的过程沉重而悲壮。

上帝是神，盘古只是个人。几万万年前，宇宙中飘浮着一个类似鸡蛋的椭圆体，鸡蛋之外一片死寂，鸡蛋之内一片混沌。盘古就住在蛋壳里。

忽然有一天，盘古醒来。他相貌奇特，铜铃般的大眼，头发卷曲而坚硬，额头大得出奇，占据了脸的二分之一。在浆液般的空气中，他咂巴着大嘴，百无聊赖。忽然，他发现行动不便，呼吸困难，沉闷抑郁。他敲着蛋壳，发现坚硬如铁，说："我要创造新世界！"

盘古开始锻炼自己，每天做十万个俯卧撑，十万个仰卧起坐，十万个蹲起，经过几万年的魔鬼式训练，练就了一身肌肉和无敌神力。他抠出一块蛋壳，打造成斧头，遂开始夜以继日地劈砍鸡蛋。

劈砍了几万年后，鸡蛋裂开，蛋清慢慢上升，成了天；蛋黄逐渐下移，成了地。盘古累得虚脱，坐下歇着，可才一站起，脑袋就碰到蛋清，仍然是压抑。盘古大怒，脚踩着地，手举着天，身体急剧膨胀，大叫一声："我开！"

天被他撑得奇高，地被他踩得奇低，盘古的身躯无限延长，天地也越发广大，做完这件事后，盘古累得五脏俱裂，这位顶天立地的汉子倒在了地上。临终时，他说："我不能白死，我要捐献器官。"于是，他把眼睛挖出，扔到天上，一颗扔得很远，于是成了月亮；一颗扔得很近，于是成了太阳。

盘古在呼出最后一口气后死掉，但其尸体却创造了万物。他嘴里呼出的气变成了春风和天空中的云雾；声音变成了天空中的雷霆；千万缕头发变成了满天星斗；鲜血变成了江河湖海；肌肉变成了千里沃野；骨骼变成了树木花草；经脉变成了道路；牙齿变成了石头和金属；脊髓变成了明亮的珍珠；他身上的寄生虫（虱子、跳蚤）变成了人类。

中国人后来常讲"万物一体"，其根源大概在此，天地万物包括人类，都是同一来源——盘古。

盘古创世纪至此结束，他用力量创造了天地，用生命创造了万物。

这篇神话故事最早记载于三国东吴徐整的《三五历纪》中，中国的传说故事很多，神话故事却少得可怜。与其他民族的神话不同，中华民族神话的主角往往都是人，而不是神。

我们千万不能小看神话，因为**神话是一个民族隐藏在内心深处的梦想与期望，它是整个民族的梦。"盘古开天地"这个神话告诉我们：世界和万物不是由神创造的，而是由人创造的**。世界不是神化的世界，而是人化的世界，人，才是宇宙的主宰者。我们不需要任何神灵的护佑，我们只靠人，靠自己。所以，中华民族有世界上其他民族所没有的东西——"人文精神"。当然，由于我们认为世界和万物都是由人创造的，所以，我们也就没有其他民族的宗教信仰。

2／
“三皇”团队

盘古创造天地牺牲后，“三皇”团队降临人间。在此提醒大家的是，**中国人的创世纪，并非由一人完成，盘古将硬件搭建，软件工作则交给了“三皇”团队。中国人性格中的“团结”因素在此彰显。**

关于“三皇”有各种说法，主流说法是，“三皇”为燧人氏、伏羲氏（庖牺氏）、神农氏，这是有编制的，还有编制外成员（临时工），就是有巢氏和女娲氏。

“氏”指的是职业或是擅长某方面、有某种发明。所以我们从这三位“皇”的名字就可以看出，燧人氏和火有关，可能擅长并发明了火；伏羲氏（庖牺氏）和饮食有关，可能擅长并发明了烹饪；神农氏则发明了农业。

最早的人类，生吃动物，生肉不但腥臭、口感不好，而且常常使人患上肠胃疾病，寿命不长。燧人氏有高超的智慧，他发现自然火灾（雷电或火山爆发所引起的森林大火）不但可以取暖，而且可以吓跑野兽，大火之后更敏锐地发现，被烧焦的动物尸体口感极好，更容易消化，于是他开始琢磨用火来改善人类的境况。最后，他通过“钻木”取到火种，人类开始不靠天然火而能控制火种，既能吓跑野兽，又能驱逐寒冷，更能让人吃上健康的肉。人的脑容量开始增大，人类开始进化，这都是燧人氏的功劳。所以燧人氏就被后人称为第一个“皇”。“皇”，是“圣人”的意思。

西方神话中也有关于人类控制火的记载，但他们的火是神从上天那里偷来的，这很符合西方人的本性，能力不如对手时就偷，能力比对手强大时就抢。但中国人的火，却是通过“钻木”这种艰苦卓绝的劳动而得到的。

钻木取火非常难，能成功几乎就是个奇迹，它需要速度、木头的材质和钻木人的力量等各项要素。但正是如此，才能体现出中国人吃苦耐劳，凡事不靠天地，只靠自己努力的伟大精神。

燧人氏让中华人吃到熟食后，中华人的寿命延长，人口渐多，但同时也遇到新的问题，那就是野兽们有福了。人类开始都住在地上，野兽总喜欢趁人类睡觉时发起进攻，所以人类睡觉时也要提高警惕。如此一来，每个人都得了神经衰弱症，无论黑夜白昼，脑子始终昏昏沉沉，根本无力和野兽对抗，以致被野兽吃掉的很多。编制外成员有巢氏义愤填膺，为人类排忧解难。他发现凶猛的动物都在陆地上活动，所以“构木为巢”——用树枝架着像鸟巢般的住所，在树上居住。

有巢氏的出奇制胜，保住了人类，使人类晚上可以放松地休息，第二天精力充沛地到地面打猎。结果又有了问题，野兽越来越少，饥饿开始威胁人类。伏羲氏应运而生。

伏羲氏的思路是，如果靠天难以吃上饭，那就靠自己。他开始贡献全部智慧和心力，除发明以烹饪为主的中餐外，他对中华人的贡献不胜枚举，如发明渔网捕鱼，教人豢养野兽，让野猪、野狗、野马、野牛成为家畜。这样一来，人类就不需要靠猎捕大自然中的野兽过活了，人类开始从狩猎时代进入畜牧时代。

伏羲氏的脑容量比常人的要大，而且开发比例极高，正常人只能开发脑容量的百分之十，伏羲氏却能开发出百分之二十，所以他是超人。他殚精竭虑地琢磨各种有益于人类繁衍的事物，画八卦（文字的雏形），教音乐，定嫁娶之礼，还创建政府机构来管理人民。所有这些都不是当时的地球人能想出来的，所以伏羲氏绝对是比人类强大一百倍的外星人。

超人伏羲氏将人类安排妥当后，就离开了人间。很快，人类再次面临危机。由于长时间吃肉，人类吃得很恶心，采集果仁又要靠天，所以人类总是生病。神农氏飘然而至。

神农氏先是让百姓种植谷物，这样就可以丰富食物的种类，让人类补充必要的维生素。然后他把各种草本植物塞进嘴里，以试验其药性。这种胡乱吃东西的行为，导致神农氏每天中毒几十次，永远都是一副半死不活的样子，但他身肩使中华民族崛起的重任，自带主角光环，所以不可能被毒死，非但没死，还发明了医药学，让很多病人起死回生。

神农氏的最大贡献是发明了人类组织。他把散落在各地的部落组成紧密的联盟，各部落首领推举出一个大首领（当然是他神农氏和其后裔）作为“天下共主”。这个“共主”是中心，其他部落的首领则称为“侯”，由于有很多首领，所以，中华当时就有了“诸侯”这个词汇和这样的现实。

也就是说，中华人从“三皇”团队时代，就已经注重“中央”“中心领导四方”的理念，这之后，无论分裂多久，中华人内心深处都潜藏着“统一”的基因，无论是天下共主式的封建统一，还是皇帝集权的郡县统一，都必须统一。

至此，中华人靠着“三皇”团队的辛苦努力，终于在地球上站稳脚跟，他们有了固定的居住地，有了驯化野兽的能力，有了治病的本领，还有了文字（八卦）、组织，中华人冲破黎明前的黑暗，开始大踏步走进新世界。

“三皇”团队的神话告诉我们，中华人始终不相信一人可以成就所有事业，人若想成就事业，必须靠团队协作，“合作”才是真理，分裂、分散，各自为政，是歪门邪道，永不可能被中华人接受。

盘古和“三皇”辛苦千万年创造的这个天地，很快迎来挑战。挑战来自共工，他是当时掌管天下之水的魔王。世界上每一滴水都在他的掌控之中。他让水结冰，水就结冰；他让水跳舞，水就泛滥。他的名言是“我是水，专业灭火”。火神祝融气得七窍生烟，祝融和共工是亲兄弟，和共工一样，他也有名言：“我是火，烧死水。”

两人可谓泾渭分明，水火不容，但有一点相同：他们非常讨厌天鹅，却疯狂地喜欢吃天鹅蛋。某次，两人同时找到一颗天鹅蛋，共工略施魔法幻化出一盆水来，他把天鹅蛋放进水中，命令兄弟祝融说：“借个火。”

祝融大怒，说："我不喜欢吃煮蛋，我喜欢烤蛋。"于是催动火苗，灼烧天鹅蛋。共工也大怒说："那就谁都别吃！"一脚把天鹅蛋踩得稀碎。

两人马上缠斗在一起，祝融用火烧共工，共工就水淹祝融。不知什么原因，水没有克住火，共工反而被烧了个大花脸。他又羞又怒，气沉丹田，大吼一声，用浑身的力量撞向支撑天地的不周山，他的力量太大，不周山经不起他愤怒的撞击，立即坍塌。不周山一倒，天裂开一道缝隙，大地剧烈呻吟，地震、火山同时爆发，恐龙灭绝时代就要到来。

这就是中国神话中的"共工怒触不周山"，由它引出的更伟大的神话故事是"女娲补天"。

共工和祝融发现自己闯了大祸，一个跳进东海，潜入水底；一个躲进火山里，闭眼睡觉。兄弟二人不管天塌地陷、人类奔走呼号，眼不见心不烦。

这种任性、不负责任的行为遭到中华人的唾弃，幸好，两人有个具备担当精神的妹妹女娲。女娲不但有上古绝世的美貌，还有无边法力。她腾云驾雾来到破碎的不周山，在山上收集 36501 块五色石，把石头烧炼成炫目的云彩，修补天上的缝隙。缝隙被她修补完毕后，还剩下一块石头，这块石头后来在中国伟大的小说《红楼梦》中成为贾宝玉那块从娘胎带出来的佩玉。

女娲补天后，天下总算太平，中华人的老命保住了，他们继续向前。大概是老天突然发现中华人生命力如此顽强，能发明一切，也能克服一切，所以就施法让天空出现十个太阳。这十个太阳都属于神一级，它们使出吃奶的力气对着大地喷射热量，中华大地开启烧烤模式，有的人在路上走着走着，听到身体发出吱吱的声音，低头一看，自己已成烤肉。

眼看中华大地被行走的烤全人覆盖，一个叫大羿的神射手，怒发冲冠，抓起他的弓箭，对着太阳团伙一顿乱射，九个太阳被射下来，这就是"大羿射日"。

我们至此做个简单的总结。水神共工和火神祝融，水火不容，却是亲兄弟，这是中华思维的奇特之处：**任何看似截然对立的两种事物，都有可融合之处，中国人不搞二元对立，讲究的是和谐，正如宇宙论的"阴阳"一样，看似**

截然相反，其实相反相成，共存共荣。“女娲补天”告诉我们，天是靠不住的，因为天都会塌，更何况其他，所以只能靠自己。“大羿射日”则提醒我们，被西方人奉为神仙的“太阳神”，只要它不老实，中国人可以射它。

“三皇”团队的故事到此结束，神话世界关闭，接下来是比神话世界更清晰的传说时代。

3／
黄帝：中华的诞生

自神农氏创建天下共主制，将当时所知的中华人团结到一起后，中华大地生气勃勃。但万事万物皆有其规律，神农氏虽然能力超群，却无法保持后代的优秀基因，其后裔越来越蠢，势力渐渐衰落，到神农氏的炎帝时，力量一去不返，天下大势开始改变，诸侯互相攻伐，百姓倒悬水火之中。在这乱世中，华族力量悄无声息地崛起。

华族是神农氏家族控制的部族之一，大致生活在中国本部西北方，部族初时过着迁徙不定的游牧生活，后来迁移到涿鹿（今河北涿鹿、怀来一带），开始驯养家畜，种植植物，虽然生活方面从猎人快速转向为农人，但华族人作为猎人的优秀体能、迅捷动作和坚忍意志却并未消退，所以从各个部族中快速脱颖而出，到姬轩辕（后来被称为“黄帝”）成为族人的领导后，华族已势不可当。

黄帝是天生的领袖，一出生就能领悟天地万物之规律，一周岁开始说话，而且高谈阔论，具体问题上常常一语中的。少年时，未经过任何特殊训练，黄帝就如狮子般敏捷，霸王龙般强悍。成人后，黄帝却摇身一变，成为敦厚而不失睿智的领袖人物。他做的第一件事就是挑战天下共主炎帝。

炎帝当时特别烦躁郁闷，祖先荣光不复存在，他非但无力控制诸侯，还被当时武装进入中原（大致指今河南、河北以及山西南部、山东西部、安徽北部地区）的九黎部落杀入老巢，被迫逃至黄帝的势力范围——涿鹿地区。

炎帝的族人进入涿鹿地区后像土匪一样，到处抢劫杀戮。黄帝先礼后兵，派人去对炎帝说："你跑到我的地盘烧杀抢夺，意欲何为？"

炎帝回答："什么你的地盘，天下都是我的。"

黄帝的使者说："你家都被九黎部落抄了，跑到这里还不安分，这是上天要把你的共主之位给我们。"

炎帝大怒说："你敢造反？"

黄帝当然敢，双方就在阪泉（今河北涿鹿县东南）展开激烈的大械斗，械斗于中午开始，太阳还没有落山就宣告结束，炎帝意料之中地大败。他惊骇于黄帝的战斗力，认为复仇是不可能的事，于是明智地选择与黄帝合作。双方组成当时世界上最强大的联盟，开始持续不断地袭扰九黎部落。九黎部落的首领蚩尤愤怒地跳起脚来，要和炎黄联盟决一死战。

蚩尤有两个人生信条，一是"先要自己强大"，二是"团结一切可以团结的力量"。他软硬兼施，整合了他本族黎族的九个部落，自己当老大，之后向不服从他的其他部落开战。蚩尤是人身牛头，头上长牛角，耳上生硬毛，有五条胳膊，似乎是后来千手观音的雏形。他能吞云吐雾，又会邪恶的魔法，可让敌人迅速产生幻觉，自相残杀。

他集结九黎部落，向黄帝、炎帝联盟展开自卫反击战。蚩尤不喜防守，确信最好的防守就是进攻，所以他骑着食铁兽（大熊猫），挥舞着五兵（矛、戟、钺、楯、弓矢），带领兵团直奔黄帝的老巢涿鹿，双方在涿鹿展开大会战，这是一场神鬼之战。蚩尤呼风唤雨制作大雾，黄帝就做了指南车来让部队找到方向；蚩尤搞了些动物的脑袋让士兵戴在头上吓唬黄帝的士兵，黄帝就让自己的士兵闭着眼睛冲杀。

双方经过数月的械斗拼杀，蚩尤渐渐不敌，他未遇黄帝时，身经百战，每战都以魔法取胜。遇到黄帝后，魔法突然失效。这让他深信，黄帝乃天命所在。士气一无，他的部落溃败，他本人被黄帝活捉。他的坐骑食铁兽跑进了四川的深山老林，成为今天中国的国宝。

黄帝捉住蚩尤后，问他："为何向我开战？"

蚩尤愤怒地把头上的角折断，说："是你先打我的。"

黄帝说："你放心，以后的历史会记下你是浑蛋，我是圣人，因为我赢了。"

最后，蚩尤的骷髅被制成水壶，被黄帝随身携带。每次要享乐时，他就把蚩尤的骷髅拿出来观赏，以提醒自己，胜利来之不易，不可享受安逸。

蚩尤失败后，九黎部落一哄而散，一部分跑到南方，即如今的贵州省，一部分仍潜伏于北方，但已无法恢复元气，后来衰落，不知所终，还有一部分则被姬轩辕的华族融合，成为后来中华民族的一部分。

黄帝和炎帝联合打败蚩尤，黄帝宣称自己是天下共主。炎帝对黄帝说："我帮你大败蚩尤，你应该给我个面子，继续让我当天下共主。"

黄帝说："你要战就战，不要废话。"

炎帝的自尊被深深刺痛，尽管明知力量不如黄帝，还是选择开战。炎帝三战三败，仍然不服。黄帝眼见苍生涂炭，必须恢复和平，于是和炎帝谈判，说："我做天下共主，你可以把你的名头放我的前面，以后中华子孙称为'炎黄子孙'，而不是'黄炎子孙'，你意下如何？"

炎帝感动地流下眼泪，只能同意了黄帝的提议。这就是我们被称为"炎黄子孙"，而不是"黄炎子孙"的缘由。姬轩辕被称为"黄帝"，可能是因为他大力发展农业，让中原的黄土平原遍地是庄稼，人们为了纪念他这一丰功伟绩，所以称他为"黄帝"——土地是黄色的。

黄帝成为天下共主后，教导天下人："以后大家就是共同体，绝不可自相残杀，谁有问题，绝对不能像我一样和共主开战，要来共主这里，让共主裁决。"

他把在战场上未发挥完的威力运用到政治和社会上，常常搞发明创造，比如，"1+1=2"、怎么穿衣戴帽、如何养蚕宝宝，还使用货币进行贸易结算。他是个发明狂，他的手下也是如此，仓颉发明了象形文字，其他人则发明了弓箭、棺材等物。

仓颉造字，据说使得天神白天哭，鬼夜晚哭。合理的解释是，汉字的发明窥破了天机，所以才导致掌握天机的神鬼一起哭。中国汉字独一无二，意义深远，对中华民族的贡献，无出其右。字本来是书写思想的工具，但汉字本身就是思想，如“性”字，我们一看，就可知它是生命和心的组合，人性就是上天赋予我们的生命和我们的心一起产生的。用思想书写思想，思想最终就会变得玄乎，似是而非。若想窥破思想真谛，必须自己去悟道，而不能指望别人口传给你。同时，汉字是方块字，无论笔画多少，其所占据的空间都一样，这就是规矩，不能越出这个规矩。这个规矩就是我们的良知，无论你有多大本事，或者无论身份多么低贱，只要在良知内做事，就是圣人。另外，汉字一旦被制造出来，就不容易更改，所以只要是学了汉字的中国人，无论分隔多远、多久，都是中国人。中国后来有大一统也有分裂，分裂之后的大一统，不需做任何文化、思想上的调整，两个国家就能快速融合在一起，这就是汉字的力量。最后，中国人之所以聪慧，一方面是先天的，另一方面则是在学写汉字时就已开始学习思想（因为汉字本身就是思想），所以，中国人最具智慧。

在搞发明创造的同时，黄帝还四处巡游，监督他人，稳定自己的国度。他的足迹东至大海，西至崆峒，为后来的中华帝国版图画出草图。

黄帝，用这个名字告诉中华人，我们的祖先是黄色的，不但土地是黄色的，皮肤也是黄色的。黄帝又用各种发明告诉我们，中华人比其他民族的人要聪明很多，其最伟大的创造就是，天下共主。世界上只能有一个主人，这可以避免很多不必要的打打杀杀，还可以快速集中力量办大事。**自黄帝开始，中华人骨子里就已经有了这种意识：中国必须是统一的，绝不能分裂。**

黄帝那时的人认为中原居四方之中，又因为黄帝的族叫“华族”，所以把这地方称为“中华”。随着华族力量的增强，中原文化逐渐传播到全国各地，“中华”就成了代表整个中国的名称。这也是“中华民国”“中华人民共和国”中有“中华”二字的原因。

黄帝五十二岁开始做天下共主，正好做了一百年。在他一百五十二岁那年，他巡游到今天的陕西黄陵，当他站在山巅俯瞰天下时，一阵飓风吹来，黄帝打了个哆嗦，他意识到自己即将离开凡间，于是下令铸造一口超级大锅，这口大锅能煮出十万人的饭。大锅铸成后，黄帝下令煮饭，饭煮到一半，热气腾空，黄帝用大勺去搅动，以免煳锅。就在这时，天空突然炸裂，几道刺眼的彩虹从炸裂处垂直而下，彩虹末端是一条狰狞的龙，它遍体金黄，胡须如鱿鱼须一般。

黄帝扔了勺子，跨上黄龙的背，跟随他的宫女和侍从纷纷跳上龙背，龙吃力地升起，飞过那口大锅，飞上云霄，渐渐地飞出了这个世界。黄帝白日飞升，成仙享乐去了，或是，黄帝本就是神仙，此时只不过归位而已。

“白日飞升”后来成为中国道教的一大卖点，所以黄帝也成了道教的先天祖师爷。黄帝飞升后，他留下的二十五个儿子大哭一场，然后收起眼泪，共同推举新的天下共主，“五帝”时代开始。

4／
尧舜：道德的力量

“五帝”时代其实早开始了，黄帝就是“五帝”的带头人，其他“四帝”是颛顼、帝喾、尧、舜。

这“四帝”都是黄帝的后裔，黄帝飞升后，他最有力量的儿子少昊被推举为接班人。少昊有着超强的能力，但责任心不强，黄帝的孙子颛顼主动请缨，来辅佐少昊。颛顼辅佐得很卖力，得到了少昊的认可。少昊临死前，把位子传给颛顼，颛顼正要乐颠颠地继位，炎帝后裔们联合起来向他发难。这是他爷爷黄帝当年埋下的雷，现在爆炸了。

颛顼和他爷爷黄帝一样，绝不是善茬，他集结兵力，向炎帝那群后裔开战，炎帝和他的后裔来到这个世界上的使命似乎就是被黄帝一族按在地上摩擦，意料之中的是，炎帝后裔大败。

颛顼昂首挺胸地走向天下共主的宝座，他是“五帝”中的第二帝，也是除了黄帝之外最能打的一位。

黄帝当初把蚩尤杀掉，顽强的黎族虽失去力量，却未失去毅力。他们在中原各地潜伏着，忍辱负重，寻找机会希望恢复祖先蚩尤时代的荣华。少昊去世，颛顼和炎帝后裔大动干戈，蚩尤后裔发现机会到来，揭竿而起，挑战颛顼。这场突如其来的暴乱，很快席卷半个中原，颛顼当时正专心对付炎帝后裔，无暇理会黎族。当把炎帝后裔的叛乱平定后，颛顼把平定炎帝后裔的部队扔到战场，去对付黎族。黎族无法抗衡，完全溃败。

经此一战，颛顼成为中华的英雄人物，他能列入“五帝”，全在于此。这一武功足以让颛顼青史留名，但他不满足，他要做一件让世界惊叹的大事。那就是下令：女人在路上遇到男人，必须让路，否则男人有权打女人，即使打死，也不负责任。

颛顼这种玩笑式的男权思想，让当时很多男人拍手叫好，也让很多女人愤愤不平。颛顼不管这些，勤劳的他到处巡守，用全部精力治理中华。在治理中华七十八年后，颛顼去世。不过所有男人都怀着崇敬爱戴他的心认为，他和黄帝一样，不是死了，而是升天了。

男权主义者颛顼升天后，他的侄子帝喾接替其位。帝喾是个变种人，拥有超人的大脑，能迅速透过现象看到本质。他十二岁就辅佐叔叔颛顼，颛顼想不到的，他能想到，颛顼想到而做不到的，他能做到。当时的中华人真是幸福，因为他们的领导人是“五帝”中的第三帝——无所不能的帝喾。

帝喾用他那无与伦比的大脑最终发现了一个真理：治理天下的所有智慧浓缩为两个字，就是“仁爱”。于是，他用仁爱治天下，自己先做到，然后让别人效仿自己。在他的治理下，中华大地上最硬的石头都柔情似水，冷冰冰的高原雪山也柔情蜜意，从前那些吃人的野兽，纷纷从深山老林中走出来，和群众在宽阔的广场上跳舞。那是一个乐园，仙境一样的世界。

帝喾的仁爱，最终开花结果，结出了中华人最津津乐道的两位帝：第四帝尧和第五帝舜。

尧是帝喾的儿子，深受老爹仁爱理念的影响，他从小就温良恭俭，好评不断。不过帝喾认为尧没有魄力，所以在临死前把位子传给了尧的异母老哥挚。尧的命运开始变得艰难起来。挚对尧的感情很复杂，一方面，他嫉妒尧获得的那些仁爱的虚名，另一方面，他非常瞧不起尧的无能。

正是出于这种矛盾的思想，挚把尧放逐到唐地做侯。尧在唐地带领可怜兮兮的族人种植庄稼，脸上充盈着阳光的气息。挚开始乱折腾，有人从挚那里跑来投奔尧，尧把最好的食物拿出来款待这些人。这些人都感动得流泪，说：

"您赶紧回去做主人吧，您大哥不行。"

尧摇头说："不行，我不能违背老爹的遗愿。"

众人苦劝，尧就一直憨厚地笑着，什么都不说。吃完饭，大家都准备休息，尧却一个人去庄稼地里收拾庄稼。

种地九年后，尧力量成熟，他从根据地快速反击老哥挚。挚众叛亲离，尧大获成功，开始领导中华。尧是个好人，拥有一种很多领导人不具备的慈悲心。但他的能力实在一般，尤其是他在位时，中华大地洪水泛滥，农业已到了被毁灭的边缘。中华人仿佛回到女娲补天之前的时代，痛不欲生。

有人推举善于治水的诸侯共工（此共工和我们之前讲的撞倒不周山的共工有所区别，此共工是那个共工的后裔）治水，推举共工的人说："共工乃水神后裔，完全可以胜任治水这个工作。"

尧闭着眼睛思考了一会儿，说："他的祖宗就倔强无比，这人即使有能力，恐怕也心浮气躁，不能治水。"

众人都认为尧以基因取人，很不正确。尧架不住这些人的推举，只好命令共工治水。共工治水，完全是硬来。哪里有洪水，他就堵哪里。堵住还好，一旦堵不住，他马上大发雷霆，对着洪水骂街。

共工治了十年水患后，水患不但未得到缓解，反而更加严重。尧对那些推举共工的人说："你们看，我就说他不行吧。"

众人说："当然啊，您从开始就没有相信他，他当然不行。不是因为看见才相信，而是因为相信才看见。"

尧急忙向众人道歉说："你们的智慧已超出我的想象力。现在你们继续推举人才吧。"

众人思考许久，推荐了颛顼的儿子鲧。鲧从小在水边长大，据他说，自己玩水同魔术师玩手帕一样灵巧，可尧仍然疑虑，因为鲧为人苛刻。

尧慢条斯理地反对说："恐怕也不行吧，鲧这个人，我是知道的。他和共工一样都喜欢'堵'。"

众人说："只有相信才能看见。"

尧只好同意。

鲧张牙舞爪地来了，带着他的技术团队，向洪水开战。鲧治水时，中国水患已极其严重。各处洪水滔天，龙蛇在水中嬉戏，有幸活下来的人想起有巢氏时代的做法，都搬到树上居住。

鲧治水和共工没有分别，他把水看成不共戴天的敌人，以围追堵截为战术目标，治水几年后，尧从树上下来，乘坐木舟视察，发现洪水比从前更加泛滥。他想取消鲧的治水大元帅的职务，可那些推举鲧的人仍然强调：用人不疑，只有相信才能看见。

尧气得生了病，在病中，他回想黄帝家族的光辉往事，不禁泪流满面。他对部下们说："我老了，又没有能力，你们还是推举个有能力的人来领导中华吧。"

那些人开始推举共工。

尧气急败坏地说："滚！"

那些人以为尧说的是"鲧"，都欢喜地在水中跳跃着说："也可以啊。"

尧痛不欲生，偷偷寻找接班人，有人就给他推荐了舜。舜是当时的诸侯之一，虞的首领，年轻、火力壮，而且拥有大多数人所没有的东西，这个东西就是超级美德——孝悌。

舜的家庭是一部灵异剧。父亲瞽叟眼盲心黑，居然还能娶到老婆。瞽叟和老婆还有老婆跟前夫生的儿子更是莫名其妙地总想搞死舜，舜也莫名其妙的总原谅他们。有一次，瞽叟让舜去修理房顶，舜一上去，瞽叟就把梯子拿开了，目的是把舜饿死。舜真就听话，愣是不肯从两人高的房子上跳下来。

不过后来舜的确饿得头晕眼花，才把之前准备的降落伞拿出来，跳到了地上。

尧得知这件诡异的事情后，不但毫不怀疑，反而大喜过望，认为舜有当天下共主的品德，品德即能力，这是尧给中华民族做出的最大的贡献。

尧为了验证舜的品德的真实性，就把两个女儿嫁给舜，目的是监视舜，看他到底是不是在演戏。

舜有了两个妻子，这更让他弟弟、父亲以及后妈恼怒。奇异事件再次上演。三人挖了口井，让舜下去。连盲人都看得出来井有玄机，但舜坦然而入。舜一进入，三人就把井堵死。他那个弟弟还跑到他的房间，准备把两位嫂嫂变成自己的老婆。正当舜的弟弟弹着舜的琴，笑得合不拢嘴时，舜出现在了门口，舜的弟弟被吓得魂飞魄散。舜告诉他，自己没有死。之所以没有死，是因为提前在那口井的井壁上挖了一条横道。

后来的事就是一部家庭温情片。瞽叟改邪归正，他的老婆爱舜比爱她自己还深，至于舜那个弟弟，对哥哥的永远不死感到惊恐不已，彻底放弃了杀兄的想法。

几年后，尧的两个女儿乘坐木舟回家对老爹大力地诉说丈夫的美好品德，尧同意让舜来辅政，舜果然有能力，辅佐尧二十年，没有一点差错。尧终于放心地退居二线，让舜来主掌中华。

舜上任的第一件事，就是杀掉了治水不利的鲧，任命鲧的儿子禹治水。这件事实在是荒谬，杀了人家的爹又让人家为自己工作，可能只有舜才做得到。

尧渐渐老去，终于决心让出全部权力给舜，可舜不干，一口气跑回虞。尧死后，其儿子丹朱继承共主之位，可不知什么原因，大家都倾向于舜来接替尧的位置。有时候发生纠纷，大家都跑到舜那里，让舜来裁决，丹朱这儿却门可罗雀。

舜知道后，仰天长叹说："天命也。"于是回到中原，赶跑丹朱，自己继承了尧的位置。

这件事被后人称为"禅让"。**尧的谦让成为后来中华人的特质，中国人含蓄内敛、谦虚谨慎的作风正源于此。**

舜成为天下共主后，做了两件让中华人感动的事。

第一件事是扩大政府规模，职官的分工专责更加细致，官员以大家推荐的贤人为主，同时设置了世界上从没有出现过的官职——教化官。由于舜被老爹、老妈与老弟狠狠折磨过，所以他特别重视调节家庭关系，为此制定了五教：父义、母慈、兄友、弟恭、子孝，后来孔子创建儒家，其为仁之本的"孝悌”在舜时代已经出现。**从处理家庭关系直到治国平天下，这本是一体，“修齐治平”就成为中华读书人的唯一目标。这种中华伦理模式，正是从舜开始的**。至此，个人道德就成了天理，一个人没有道德——基本的道德就是孝悌，纵然能力再强，也不会被认可。

第二件事则是慧眼识珠，任命大禹治水。世界各民族在发展过程中都遭受过洪水的挑战，有些民族不能克服洪水，其文化便停止发展，如非洲、南洋群岛等地的民族；有些民族则克服了洪水，其文化一直向前。从这点而言，大禹成功治水，是中华民族最有功绩的人，无出其右。

5／

民族拯救者：大禹

禹的老爹鲧治水，用堵，哪里有水就堵哪里，尧当时不同意鲧治水，一方面是鲧很苛刻，另一方面是尧认为，鲧在逆天而行，违背了水永不停止流动的天意。尧时代，中华人虽然没有宗教信仰，不会对老天俯首称臣，但敬畏天，希望做任何事都顺着天，顺着天地万物的规律，要有谦虚之心，可鲧没有，禹有。

禹治水，用疏的办法，他看透了水始终向下流的特质，就在洪水泛滥之地挖掘深沟，把水引入深沟，然后向东无限延长深沟，让水不停地向东流去，一直流进大海。

大禹不仅把洪水引走，他还要将洪水变害为利，在治水的过程中，他建立了排灌系统——沟洫制度，这给农业带来了巨大的益处。

大禹治水，劳心劳力，废寝忘食。他带领各地的民工，拿着当时世界上最先进的青铜器，跋山涉水地工作，指甲被磨秃，腿上的汗毛被磨光，手上脚上都是厚厚的茧子，他曾三次路过家门却没有进去看望妻儿，因过度劳累，大禹瘸了。天下人终于从百年的洪水中获得新生，他们为大禹这种“公而忘私”的行为所感佩，尊称他为“伟大的禹”。

大禹治水，可谓是专心致志，曾三过家门而不入。这让人怀疑大禹冷血无情，但在中国传统思想中，家和国本就是一体，为国就是为家。如果国事非常急迫，那个人就要放弃家庭。如果国事没那么迫切，那个人就应该回归家庭。忠孝不能两全，可如果真心实意地忠于国家，就已经有了孝；真心实意地孝顺父母，家庭和睦，就已有了忠。简而言之，大禹没有孝家，却在孝天下。

治水成功后，大禹拄着拐杖去见舜，舜垂垂老矣，气若游丝地称赞大禹的功勋。大禹轻描淡写地说："这并非我一人之力，而是天下人之力。况且，为天下苍生谋福利，也是每个人应该做的。"

舜感动得要命，要把天下共主的位置禅让给大禹。大禹把拐杖一扔，说："这怎么可以，我治水九年，三过家门而不入，有违家庭伦理，你以孝悌治国，我却违背孝悌，怎敢接受你的帝位。"

舜严肃地说道："你是想玩许由那一套吗？"

许由是尧时代的一个贤人，隐居在深山老林中。尧在确定舜为接班人前，曾去找许由。他对许由说："如果日月高挂天空，那么火把就成了多余的；如果天降大雨，那么就用不着人工浇灌。现在有您这样的高士，我还尸位素餐做什么呢？请您出来治理天下！"

许由说："不敢，不敢。您治理天下已经很不错了，我再出来当共主，难道是为了博得名声？名声这玩意没有什么意义，我实在用不着。打个比方，就算一大片树林都归鹪鹩所有，它也不过在一根树枝上筑巢；就算一整条大河都归鼹鼠所有，它喝的水也不过充满它的小肚皮——我要那么大的名声干什么？您还是回去吧。就算厨师不做饭，尸祝（管祭祀的人）也不该代替他去准备酒菜呀！"

许由这段话，信息量很大，至少有中华人最喜欢的名言——"鼹鼠饮河，不过满腹；鹪鹩巢林，不过一枝"，还有个成语——"越俎代庖"。

大多数人认为，许由的确是世外高人，不想做天下共主，不想拥有权力。其实，许由是聪明人，尧在位时，生产力水平很低，经济不发达，加上洪水泛滥，老百姓和天下共主过的都是苦日子。天下共主不但要和老百姓过同样的苦日子，还要殚精竭虑为天下人谋生，这种工作，可不是一般人想做的。

即使是大禹将洪水治好了，当时的天下共主也得不到多少实惠，所以舜以为大禹是想推卸责任。大禹马上就反驳舜："我是那样的人吗？如果是那样的人，我治理洪水做什么？"

舜欣然接受大禹的反驳，把天下共主的位置交给他，自己则到处游玩去了。**正是因为有尧、舜、禹这样肯为民服务，肯承担责任的人，才有了今天的中华。在艰难困苦面前，中华人从不退缩、屈服，如大禹一样，勇敢地抗争，敏捷地处理，这是中华民族的性格之一：不屈服，不退缩，与困难死磕到底。**

舜把帝位禅让给大禹，大禹就此成为中华之主，禅让制也就此停止，因为洪水过后，农业复苏，经济发展虽然缓慢，但一直在进步，大禹发现，做天下共主有无穷的乐趣，所以忘了尧舜以来的初心，不再将帝位禅让给别人，而是传给自己家族的人。

大禹的儿子启，就此建立取代黄帝王朝的家天下——夏王朝。

尧舜时代是公天下，大禹将其变成家天下。这正是后来儒家系统提倡"尧舜之道"而不提倡"尧舜禹之道"的根本所在。尧舜之道就是谦让和孝悌，大禹之道则是变国为家，虽然是历史必然，但在儒家人看来，大禹的心性显然比尧、舜狭窄了很多。

现在，我们将中华人的创世纪做一个总结，或者说，从盘古到大禹，中华人已经总结出了一套心法，这套心法将主宰中华的命运。

6／
十六字心法

尧把帝位交给舜时，庄严地将手放在舜的头顶问："治理天下难吗？"

舜回答："不难。"

尧再问："那治理什么难？"

舜回答："人心。"

尧称赞道："你说的对，人心最难治理。我现在送你十六字心法，你记住了：人心惟危，道心惟微，惟精惟一，允执厥中。"

舜把帝位传给大禹时，也庄严地把手放在禹的头顶问："治水难吗？"

大禹回答："只要治好人心，就不难。"

舜欣喜地道："你是好小子，深谙此道。我现在传你十六字心法，你记住了：人心惟危，道心惟微，惟精惟一，允执厥中。"

大禹请教。

舜说："人心就是人欲，人随时都有欲望，所以会随时做出一些违背道义的事，这就是人心很危险诡谲。至于道心，则是一颗没有得失、没有名利的心，大家如果都有这样的心，汇聚成一体，就是道心，是大道。道心就是我们做善人之心，但如你所知，实在太难了。如何做到大家都具备这种心呢？关键就在领导人的心，领导人要以身作则，谨慎地选择对的事，能敏锐地举一反三。"

大禹问："'允执厥中'是什么意思？"

舜回答："就是要言行不偏不倚，符合中正之道，就是知行合一。"

大禹说："这太简单了，我只需要守中——知行合一。"

舜说："没错。"

从此，"人心惟危，道心惟微，惟精惟一，允执厥中"这十六个字成为中华思想的源泉，之后的孔子，尤其是孟子、老子、庄子，还有后来被同化的印度佛教，谈论任何事，都从"心"开始。

"心"，就此成为中国思想的灵魂。中国人认为，人生在世，所处理的关系有四种：与天的关系、与物的关系、与人的关系、与己的关系。

无论是哪种关系，都应该从"心"开始。与己、与人、与物、与天都要做到"和"。人心固然是危险的，也正因为它危险，所以外在的物（比如制度）根本无法束缚它，能束缚它的只能是"心"。解铃还须系铃人，所以中国人修身处世，先从自己心上做起，而不是到心外去找各种办法。

"允执厥中"，听上去很简单，不过是把握一个度，可做起来就太难了。几千年来，中国人始终都在通向"允执厥中"的路上奔驰，从不停歇。而且，一旦做不到，我们不会怨天尤人，只会责怪自己"人心惟危"，希望能在"心"上修炼，知行合一，达到"道心"的最高境界。

尧给我们留下的宝贵财富是"让"——禅让，它使我们中华人永远保持礼让的风度；舜给我们留下的宝贵财富则是"孝"——伦理，一让一孝，为我们中华人定型、定性；而大禹给我们留下的宝贵财富则是顽强不屈，敢与天抗争，但方法绝不是违背天意，而是顺势而为。

"尧舜禹"并称，是因为一脉相承，其所承的就是从心出发，知行合一。尧知道舜贤能，就把位置禅让，这就是知行合一；舜知道大禹能治水，就委以重任，这也是知行合一；大禹知道治水艰难，但为了苍生利益，仍义无反顾地去治水，这也是知行合一。

什么是知行合一，就是在正确的时间做正确的事，所以大禹去世前，不再禅让，而是把天下交给儿子启。因为在大禹看来，这就是件正确的事。

第二章

中华地基——夏商西周的筑梦岁月

1／
启化国为家

大禹治水成功后，中原地区露出九块大的陆地，即后来的“九州”（冀、兖、青、徐、扬、荆、豫、梁、雍）。中国后来被称为“九州”，即源于此。如果这是真的，那你会发现，当时中国的疆域已经广大至不可估量的地步。九州包含了今河南、山西、河北、山东、江苏、安徽、湖北、四川几个省的全部，及江西、湖南、陕西、甘肃的大部分地区，还有宁夏、内蒙古、辽宁的部分地区。公元960年，赵匡胤建立的北宋帝国，疆域也不过如此。所以这不太可能，属于传说。

这种传说没有趣味，关于九州有趣味的传说是九鼎。大禹命名九州后，就用青铜铸造了九个大鼎，以此来象征九州，同时在鼎上雕刻各种怪兽的形貌，这些怪兽千奇百怪，完全超出了我们的想象力，连怪物大全《山海经》都无法记载。大禹治水，跑遍了当时的全世界，他所见到的怪物一定多如牛毛，这些怪物对人类而言是致命的，所以他叫人把怪物的形貌都雕刻在鼎上，并且标注名称，以后如果有人见到这种怪物，只要叫出它的名字，怪物就不敢伤人。

这种思维，源于中国文字的神秘力量。汉字被认为有无与伦比的魔力，用汉字将怪物的名字书写出来，怪物就会被汉字所控制，只要叫出它的名字，怪物就会感到恐惧，立即逃跑。

鼎本来是煮东西的大锅，但大禹铸造的这九鼎，没有人敢用它来煮东西，因为它是国家和权力的象征，这九个中华之鼎后来不知所终。有人说掉进了泗水，也有人说被后来的周王朝熔铸抵债了。

由于常年治水，大禹铸完九鼎，就得了很严重的风湿病和骨关节疾病。大禹每天都痛不欲生，恨不得早点死去。终于有一天，死神来敲他的门。他打开房门，看到死神拥有盛世美颜，脑袋上长满淘气的小蛇，不禁感慨万分。他拿出一坛珍藏了若干年的年份酒，喝了个精光。然后醉醺醺地把长老们和儿子启叫到床前，说："我死后，你们要尽心尽力推举贤人做天下共主。"

长老们看到大禹喝得五迷三道，口歪眼斜，不由得回忆往事。他们忽然就想起，有次大禹喝多了酒，说了两句话。第一句是"我死后，禅让制就滚蛋吧"，第二句是"酒是好东西，但扰乱人心，容易让人胡说八道"。

长老们再看大禹的醉态，瞬间明白了事情的真相，窥破了大禹埋下的天机。他们立即推举大禹的儿子启为天下共主。

启慢悠悠地说："我可不做天下共主。"

长老们见他神色自如，就把他抬到共主的位子上，启要起来，大家都按住他，启从前力大无穷，能徒手将一头牛摔倒，但此时却如中了魔咒，浑身瘫软，无法动弹。

被逼无奈下，启成为天下共主，开始主宰中华。他把天下共主的"帝"变成了"王"，同时规定，王位由他们家族永远传递下去，别人无权干涉。

但他受到了挑战，有人反对他，声讨他不讲传统，不按常理出牌。

启不解释，他叫来反对他的人，让他们看自己吃饭。出来后，那些人都说："哎呀，他吃得连乞丐都不如。"启又让他们看自己的卧室。出来后，那些人大叫："哎呀，那卧室简直不如乞丐窝。"

启经常在大街上，看到年老的人，就搀扶他过马路；看到小孩，就抱着他过马路。那一段时间，启总帮助老头儿老太太过马路，以至于老头儿老太太不够用，他的官员们就到处找老头儿老太太，让他们在启下民间时不停地过马路。启做的好事太多，连自己都记不清了。除了做好事之外，启招贤纳士，有人会写汉字，启就让他当最大的文官；有人四肢发达，启就授他武将的最高头衔。

在作秀了一年后，所有人都认可了启。只有一个人反对他，此人是有扈氏大当家的。

有扈氏反对的理由是，禹必须搞禅让制，由最贤德的人来做接班人。

启的拥护者马上反击说："启就是最贤德的人，天下有目共睹。"

有扈氏说："胡说八道，启是大禹的儿子，大禹徇私。"

启的拥护者给有扈氏讲历史："尧是帝喾的儿子，舜是尧的半个儿子（女婿）。"

有扈氏一根筋，说："我不管我不管，总之，必须禅让。"

启终于发现和这种流氓讲不了道理，于是调动部队向有扈氏开战。双方在甘邑（今河南省洛阳市南）野战，结果，有扈氏大败。启举着手中的兵器，问他的诸侯说："还有谁反对？"

其他诸侯都欢呼雀跃，吹捧启得天下最正。

启的政治稳定后，他开始优化老爹大禹的疆域治理。大禹在位时，宣布了九州，启把它细化。他宣布，全国分为五个区域（服），以王都为中心，500 里以内是君主直接统治的"甸服"；500 里外 1000 里以内是"侯服"，君主任命诸侯管理；1000 里外 1500 里以内是"绥服"，君主采取绥靖政策管理；1500 里外 2000 里以内是"要服"，和 2000 里以外的"荒服"区别不大，它们已不是中国，不过是不是中国，标准不是地理的远近，而是是否肯接受中国传统文化。

为了充分发挥这种天下秩序的作用，启将国家西迁至大夏（汾浍流域），建都安邑（今山西安邑），夏王朝正式开始。

启西迁，可能是因为大禹虽然治水卓有成效，但并未彻底制服洪水。东方土地比西方土地肥沃，迁至西方后，由于土地贫瘠，不能全靠人力，所以生产技术得到发展，当时中国西部的经济发展水平要远高于东部和南部的。

启西迁后，宣称以后不许禅让，最高领导人的位子不能传贤，而是传子，中华由此进入另一个时代。从前，天下共主把帝位看作一份工作，现在，天下共主成了一个家族世袭的永恒职业。

从禅让制变为传子制，肯定是因为经济方面发生了变化。大禹治水后，天下风平浪静，人民安心务农，农业经济得到迅猛发展。尧舜时代，尧和舜很少有私产，但大禹已经有了私产，而且很多，否则不会建立城郭，并动用武装来保护这些私产。他的位子可以禅让给别人，可私产只能给儿子。从人性角度来分析，大禹的日子过得越来越好，他发现了这种甜头，所以更希望后代能继承这种甜头，而不是别人。

尧舜时代，尧和舜纵然有私欲，但受经济因素的限制，他们也不会比其他人得到更多。所以，凡是在天下共主这个位子上的人，只能尽心尽力为人民服务。但大禹时代就不同，经济发展了，任何人坐在天下共主的位子上，都会有私心（“人心惟危”嘛），况且，对于他而言，那只是个工作，不是永恒的。所以，很多贤明的人开始时贤明，以后就不敢保证了。与其如此，倒不如将天下变成私产，人既然有私欲，那维护自己的私产应该最尽心尽力，这是大禹化国为家的其中一个内心动因。

2／
酒鬼辈出的夏王朝

夏王朝共十六任君主，传了十三代，从大禹到夏桀共四百七十一年。大多数人对这个王朝的印象可能大多来自最后一任君主，残暴的夏桀。不过，夏王朝对中华的贡献是卓越的。我们今天还称中国为“华夏”，正是夏王朝的贡献。

中华民族是农业民族，农业文化的创始不在三皇五帝时期，而在夏王朝时期。夏王朝创造了指导农业的历法，史称“夏历”，夏历以农历正月为开始，腊月为结束，正符合四季寒暑的顺序，每年都有一个闰月，堪称当时最科学的历法。农民按照这一历法，就知道何时种植，何时收割，何时储藏。所以，若干年后，中华民族仍自称“夏”，和华族联系在一起，就是“华夏”。

夏王朝的领导人都很搞怪，从启到夏桀，全是酒鬼。启喝起酒来，如同驴饮，不醉不罢休。启每天都喝得烂醉如泥，临死前最后一刻还在喝酒。身边的人看他要归天，急忙提醒他：“您还没有指定继承人呢！”

启打了个自盘古开天地以来从没有人可以打出的悠长酒嗝，摇了摇头，死了。启一死，他的五个儿子开始争夺王位，整个夏王朝首都血流成河。最后，启的儿子太康夺得王位。太康是踩着兄弟的尸骨爬上王位的，可一得到王位，之前争夺王位时的清醒头脑立即丧失，他开始不停地喝酒打猎，而且每次出去打猎都要一个月才回。打猎时，他不但猎野兽，还猎人民。人民愤怒，有穷氏（今河南洛阳市南）族长后羿抓住这个机会，趁他打猎未回，夺取夏王朝首都安邑，同时派兵切断他的归路，宣布太康是夏王朝人民的叛徒。后羿并未在夏王朝首都长住，而是带着太康的百姓回到根据地。

太康回首都后，已经失去天下共主的位置，懊恼悲痛之余，更是嗜酒如命。临死前，他把王位传给弟弟仲康，仲康面对这个烂摊子，无力收拾，所以每日以酒浇愁。他最后活活喝死了，临死前又把王位传给儿子相。相没有酒量，但继承了家族好酒的基因，上台后开始夜以继日地喝。后羿不知是抽什么风，大概是看到大禹后裔太没志气，所以又发动兵变，把相驱赶出首都。相到处逃亡，由于多年喝酒，体力难支，他在逃亡几年后，死掉了。他的儿子少康渐渐长大。

少康长大成人后，开始秘密部署复国行动，他召集对自己家族还有感情的人民，最后训练了五百士兵。后羿方面也发生政变，他的大将寒浞谋杀了他。少康趁寒浞在安邑未站稳脚跟，突然从五百公里外发动奇袭，一直攻进寒浞的王宫，将寒浞杀掉。

少康复国成功，夏王朝再次回到大禹后裔手中。历史上称这次事件为“少康中兴”，“中兴”这个词汇很特别，它指的是“中途振兴，转衰为盛”，或者指“起死回生”，“少康中兴”就是把已经死了多年的夏王朝复活。中国历史上想要“中兴”的人和事件层出不穷，但成功的屈指可数。因为一个组织成为死灰后，复燃的机会实在太小，所以“中兴”才难能可贵。

少康中兴后，夏王朝进入后半期，国王们前仆后继，表演他们的绝活儿——喝酒，夏王朝在酒鬼国王们的统治下没有快速灭亡，和它先进的农业文化有很大关系。当时夏王朝控制的西部地区最富裕，没有力量可以和它抗衡。不过，农业文化只能延缓它的灭亡，不能阻止它的灭亡。

最后一任帝王夏桀姗姗而来，左手一只猪蹄，右手一坛老酒，他发誓要把夏王朝的酒文化推向高潮，当然，他也把祖宗建立的夏王朝推向另一高潮——灭亡的高潮。

夏桀喜欢酒，特意在宫中建造游泳池，池子里不是水而是酒。他召集亲信和小老婆们在泳池旁吃喝玩乐，大家顺手就在泳池里舀酒喝。后来夏桀深感这种方式不能创造纪录，所以下令建造酒湖，湖方圆数平方公里，里面盛满美酒。他和小老婆以及官员们乘坐船只在上面漂流，有时多达千人，只要他一声令下，这些人就把脖子探下去，大喝特喝。

夏桀和他的先辈不一样，他的先辈中很少有暴君，夏桀却是个如假包换的暴君。为满足各种物质享受，他加重百姓赋税，让百姓生不如死，为了镇压反抗，他制定残酷的刑罚，如让人在烧红的铜柱上行走，没有人可以做到这点，铜柱上的人都掉了下去，而铜柱下面是被饿了好久的毒蛇猛兽。

大臣关龙逢眼看这样闹下去，就要江山不保，于是劝说他："春天走在薄冰上，肯定要掉下去，您现在就是这种情况。"

夏桀醉醺醺地说："你肯定看不到啦。"话音一落，关龙逢就被砍掉了脑袋。

百姓们被他的暴行所激怒，该种植谷物时也不劳作，而是关起门来诅咒他们的国王。夏桀说："我是太阳，照耀你们。"老百姓就在家中诅咒他，说："太阳啊，我要和你同归于尽。"

有人把百姓的诅咒告诉他，他大喝一口酒说："我不相信有人能把太阳射下来。"有人慎重地提醒他："千百万年前，真有个叫大羿的人把太阳射下来了，而且还是九个太阳。"

夏桀把提醒他的人送上烧得通红的铜柱，质问道："谁敢射我这颗太阳？谁？"

遥远的东方突然传来一声吼，震荡着夏桀的王宫："我！"

3／
商汤：道德中国的确立

夏桀的敌人不胜枚举，不过他的劲敌只有一个，就是商部落。商是夏王朝的诸侯，夏王朝在如今的河南中西部发展，商则在如今的河南东部崛起。商的老祖和夏王朝的老祖大禹是同一时期的人物，当大禹苦心经营他的家族时，商部落的老祖契也开始经营自己的家族。

夏桀不务正业，正好给了商一个天大的机会。酋长汤瞄准了夏王朝。据史料记载，汤是尧舜式的人物，既有尧的菩萨心肠，又有舜的魄力。他立下取代夏王朝的志向后，开始付诸行动。第一步是站上道德制高点，汤给自己树立与夏桀截然不同的形象，夏桀暴虐，汤慈悲，这种慈悲不仅施于人身，还施于动物。有人在野外张网捕鸟，希望天空中所有的鸟都进入网中，汤就让他网开三面；有人在河里捕鱼，恨不得把河里的鱼全兜上来，汤让他网开一面。

商的宣传部门开始向天下大肆鼓吹，说："汤对待异类都如此善良，更不用说咱们人类了。看看夏桀，根本不把人当人。"

宣传战很成功，所有东方部落的人都宣誓愿意为这个慈悲的人奉献身体和灵魂。东方稳固后，汤开始第二步，向西武装推进，剪除夏王朝的外围防御，孤立夏桀。

汤先对付离他最近的誓死效忠夏王朝的葛部落（今河南商丘市北），他带着军队来到葛的家门口，问："你们怎么回事？长时间不搞祭祀，上天还没有瞎呢。”

当时祭祀天地可是一件政治大事，汤的质问没有错。葛部落的领导人不搞祭祀是因为抠门，他说：“我们穷得连肉都吃不上，哪里有祭祀用的牲口啊。”汤就给了他一批牛羊，但天地没有见到这些牛羊，葛部落领导人的胃却见到了。

汤找到开战的借口，动员力量攻击他。葛部落无法抵挡汤的攻势，向夏桀求救，夏桀正在喝酒，根本没有时间拯救同伙。葛部落没有夏王朝的支持，很快被汤灭掉。这次不是由天下共主采取的军事行动，居然没有人反对，而且还有很多诸侯为汤鼓掌叫好，说明夏桀已人心丧尽。借着消灭葛的余威，汤如秋风扫落叶般扫荡了忠于夏王朝的韦（今河南滑县东南）、顾（今山东范县东南）、昆吾（今河南许昌），然后直面夏王朝。

夏桀还在喝酒，得知汤已经把当时最大的诸侯昆吾灭掉，离他家门口近在咫尺后，醉了几十年的他突然醒来。

这一醒不要紧，夏桀突然惶恐不安，如同早上醒来，发现自己没有在床上，而是在悬崖边一样。他咒骂汤：“这个浑蛋，为什么要让我清醒，这还让我怎么活啊！”

他的臣子们急忙出主意说：“汤在昆吾没有继续前进，说明他没有把握消灭咱们，让他进贡，试探其虚实。”

夏桀让汤进贡，汤拒绝。夏桀大叫起来，征调本土那些野蛮善战的“九夷”人，准备对汤开战。汤见夏桀还能调动这么多人，马上恢复进贡。夏桀兴奋得发狂，立即设宴庆祝胜利，又恢复从前的酒鬼精神，沉醉不醒。

汤积极寻找消灭夏王朝的方法，有人给他推荐了伊尹。伊尹也是一个部落酋长，但部落太小，没有发展空间。所以当汤来找他时，他就乐呵呵地参与了灭夏事业。他给汤提出巧妙的方法——散居在夏王朝本土的九夷部落的人，骁勇善战，不过他们视财如命，只要以大量金钱贿赂，他们肯定会背叛夏桀。

汤让伊尹办这件事，伊尹派出大批间谍，让他们带着大量金钱，潜入夏王朝本土，和九夷部落商讨。最后，九夷部落站在了汤这边。

一年后，汤完成了对夏桀的攻击准备。在攻击前，他重新站到道德制高点上，对夏桀发动人身攻击，彻底搞臭夏桀。他的这些言论被记载下来，名为《汤誓》。这里面说："诸位快来，都好好听我讲话！并不是我胆敢以下犯上，发动叛乱，而是因为夏桀犯了许多罪行，上天命令我前去讨伐他。现在你们会说：'我们的君主不怜惜我们，让我们放下手中的农活，拿起武器讨伐夏桀！'我要告诉你们，夏桀罪恶滔天，我害怕违背上天的旨意，不敢不去讨伐他！现在你们又会问我：'夏桀的罪行究竟有哪些呢？'我要告诉你们，夏桀大兴徭役，耗尽了夏民的力量，夏民对夏桀极其不满，他们说：'你这个太阳啊，什么时候才会灭亡？我们宁愿跟你一起灭亡。'夏桀的统治坏到这种程度，我一定要去讨伐他！你们要好好地辅佐我，执行我的命令，这样我一定会大大地赏赐你们。如果你们不服从我的命令，我就要惩罚你们，决不宽赦！"

这份讨伐书出炉时，夏桀终于扔掉酒杯，再次征调九夷部落，九夷部落拿着汤给的金钱正在欢呼庆祝，根本不理会夏桀。夏桀只好自己作战，他似乎是吃了熊心豹子胆，居然主动出击，在有仍（今山东济南）与汤展开正面对峙。汤调动七十辆战车和一支由六千名壮士组成的野战部队，先发制人，对夏桀发动攻击。

两支部队一接触，夏桀方面霎时崩溃。他节节败退，最后退到鸣条（今山西运城夏县西），夏桀的属下认为此地就是夏桀葬身之地。夏桀问原因，属下说："此乃当年舜帝去世之地，舜是道德圣人，你是道德败坏者，道德圣人注定和道德败坏者势不两立。"

夏桀大怒，他不相信什么道德不道德的，汤很快追击到此，双方再次开战，夏桀这次全军覆没，他本人被汤活捉，延续了四百多年的夏王朝退出历史舞台。夏桀的结局还算圆满，他被汤放逐到南巢（今安徽巢湖），汤还经常送酒给他喝。凡是有点心的人，都不会再喝酒，但夏桀仍然长醉不醒。汤摇头叹息，开始建立他的王朝——商王朝。

汤是第一个以武装力量颠覆旧政权的人，《易·革·彖辞》中有"汤武革命，顺乎天而应乎人"的话。多年以后，我们经常听到的"革命"一词即从此出。革命，不是革天命，恰好相反，是天命转移、变革。

开始，天命在夏王朝这边，但由于夏王朝的所为已不合天命，于是天命转移至商王朝。这是中华人的伟大创造：只要君王无道，下面的人就会遵循天命来革命。商汤革命思想影响了数千年的历史，也成为改朝换代的合理性的解释，将源自正义的反抗在道义上加以肯定。不过，我们一定要注意的是，这种说法是后人的说法，并非商人的看法。

商汤灭夏，让我们对中华的道德文化印象深刻，在灭夏前，商汤极力把自己塑造成道德圣人，又极力抹黑夏桀，将其雕刻成一个道德败类。**从此，做道德文章，成为中国人的一个特质，任何开国君主必然是道德圣人，任何亡国君主必须是道德败类。**

以道德衡量人和事，成为中华人的灵魂，道德中国就此确立。

4／
商：祭祀和占卜之国

商王朝共有三十个领导人，国祚四百九十六年，还有说法是六百二十九年，无论哪种说法，其生命都比夏王朝的长久。商王朝对中国的控制力要远强于夏王朝，其所控制的王畿地广人多，各路诸侯难以望其项背。商汤为了显示威力，自称“余一人”，这三个字是后来君王自称“寡人”的由来。

汤建立商王朝后，将国都建于亳都（今山东曹县），他也被奉为“成汤帝”，这个名字和后来的“观音菩萨”很类似，都是“救苦救难”之意。

汤建商王朝和启建夏王朝略有不同，启是继承了老爹大禹的权威和力量，轻而易举地完成王朝创建，只不过后来大禹子孙全是酒鬼，力量被削弱，所以夏王朝才是诸侯联盟的一种国体。汤则通过和东方诸侯的联合，经过血拼才创建王朝，所以王朝建立初期，也必然是诸侯联盟的国体。汤和各路诸侯共同治理天下，他死后，儿子太丁继位，太丁死后，太甲继位，危机产生。那个对汤灭夏有突出贡献的元老级人物伊尹认为太甲没有做天下共主的能力和道德，于是将其驱赶至桐邑（今河南虞城），自己执政。

不过，伊尹知道道德中国的潜在力量，所以他对外宣称：只是暂时顶替太甲，只要太甲的道德和能力都足以胜任王位，他就会将王位归还。太甲在桐邑修行七年后，卷土重来，组建了一个强大的兵团，他就站在这个兵团前面要伊尹交出本属于他的王位，伊尹没有力量与他抗衡，只好交出王位。商王朝侥幸躲过这次危机后，没有如夏王朝那样丧失力量，而是正式开始它近五百年的神秘旅程。

商王朝时期，商业尤其发达，人们已懂得互相交换能产生更大的利益和便利，“商”这个字，其实指的就是商人。商王朝喜欢流浪，商汤定都亳都（今山东曹县），当传到第十一代盘庚时，已迁都五次。一个王朝，都城如心脏，轻易迁徙不得，商王朝居然迁都五次，肯定有非迁不可的原因。

有人说是因为洪水，有人说是因为统治阶级和被统治阶级矛盾激化，还有人说是因为统治阶级内部矛盾，商王朝和夏王朝不同，夏王朝的接替法则是父传子，商王朝则是兄传弟。这可能是商王朝比夏王朝存在时间多了几百年的原因，当然也是政治斗争过多、屡次迁都的结果。

比如，第六代中丁到第十代阳甲，共有九王争夺王位，你死我活，直到第十一代盘庚即位，迁都殷（今河南安阳县小屯村），商王朝的流浪之旅才算结束。

当然，商王朝的迁都恐怕和其立国理念有关，那就是祭祀。商王朝是个特别诡异的王朝，一方面，人们通过交换发展出经商这一理性产物；另一方面，商王朝尤其迷信，他们认为，在遥远的天上有个帝，这个帝有个人意志，只要我们凡人能安分守己，不违背他的意志，就能心想事成。所以，商人祭祀天地中这个帝。

由此，商人喜欢占卜，希望这个帝能随时告诉他们，该如何去行事才能达到最好的效果。不过，商人的占卜和其他民族的占卜截然不同，他们不会问帝，某件事该怎么去做，而是自己已经决定做，他们只是问帝，该不该做。

帝，唯一的作用是做决定，只需要回答是或者不是，策划权在人手中，帝是被动的。

占卜是迷信，不过，商人的这种思维又很理性，这构成了中华人的奇特思维：人必须主动，占卜只不过是给帝一点面子，让他说是或者不是即可。

占卜理智是中华人的特质，我们承认在人生之上有个有意识的帝，不过我们不会将命运完全交给他，我们只希望他能对我们所策划的一切做出简单的决

断（是或非），其他，都是我们人的事，和神、帝无关。我命由我不由天！

这也是我们虽然有祭祀和占卜，却无法产生宗教的原因。而频繁迁都，大概是商人占卜得出的结果，以避祸求福。

除了祭祀天帝和向天帝占卜之外，商人最喜欢的就是祭祀祖先，这是中华人的特质之一。我们没有把帝看作宗教神，也没有把祖先看作神，之所以祭祀祖先，是因为我们感觉祖先虽然离开这个人世到另一个世界去了，却仍然和我们在一起，由此构成了人生观和宇宙观的合一，即天人合一。

“天”指的是人死后的世界，“人”则是我们活人所在的世界。我们把去世的祖先的牌位拿到家中来祭奠，等于是把天拿到了人间，这就是天人合一。

人生观和宇宙观合一后，那么也就不存在绝对的宇宙，那些在人生之上的宗教神就是虚无缥缈之物。我们唯一信奉的是大团圆：无论祖先在哪里，其实他都和我们在一起。

祭祀祖先，并非向祖先索要什么利润，恰恰相反，祭祀祖先是中国人最无私的举动，我们只是希望祖先保佑我们，但任何一个中国人都知道，祖先保佑我们的唯一方式是，我们自己要行善。

由此推导出，中国人的神或者上帝就是我们的祖先，中国人和其他民族最大的不同是，我们重视家族传承，有家谱。我们把祖先的牌位放在家中，和我们在一起，不需要去外面再建什么教堂，由此构成了一个世界，而不是两个世界。这就是天人合一（“天”是死去的人，“人”是活人，二者合二为一）。

5／

周武王灭商：吊民伐罪

整个商王朝，政治斗争始终很激烈，所有领导人上台后第一件事就是推翻前任领导人的政治举措，如此反复的政治运行，给王朝带来了灾难。最后一任领导人商纣上台后，王朝已破败不堪。

商纣王初登王位时，精力充沛，文武双全，英明果断，他大刀阔斧地对旧有体制进行改革，惹恼了很多既得利益者。纣王强力镇压，对反对他改革的各路诸侯痛下杀手，对东方叛乱的蛮夷，更是采用铁血政策，不分青红皂白地以武力镇压。商王朝的主力精锐都被牵制在东方战场，有人劝阻纣王说，应以道德教化为主，否则几百年前获得的天命将转移。纣王高傲地说："我命由我不由天（我生不有命在天）。"他相信天命在自己这边，区区蛮夷根本不可能转移天命，发动革命。

东方蛮夷的确没有力量，但西边的周部落（其根据地在一片叫作"周"的平原，所以称为"周"）却早就开始积聚力量，如几百年前商汤觊觎夏王朝的宝座一样，现在，周部落也开始觊觎商王朝的宝座。

周人据说是帝喾的子孙，尧时，周部落的酋长弃发挥工匠精神，把务农发挥到极致，后来不知什么原因，周部落开始缓缓西迁，最后在陕西岐山扎根，大概是他们的祖先通过奇异法术知晓了此地最适合种地。商王朝统治中国时，周部落给商王朝进贡粮食，得到历代商王的好评。周部落在商王朝的保护下，偷偷发展自己。到了商纣时代，它已经成为西方唯一的霸主。

商纣王并非没有注意到西方的周，只不过东方的蛮夷还没有被消灭，主力部队不能调回，所以他对周采取的是笼络政策。周部落的酋长姬昌（文王）领导周部落后，商纣王发现大事不妙了。

姬昌性情温和，有仁义之心。他发挥这种与生俱来的能力，在部落内施行仁政，大肆笼络各地诸侯，礼贤下士，各地的能人志士纷纷跑到周部落，为其卖命。

商纣王当然知道姬昌这套路，所以将他骗到首都，强行拘留。后来，姬昌的儿子姬发运送了无数粮食到商王朝首都，姬昌才被释放。

姬昌在拘留所时无所事事，于是琢磨“—”“– –”这两个符号，后来就搞出了《易经》。中国传统思想其实就是这两根棍子，阴阳交合，产生万物。《易经》是“易”，“易”是“变易”，天下一切事物都符合这个套路，没有固定的标准，所有的事物都是动态的。这就要求我们为人处世不要墨守成规，而要具体情况具体分析，要有变易的思维。

从拘留所回周后，姬昌对儿子姬发说：“经过我在商都城这段时间的观察，它快完蛋了，咱们要加速准备。”

姬发兴奋得发狂，但姬昌老谋深算，他说：“咱们现在手中的人才统治周部落可以，若要统治天下，必须要有能力更强的人。”姬发立即张贴告示，寻觅天下人才。很多人才都跑来面试，姬昌板着脸不作声，这种表情告诉我们，姬昌还没有找到帮他统治天下的人才。

半年后，有人来告诉姬昌，有个白胡子老头儿每天都在渭水支流磻溪钓鱼。他的鱼钩不但是直的，而且根本不放进水中。

姬昌惊叫起来说：“这可能就是我要找的人才。”

他跑到渭水河边，果然看到一个老头儿在那里安静地坐着，直直的鱼钩在阳光下闪出夺目的光芒。

姬昌对他说：“你这种方式是钓不到鱼的。”

老头儿回答：“谁说我在钓鱼？我是在钓天下。”

姬昌惊喜万分，说：“你就是我要找的人才。”

如你所知，这个老头儿叫姜子牙，后来成为周王朝开国第一功臣，在神话语境中，他是封神者。姜子牙本是人，人能封神，这再一次说明中国人思维的伟大之处，人创造一切，包括神。

姜子牙辅佐姬昌后，周的力量一日千里，姬昌去世前，周的疆域已经西到今天的甘肃灵台，东北到今天的山西黎城，东到今天的河南沁阳，直逼商王朝的首都朝歌（今河南省北部鹤壁市淇县，商纣王在此建都）。此时，周拥有的疆域已经比商王朝的要大，国富民强，灭商指日可待。

不过，姬昌似乎并没有灭商的打算，他曾对儿子姬发说：“如今咱们已经三分天下有其二，只要咱们继续埋头苦干，用开放、仁义之举来治国，剩下那三分之一土地上的人们迟早会来投奔咱们。”

姬发说：“迟不如早。”

姬昌一死，姬发就开始了对商王朝的灭亡计划。

虽然商王朝的疆域只剩下天下的三分之一，但姬发和姜子牙仍然小心翼翼，他们派人到处跑关系，拉拢被商纣王欺负的诸侯。这些诸侯联成一体，对姬发说：“发哥，干吧！”

姬发问姜子牙：“如何？”

姜子牙沉思许久，回答说：“当初商汤灭夏桀，先是搞宣传战，用道德作为武器把夏桀搞臭。咱们应该尊重历史。”

姬发说：“正合我意，搞臭商纣。”

所谓“搞臭商纣”，就是要站在道德制高点上训斥纣王，让纣王成为小人，自己则是君子。

这种模式，在未来的几千年中，时常被伟人或者野心家使用，不过能不能产生效果，还要看实力。

姬发训斥纣王说：“你们家族喜装神弄鬼，搞得整个中华都装神弄鬼。你们又抢夺民财，供自己挥霍，喜好美女甚于喜好政治，连年讨伐兄弟国和淳朴的蛮夷，民不聊生。苍天明示我，天命已转移，我周国姬发，现在就要吊民伐罪（慰问受害的百姓，讨伐有罪的统治者），干掉你。”

“吊民伐罪”是后来中国的政治家（成功的）、野心家（失败的）准备造反时，必然使用的一种宣传手段，没有这个手段，都不好意思和别人说自己是造反派。这就如后来的孔子所说的，必须师出有名。

姬发将这些话刻在商王朝盛行的甲骨上，到处传播。历史没有记载这份替天行道的檄文是否产生奇效，姬发似乎也不需要奇效。公元前1045年年初，他联合被纣王欺负过的诸侯，率领兵车三百乘、特种部队三千人、甲士四万五千人，直奔商王朝首都朝歌。半个月后，伐纣联军抵达离朝歌三十五公里的牧野。

纣王和他那拥有惊世美颜的小老婆苏妲己正在朝歌城中寻欢作乐，丝毫不承想到姬发会真的造反。可告急文书铺天盖地地送来，纣王这才相信姬发果然是大逆不道的叛乱分子。纣王说：“我命由我不由天，什么天命转移，都是胡说。天命就在我这里。”

他集结的首都卫队，只有可怜兮兮的千余人，主力部队正在东方和蛮夷作战，不能马上赶回来。如今只能咬牙一战。有人提醒他，朝歌监狱中有十七万（数字夸大）罪犯，可以将他们释放，交给他们武器，让他们去剿杀叛徒。

纣王说：“这些囚犯比姬发好不到哪里去，我担心他们临阵倒戈。”

大臣们齐声说：“死马当活马医，管不了那么多了。”

纣王只好释放囚犯，但不发放武器，这些囚犯出了朝歌城，只能临时捡拾地上的木棍当作武器，这群人乌泱泱地来到阵前，姬发英姿勃发，手持宝剑，姜子牙站在兵车上，闭着眼摇头晃脑，好像在施法。

纣王和小老婆苏妲己告别，两人抱头痛哭，纣王哭完就擦干眼泪，提着他的宝剑来到战场，和姬发正面相对。他先臭骂姬发犯上作乱。

姬发回答：“我是吊民伐罪。”

纣王说：“我的军队在东方，你这是趁火打劫。”

姬发笑着回他：“我向来斗智不斗力。”

纣王气炸了肺，说：“我有上天护佑，天命根本不可能转移到你那边，你在逆天而行。”

姬发说：“你杀忠臣比干，挖了他的心，宠信你的老婆苏妲己，搜刮民脂民膏满足她的淫欲，这才是逆天而行。”

纣王狂叫起来，下令他的罪犯部队冲锋。罪犯部队拎着各种棍子向前奔跑，后面则跟着纣王的监督部队。当罪犯部队冲出一半时，突然奇迹发生——他们掉转矛头对准了纣王的监督部队，姬发高兴地跳起来，这是天上掉下来的好运气，于是下令全线进攻。

经过纣王改革的商王朝军队，尤其是首都卫队，虽然人数极少，却拥有无敌的战斗力。姬发和各路诸侯的联军还有那些罪犯，多次将纣王的卫队包围，可就是无法全歼。不过，好虎架不住群狼，太阳落山后，纣王的首都卫队所剩无几，纣王本人也只好逃回朝歌。他只有两条路可以走，要么投降，要么自杀。经过深思熟虑与精心检讨，最终，他选择了后一条。他跑到粮库（鹿台）上，把自己点着，一动不动地火化了。

不过，还没等他的尸体被火烧透，姬发就率领着军队和那个罪犯部队冲破朝歌，把他的尸体从火里拖出来，切掉脑袋，并向烧焦的尸体射出三箭，以示替天行了道。

我们很难想象，作为后来中华礼仪之邦的开拓者的周王朝，其领导人对敌人尸体的做法如此让人惊骇，这就是当时的文化，它野蛮无礼，却蓬勃向上。

在纣王的尸体被侮辱后，商王朝就此灭亡，姬发革命成功，建立周王朝，姬发就是历史上的周武王。若干年后，儒学兴盛，儒家学派对“汤武革命”赞赏有加，认为诛杀暴君是对人民和民族的担当。不过，儒家学派最赞赏的不是汤武，而是姬昌。他与儿子姬发形成鲜明对比，姬发被称为“武王”，他则被称为“文王”。

姬发认为得天下应该靠“打”，所以应该动武，姬昌则认为得天下应该靠“和”，所以应该用道德来感化敌人，让恶劣的敌人良心发现，最后改邪归正，这是一种“和”的精神，其最终结果是天下无敌——有敌人，我把你“和”成朋友。

至于是选择“打天下”还是“和天下”，具体情况要具体分析，所以中国人始终以和为贵，如果实在感化不了敌人，那就只能火化他，开打。**这就是中华民族的“文（姬昌）武（姬发）之道”，以文为主，武不是不重要，动武的目的还是止戈，还是“和”。**

商纣王死后，他的小老婆苏妲己也被判处斩首。但她太美了，刽子手举不起刀。周武王的军队总司令姜子牙闭着眼举刀，但心中有妲己。最后，他叫人把苏妲己的脑袋包起来，让刽子手把它当成一个大馒头，手起刀落才算大功告成。在后来的神话小说《封神演义》中，苏妲己被描写成一个由狐狸精变化的美女，她拥有至美容貌和狠毒心机，用吹枕边风的方式把纣王变成了恶魔君主。

至此，对中国厥功至伟的西周王朝开始了，巨变也开始了。

6／

周公宏图

没有周王朝，中国绝对不是今天的中国。**如果说夏王朝夯实了中华的地盘，商王朝给中华带来祭祀和理性占卜，使中国别具一格，那么，周王朝就是给中国注入了灵魂——礼仪，中国几千年来自称和被称为“礼仪之邦”，全是周王朝的功劳。**

而将此灵魂注入的一线指挥官就是周公。周公，名旦，为了表示对他狂热的敬爱，我们称他为“周公”。

周公是武王姬发的老弟，灭商几年后，姬发一病而逝，其子姬诵（成王）只有十二岁，所以一向以贤良著称的周公当仁不让来辅政。实际上，这是一次变相的禅让，当最高领导人不能执行自己的意志时，就会有人遵循传统，把有能力执政的人推到前台，周公就是这样的人。

姬发灭商，靠的不仅仅是自己的力量，还有各路诸侯的力量，商王朝地盘广大，实力雄厚，姬发以斩首的方式夺其首都，虽然灭其名，却未灭其实。在东方战场，商王朝的主力部队仍然在。即使在已经投降的地区，潜在叛乱仍然存在。姬发在位时，劳心劳神，始终与商王朝旧势力苦心周旋。

他死后，周公面临重大危机。姬发在位时，不能彻底消灭商王朝后裔的力量，所以暂时将他们中力量最强的家伙分封为诸侯，这个最强的家伙就是殷国的武庚。为了监视武庚，姬发特意将三个弟弟分封为诸侯，三个诸侯在武庚西面形成一道严密的防线，既能监控武庚，又保护着西边的中央政府。姬发死后，周公把姬诵推到一旁，自己执政。这引起姬发三个兄弟不怀好意的猜想，他们认为周公篡权，而且会在不久的将来杀掉姬诵。武庚乘虚而入，四个诸侯联合起来叛乱。周王朝东面顿时失控。

四个诸侯不但在东面宣布独立自主，而且声称要进攻中央，声势之浩大，把周公吓得魂不附体。他先是跑到姬诵面前哭哭啼啼，说自己没有任何私心，只是暂时执政，然后召集姬家王族，声泪俱下地请他们为自己做主。最后，中央方面达成严密统一,一致认定姬发那三个兄弟是叛徒，武庚是贼子。周公稳定内部后，壮起胆子东征。

姬发所封的三个弟弟，兵强马壮，加上有武庚的支持，周公这场仗举步维艰。不过上天保佑中华，经过艰难的三年战争后，周公取得决定性胜利。这场战争成就了周公，他的威望如日中天，不可动摇。

周公是个珍惜权力和威望的伟大政治家，他不会躺在功劳簿上享乐，三年战争胜利后，周公立即开始描绘中华蓝图。

首先，周公用天命来正名，让商王朝遗民心悦诚服。他对商遗民说："你们不要认为是我们周消灭了你们，其实是上天借我们之手消灭了你们。正如当初天命要消灭夏王朝，假借你们之手一样。天命从夏王朝转移到你们那里，现在又转移到我们这里。如果我们不努力，它照样会转移到别的地方。我们和你们是一样的，只是天命的暂时拥有者，为何要仇恨我们？当初你们从夏王朝那里接手天命，夏王朝遗民何尝仇恨你们？将来有一天，天命从我们手中转移到别人那里，我们也不会仇恨别人。因为归根结底，天命只在那些敬畏它且善待老百姓的人手中。"

商遗民听了这段话，朦朦胧胧地感觉对，又感觉不对，总之，这是一种说不出来的感受。周公的这段话，放低了姿态，把周和商相提并论，不谈周和商本身，而谈天命，无形中让商遗民的自卑感和愤恨感消失。

接着，周公又希望周朝上下齐心协力，共同维护周王朝。他把商王朝的遗民单独安置，又到处搜寻夏王朝的遗民，集合起来单独安置，然后对自己王朝的人说："你们看，他们国破家亡，如果不是我们宅心仁厚，他们早已成刀下之鬼。倘若咱们不能同心协力为王朝奋斗，将来也会成为他们这样，要是倒霉透顶，遇到接受天命的人是浑蛋，咱们就会被灭族，能不好好工作嘛！"

周王朝的人触目惊心，立即投入到建设王朝的汪洋大业中去，发誓要为周王朝贡献全部力量，子子孙孙，无穷匮也。

周公搞定这两件事后，马上着手让天命永远留在周王朝的釜底抽薪计划，我们称为"周公宏图"。

第一步，商王朝一些顽固遗民在东方的叛乱，让周公心有余悸。尤其值得注意的是，王朝东方还有很多商遗民，周王朝的首都在镐京（今陕西西安），离东方很远，周公于是建东都洛邑（今河南洛阳），将那些阳奉阴违的商遗民强制迁至洛邑居住。这种"两京模式"非常适合地广人多的中国，所以直到 14 世纪建立的明王朝，仍然采用"南京""北京"的两京模式。

第二步，在东、南、北各方封了一大批新诸侯，以便和西方的王室遥相呼应，如在东方的今山东地区就封了齐、鲁两个侯国，北面则有燕国，今山西东南部则有晋国等。

不要认为周公只在东方分封诸侯，其实在当时所能知道的中国各地，周公都像疯了一样地分封。从今天的地理来看，周公当时分封的诸侯，西起陕西西部，东至山东，南抵长江，北到河北，周王朝的诸侯星罗棋布，可考的诸侯国有一百三十余个。如此不管不顾地分封，为后来春秋战国的混乱埋下了一颗超级地雷。周王朝规定，诸侯每年亲自来中央政府朝觐周王一次，并进贡各地的方物，然后周王给诸侯上课，课程内容是分封的意义和诸侯的使命。各诸侯的新领导人接位，要由周王正式册封，否则视为违法，如果有诸侯不听周王的，周王可征召其他诸侯对其进行讨伐。

周公分封诸侯，由此诞生了一种最适合当时情况的制度——封建制，意为"封邦建国"。封建制从周公创建直到秦王朝统一，延续了近千年。后来的郡县制王朝，如西汉王朝、晋王朝、明王朝，都曾经采用"一国两制"（郡县制和封建制并存）。

这种制度的出现，其实是迫不得已，周国从陕西发家，是在各路诸侯的帮助下，用斩首行动，快速攻下了商王朝的心脏。本国的物力、人力，都不足以采用中央集权制。也就是说，当时的情况，只能分封。所以，周王朝只不过是各部族的一个大联盟。虽然周公当时派了中央官员到各部族监督政事，但王室衰微后，这个官就成了装饰品。

随封建制诞生的是宗法制，“宗”是“祖先之庙”的意思，当时的中国人从商王朝开始，就祭祀祖先，一定要注意这点，这是中华民族的特色——祭祀祖先，或者说是祖先崇拜。这种崇拜方式正是中国人“天人合一”思想的重要体现：当我们的祖先活着时，他是人；他死去后，就成了“天”（另外世界），而我们又把他们的牌位请回家中，请回人间，这就是“人”，这就是天人合一。

不过，周公认为，由于贵贱、亲疏有别，所祭的祖先也不能是同一个，什么人该祭祀什么样的祖先，周公制定了一套严格、统一的法规，秩序井然，史称“宗法”。所以，宗法制，就是周代贵族传承和祭祀祖先的法规。

按宗法制，周天子祭祀开国的始祖（文王、武王），其王位由嫡长子继承，哪怕嫡长子是傻子，也不能违背。嫡长子之外的兄弟们，分封为诸侯，称“大宗”。“大宗”的孩子中，只有嫡长子有权继承“大宗”的位置，他们要祭祀的祖先则是自己封国的始祖。比如，鲁国的始祖是伯禽，那他的嫡长子和之后的所有继承者都祭祀他。以此类推，大家都按照这个模式进行。周公认为，天下将永远太平。因为在祭祀祖先时，人只有一个念头：人在世上所为绝对不能给祖先丢脸，一旦产生这种念头，就会行善，至少不会作恶。

除了崇拜祖先，中国人开始崇拜社稷，“社”是土地之神，“稷”是五谷之神，周人以农业为生命线，所以特别重视这两个神。后来就形成了“江山社稷”“列祖列宗”这种类似宗教式的崇拜。

分封制和宗法制，是中华人的高明创造，它将家族政治化，将政治家族化，使整个天下成为一个大家族，使整个大家族成为天下。于是，在当时地球上所有民族中，“国家”这个词汇，只有中华民族才有。家是最小的国，国是最大的家，是千万个家，如此，家和国水乳交融，后来中国思想中的“齐家治

国”理念、家国情怀皆从此出。

周公之伟大，正在此：将国和家合二为一。顶层设计完成后，周公开始知行合一，那就是“制礼作乐”。

“礼”既是国家、社会制度，也是个人的行为规范。有了“礼”，人们的行为才能有所遵循，社会秩序才能步入正常轨道。你很难想象，如果一个国家没有法律，将会是什么样，仅仅是在繁华的大街上没有红绿灯，也是不可想象的。

周公“制礼”的目的就是要秩序化，让父子、兄弟、夫妇、上下、尊卑、贵贱都按其标准行事，这个标准就是各种礼仪。周礼特别烦琐，仅吃饭一项的各种礼仪，就能把人累死，但其背后都有深意。比如酒礼，周公深知人性，酒是人人都喜爱的，不能禁止，那就搞点礼仪，每献酒一次，宾主之间有许多礼节，要相互拜一百次之后，一杯酒才能喝掉。所以，有人喝一晚上，也不会醉，自然就不会酗酒闹事。

至于“乐”，是配合各种“礼”的音乐和舞蹈。这是周公的聪明之处，“礼”太过烦琐，会让人疲惫，所以用音乐和舞蹈来中和，这样，在愉悦的氛围（乐）中，就执行了“礼”。中国后来的士大夫阶层，寒窗苦读之余要搞点琴棋书画，就是正经事（礼）和休闲（乐）的最佳结合，也是政治人生和艺术人生的二合一。所以，中国古代的官员，都是艺术家，不是他们刻意想学艺术，而是在读书之余追寻一种消遣，结果把自己消遣成了艺术家。

礼乐最大的功用是维持秩序，中国人一直讲究秩序，上下尊卑，永不可侵犯，另外的功用则是陶冶人的气质，去除生活中粗野放纵的行为，让人的精神得到升华，从而影响行为。中国人对一个人最高的评价就是“文质彬彬”。这种人，只能靠礼乐锻造出来。

周王朝开创了“礼乐治天下”的中华特色，而教育就是实现这个特色的唯一手段，周代开始设置学校，“国学”是大学，教人自我管理，科目是礼、乐、射、御、书、数；“乡学”是小学，教人洒扫应对、尊老爱幼。但学生都是贵族子弟，平民和奴隶没有学习的权利。几百年后，这种情况被中国第一圣人孔子改变。

中华被称为“礼仪之邦”，正是周公的功劳。后人把他和尧、舜、周文王、周武王并称，也正是因为他给中华民族注入了礼仪、秩序的灵魂。也有人说，周公的功绩远在尧、舜、周文王、周武王之上。

7／
西周王朝的那些领导人

为中华坚定地展开宏图时，周公开始渐渐老去。岁月从来没有放过谁，人和人最大的平等即在此。不过，庸人和伟人的区别在于，伟人也不会放过岁月。周公执政的那些年，是一个人洞察力最强悍之时，他将其全部用到构筑中华世界上。岁月自然也不会放过姬诵。周公执政的第七年，十九岁的姬诵趁叔叔周公建设洛邑时，突然在镐京发动政变，一举成功。

周公听闻此信，面如土色，心腹们劝他赶紧逃跑。周公说："还有一扇大门没有完成，等大门完成，我就走。"

大门完成，周公已逃不了，姬诵派军队来"请"周公回镐京。周公知道此番回家必是凶多吉少，于是半路逃跑，他只能向周王朝势力不能抵达的最南方逃亡。不过，他显然轻看了自己的礼乐规划，姬诵被灌输了七年礼乐文化，已进化成宅心仁厚的领导人，姬诵邀请周公回国，周公在楚地待得很郁闷，他大概也意识到宅心仁厚的姬诵不会对他怎样，所以愉快地回国了，并宣布将王位愉快地还给姬诵，最后悄无声息地退出政治场。

周公之后，周王朝继续变强大，没有诸侯敢捣鬼。天下出奇地太平，老百姓一日两餐，每餐都特别丰盛。周王朝靠农耕发家，所以瞧不上商王朝的商人思路，正是在这种现实主义的影响下，中国开始"重农抑商"。

几千年来的"重农抑商"政策，是中国人实事求是的结果。中国的地理位置极为特殊，东南是大海，西北是荒漠高山，阻止了中国人和外面的交通。商业的本质是流通，可如果只局限在一个有限空间内，其流通便没有持久性。在这种环境下，我们必须要自给自足。经商远比务农利润高，如果放开对商业的限制，那所有人都会去经商，而不会务农。这样一来，粮食就没有了，所以“重农抑商”是最符合古代中国国情的。

姬诵和他的祖先一样，珍惜权力，喜欢为天下贡献才华和精力。但他死后，他的儿子姬钊（康王）就没有这种担当精神。姬钊好色，宫中美女数不胜数，他为此整夜不眠，早晨无法起床处理公事，周王朝开始衰退。

周公建立的封建制有一个重大缺陷：诸侯在本国地盘都有各自发展力量的空间和机会。而周王朝对此并没有约束力，只能靠讲课和进贡的听令与否来衡量诸侯的忠心。周王强大时还可以掌控局面，周王一旦衰弱，必会受到诸侯的挑战。

姬钊的儿子姬瑕（昭王）即位不久，就受到分布在汉水到长江中游两岸的楚国的挑战。楚国在商王朝时期就已存在，楚人野蛮好战，脾气暴躁，很不好对付，到西周时期，姬诵封楚国国王为楚子（公、侯、伯、子、男），将楚国视为低等国家。诸侯会盟时，周王命楚国的领导人管理火堆，按当时的制度，这是正常的。但楚人不这样认为，他们觉得自己受到了莫大的侮辱，发毒誓必须让周王付出代价。楚国当时地盘非常小，又处于群蛮斗争的环境中，于是他们艰苦奋斗，领导人坐小竹车，穿破烂衣服，带领大家开辟荒地，吞并汉水流域的很多小国，最终独霸中国南部。条件险恶，被人瞧不起，有时候恰好是成功的动力。

姬瑕后来翻看国家大事记，发现楚国连续几年没来朝觐，而且也没有进贡包茅（一种茅草，被称为“灵茅”，祭祀祖先时使用）。姬瑕派人去楚国问罪，楚人回答他：“我们国王不喜欢管理火堆，所以不去。至于包茅，你有本事自己来拿。”

姬瑕不能忍受这种挑衅，调动王朝军队和几路诸侯大军，南下征讨楚人。结果，中央军大败。姬瑕拒绝失败，三年后，再次出兵楚国，这一次，楚人无法抵挡，假装投降，请姬瑕吃海鲜大餐。吃完后，又准备了几大船包茅，在汉水上恭送姬瑕离开，不过他们狡猾地在姬瑕的船上做了手脚。船到汉水中央，忽然解体，姬瑕被活活淹死。

新上任的姬瑕的儿子姬满（穆王）在老爹灵前发誓，要让楚人血债血偿。可惜，姬满还没来得及向楚人复仇，王朝西方的犬戎就兴起了。犬戎就是后来的羌族，骁勇善战，不停地侵袭周王朝的西境。姬满怒发冲冠，向犬戎开战。不过这场战争是赔本买卖，虽然姬满击退了犬戎的进攻，却没有得到任何战果，而且还让其他少数民族轻视周王朝，姬满头痛不已，决心用不停的行动来抚慰受伤的心灵。他四处巡守，最远的一次居然到达当时中国所不知的昆仑山西王母国。传说中，他和神话人物西王母把酒言欢，好不快哉。

姬满一直想和楚人开战，却找不到强悍的力量支撑，楚人的势力渐渐向北移动，姬满只能在今天的河南叶县驻扎大批军队，毫无脾气地防御。楚人的北进让胸怀大志的姬满心情忧郁，他破罐子破摔，用巡守的方式麻醉自己。外患未除，内忧又起。国内开始不太平，各种刑事犯罪层出不穷。姬满此时做了一件惊天动地的大事：让大臣吕侯制定刑法，史学家称这中国历史上的第一部成文法典为《吕刑》。《吕刑》中明文规定了对待罪犯的五种刑罚，为“五刑”：墨刑（用刀刻面涂墨）一千条，劓刑（割鼻）一千条，剕刑（割脚）五百条，宫刑（男子割生殖器、女子禁闭宫中做奴隶）三百条，大辟（斩头）二百条，计为三千条。

在这种严酷的刑罚下，姬满暂时稳定了国内政治秩序，不过，这也只是暂时的。姬满死后，周王朝一步一个脚印地步入危机。

姬满的儿子姬繄扈（共王）统治中国时的角色是还债的，由于他老爹生前到处旅游，国库空虚，姬繄扈不但要勒紧裤腰带过日子，还要出卖土地给那些有钱的诸侯，这就让周王朝能控制的土地越来越少，危机之门敞开。

姬繄扈去世前，拉着儿子姬囏（懿王）的手哭着说：“你尽力而为吧，实在支撑不下去，再回到咱们祖先的土地上去，靠种地，族人也能活下来。”

姬囏也哭了，而且一直哭到自己去世。他也想回祖先崛起的古老西方，可西方已被犬戎占据，而且犬戎不停地进攻他。他懦弱无能，居然把王都迁到槐里（今陕西兴平市东南），以躲避犬戎的疯狂攻击。姬囏在位八年，流下最后一滴八年前就开始流的眼泪后，去世。他的儿子姬燮和他一样懦弱，正要即位时，姬燮的叔叔姬辟方一脚把姬燮踢开，自己即位，为孝王。

姬辟方把都城迁回镐京，决心重振王朝权威。这位王爷出身的国王清醒地意识到，权威不是纯靠道德建立的，而是靠拳头打出来的。所以他先振兴早就孱弱的王朝军力，在汧水、渭水之间的草原上开辟大牧场，重金招募高手来养马。在诸多应聘者中，有一个人脱颖而出，他叫非子，养马天下无敌。姬辟方就把西方秦地（今甘肃天水一带）几十里的土地封给他，一个养马的小诸侯诞生，非子当时做梦都想不到，他的后代居然神奇地建立了中国历史上第一个统一帝国——大秦帝国。

姬辟方虽有宏大理想，然而运气不好，仅在位七年，就一病而死。他一死，姬燮马上把本该在七年前就属于自己的王位抢到手，为夷王。

姬燮的王位无缘无故被叔叔夺去，压抑了七年，所以上任后开始有些变态。他不敢和强大的楚人与犬戎开战，于是把积聚的愤怒释放到那些仍然效忠周王朝的诸侯身上。齐国国君姜不辰（齐哀公）某年因国内有事而未去朝贡，姬燮暴跳如雷，要征讨齐国。正好纪国国君来朝贡，发现姬燮正在发怒，得知原因后，马上顺着他的愤怒，挑拨离间，说齐国不是好玩意儿。姬燮像疯了一样，用各种诡计把姜不辰骗来，然后活活煮了他。

若干年后（过了九世），齐国进攻纪国，找的借口就是这件事，史学家称之为“九世复仇”。

姬燮的行为非但未在诸侯中树立权威，反而让诸侯对其欺诈和残忍的行为感到厌恶，从此，更多的诸侯不来朝觐，周王朝的危机已迫在眉睫。

姬燮死后，儿子姬胡即位，把周王朝的危机推向高潮。姬胡做准接班人时就十分任性，父亲被夺了王位，忍气吞声，心情压抑。他受到老爹的影响，不能为所欲为，所以变得心理失衡。即位不久，他开始展现这种长期受到压抑的心理状态。最突出的表现就是到处搜刮民财，搞得天怒人怨。后来，他搜刮起来感觉名不正言不顺，于是搞政府专卖。天下所有能买卖的东西，全由政府统一管理，征收高额税收。贵族和平民极为不满，纷纷诅咒他赶紧死掉。

姬胡就是不死，他把征收来的大量钱财分为两部分，一部分供自己挥霍，另一部分用于战争。他的祖先都不敢和楚人正面开战，但他敢。在和楚人的战争中，周王朝屡战屡败。姬胡似乎根本不管这些，他只重过程，不论结果。和楚人的战争陷入被动局面时，他又和西方的犬戎开战。经过他这番毫无胜算的折腾，秦人所养的马匹被掏空，周王朝权威跌入低谷。

姬胡之前，周王朝本部还算太平，可姬胡时代，本部都不太平了。为了镇压本部潜在的叛逆分子，姬胡从盛产女巫的卫国调来许多女巫，这些女巫分布在大街小巷，监视着周王朝本部的贵族和平民。大家只能“道路以目”（熟人在大街上见面，只能用眼神打招呼），最终，人们实在受不了这种高压政策，偷偷集结，然后造反，冲进皇宫，姬胡在女巫的帮助下逃出都城，这件事被称为“国人暴动”。**本年是公元前 841 年，是中国历史有纪年的开始。这件事对中国影响深远。从这一年开始，中国人将以后每年发生的大事都加以记载，中国人重视历史，也是从这一年开始的。**

姬胡逃亡后，他的儿子姬静被大臣藏起来。为了平息愤怒，恢复秩序，两个大臣召公（召穆公虎）、周公（周定公）管理朝政，号为“共和”（还有说法是诸侯共伯和摄行政事），共同执政，史称“共和行政”。

“共和行政”持续了十四年，姬胡在逃亡地去世。人们对其的愤怒早已平息，所以姬静走出来，宣布即位，他就是周宣王。

经过不折腾的十四年“共和行政”，周王朝的力量与权威似乎有些恢复，姬静也这样想。所以他一上任，就开始改变旧有国策，开始上蹿下跳，吸引世界的目光。

姬静先对楚人大规模开战，这次大战，姬静动员了所有能动员的力量，不可一世的楚人被这场面吓得浑身发抖，双方大战前夜，楚人突然莫名其妙地崩溃，纷纷逃向南方，姬静趁势全力追击，将楚人从前夺取的周王朝地盘收回，为了压制楚人日后的北进，特意建立申国（今河南南阳），申国由此成为周王朝对付南方势力的军事重镇。

姬静大败南方的楚人，认为权威已重新树立，他把大败楚人的军队迅速调到西北，和骚扰王朝多年的犬戎开战。姬静和犬戎进行了五次大战，五次都失败了。最后，姬静明显意识到，已经没有力量再打下去，因为青壮年全部躲藏起来，不给他当炮灰。另外就是税收问题，姬静总感觉有人逃避税收。

这当然难不倒姬静，姬静不知是开了天眼，还是被神仙指引，总之，他想出了一个办法，那就是“料民”。这个词，今天已不常用，它其实就是户籍制度的滥觞。

姬静在统治区域开始进行严格的户口调查（将户口和土地的数目写成清册上交政府），这种制度自姬静创立后，中国历朝历代都完全效仿，做得有模有样。户籍制度为中国各个朝代进行人民和土地快速整合奠定了坚实的基础。中国的动员能力之所以强悍，就是因为有户籍制度。一旦发生大事，中央政府只要拿出户口名册，就可做到全民大动员。

不过，这种制度是被大多数人反对的，姬静创立这种制度也是没有办法中的办法。随着战争频仍，耗费巨大，再强悍的户籍制也挽救不了危机。

姬静在位长达四十六年，这个时间太长了，它可以让斗志昂扬的人误入岁月静好的歧途，可以让一个英明的君王变得昏聩。特别是姬静这种壮志难酬的君王，他在位后期，朝政混乱，几近崩溃，纵然玉皇大帝下凡，也无法拯救，尤其当接任者是个浑蛋时，崩溃已是定数。

公元前 783 年，姬静含恨而死，他的儿子姬宫湦（幽王）皮笑肉不笑地走上了周王朝的宝座，周王朝的前半段（西周）也走向了灭亡。

8／
烽火戏诸侯

姬宫湦和他老爹有本质上的不同，姬静不好酒色，姬宫湦却对酒色如痴如狂，姬静喜欢建立功业，还有点担当精神，姬宫湦则毫无责任心。中国神秘史学家认为，中国历史上的亡国之君其实都是同一人，只不过不停地转世而已。姬宫湦就是商纣的转世，商纣则是夏桀的转世。如果我们铺张开看，那就会恍恍惚惚地发现，隋帝国的杨广（隋炀帝）是秦帝国的嬴胡亥（秦二世）的转世，明帝国的朱由检（崇祯）则是妥欢帖睦尔（元顺帝）的转世。

商纣还肯革新政治，姬宫湦却毫无想法。他即位后的第一件事就是寻美女，觅艳妇，对于南方的楚人恢复北进，他毫不在意，对于西方的犬戎，他更是掩耳盗铃，他活在自己创造的虚幻华美的世界中。对于强大的敌人，他连一句牢骚都不敢发，但对那些忠实的诸侯，他却阴狠毒辣。

褒国（今陕西汉中）国君褒珦来朝觐时，看到他不务正业，就委婉地劝说他，应有国君的模样。姬宫湦狞笑着请他参观新落成的国家监狱，当褒珦走到一间牢房门口时，姬宫湦一脚把他踹了进去，并且命令守卫："无论天塌地陷，我不死，他不许出狱。"

褒珦的儿子褒洪德来看老爹，父子俩泪眼相望。褒洪德发誓要救老爹出苦海，哪怕国破家亡也在所不惜。褒珦告诉他，姬宫湦这人没有天理，所以咱们不能按常理出牌，必须出奇制胜。

褒洪德立即意识到应该利用姬宫涅的喜好，回国后在国内花重金招聘美女，但选来选去，发现这些美女太粗糙，拿不出手，所以只好把赌注压在一个叫褒姒的王室美女身上。褒姒的美貌天下无双，褒洪德把她献给姬宫涅。姬宫涅看到褒姒的第一眼，就陷入了万劫不复之境，他立即将褒珦释放，而且还赏了许多金钱给褒氏父子。

褒姒有让其他女人绝望的容颜，任何美女在她面前都会自惭形秽，只求速死。所以，很快姬宫涅宫中只剩下她一人，其他人自惭形秽，要么躲起来永不见人，要么被姬宫涅踢出了王宫。

姬宫涅原本就不喜欢政事，褒姒一来，他更有理由说服自己不上朝。不过他对褒姒有一点点感到遗憾，褒姒不会笑。他千方百计地让褒姒笑，但褒姒帮不了自己的丈夫。姬宫涅因此事整日闷闷不乐，后来有个瘪三大臣给他出主意说："褒姒不笑，大概是见过太多世面，对人间冷淡。可有一件事，她肯定没见过，那就是烽火台燃烽火。"

烽火台是为防御敌人而设置的通信系统，敌人来犯，才可点火，火光冲天后，各地诸侯看到火光就知道国王老命危在旦夕，会马上来救驾。也就是说，烽火可不是点着玩的。但姬宫涅顾不了那么多，只要能博褒姒一笑，纵然把他的江山点燃，也在所不惜。

他下令点火，第一座烽火台火光冲天，很快，第二座、第三座……火光在地平线后面仍然耀眼。见到火光的诸侯们以为犬戎正在进攻周王朝的首都，慌忙集结部队赶来救驾。可当他们气喘吁吁地抵达时，却发现姬宫涅与褒姒在城墙上喝酒。姬宫涅只是挥了挥手说："没有大事，诸位辛苦，请回吧。"

诸侯们瞠目结舌，不敢相信这是真的，狼狈而愤怒地离去。褒姒看到这样的情景，大笑。姬宫涅狂喜，扯破了嗓子跟着大笑。

褒姒后来又不笑了，姬宫涅就故技重演，多次戏耍各路诸侯。褒姒后来觉得点烽火台这事也没啥意思，就又不笑了。姬宫涅重新琢磨别的办法，但收效甚微。后来他终于想到一个主意，那就是升褒姒为王后，升褒姒的儿子为他的继承人。

姬宫涅的大老婆本是姬静为防御南方楚人而设置的申国国王申侯的女儿，为姬宫涅生下一子，名为姬宜臼，是王朝的接班人。姬宫涅要立褒姒为王后，显然要先废掉姬宜臼和他老娘。

姬宜臼把这件事说给他老娘听，他老娘大怒，跑去和褒姒抓头发、抽嘴巴，姬宫涅也大怒，先把大老婆胖揍一顿，然后把姬宜臼驱赶到申国，并且警告儿子："去你姥爷那里不许胡说八道！"

姬宜臼从来没有听过色鬼老爹的话，这次当然不会例外。他一到申国，就抱着姥爷申侯放声大哭，把事情的来龙去脉一说，申侯一跳三丈高。他给姬宫涅送口信说："褒姒是个苏妲己式的人物，商纣王亡国的史迹历历在目，你怎么就忘了？"

姬宫涅咆哮起来，说："这个老东西，敢把我比作商纣，给我拿来首都下狱。"

申侯可不是个吃素的，你不仁，我肯定不义，他快速击退姬宫涅派来捉拿他的士兵，然后派人去犬戎那里请求帮助。犬戎大喜过望，多年来它始终想进入周王朝的花花世界，却因没有带路党而无法成功，如今有申侯带路，自然不会客气。

犬戎发全部落之兵，在申侯的指引下，绕过周王朝所设的重镇，直取镐京。姬宫涅似乎意识到自己做错了什么，慌忙命人点燃烽火台。如你所知，没有一个诸侯前来，因为诸侯们不想再被姬宫涅当成猴子耍。褒姒看到一个诸侯都没来，笑得花枝乱颤。

姬宫涅带着笑疯的褒姒，慌忙逃跑，犬戎在半路将其截杀，并活捉褒姒，然后攻陷镐京，周王朝的上半段（西周）就这样稀里糊涂地灭亡了。从姬发开国到姬宫涅亡国，西周王朝共十二王，二百五十七年。

犬戎攻陷镐京后，如同一群饿了千年的强盗进入繁华都市，西周文化制度全在镐京，都被无知无识的犬戎破坏，西周二百多年的文化制度积累，至此灰飞烟灭。镐京遭到破坏后失去文化中心的地位，老牌诸侯国鲁国因几百年来推崇周礼，所以成为中国的文化中心，孔子后来诞生在鲁国，不是没有原因的。

周王朝的下半段（东周）开始。

西周的灭亡绝不是姬宫湦一人之责，他只是最后一根稻草而已。至于烽火戏诸侯这件事，有人认为像小说情节。然而，我们都知道，现实中很多人做的事比小说还要戏剧化，让人啼笑皆非。夏、商和西周似乎是中华史一个朦胧的、抽象的过渡，但它奠定了中华的根基。自东周时代开始，中华终于掀开薄纱，露出清晰的面容。

夏、商、西周三代对中华厥功至伟，尤其是西周，可谓是自黄帝确立“中华”观念、尧确立“谦让”美德、舜确立家庭伦理、大禹拯救中华之后的推陈出新者。

其最大的贡献是让国和家二合一，确立礼乐制度，让中国成为礼仪之邦、秩序之国。对于这些伟大的人物，有人曾问王阳明：“尧、舜乃大圣人，为何不制礼作乐，要等到周公来制礼作乐呢？”王阳明回答：“任何人做事，都需要适应当时的大势，如果和当时的大势不合，即使知道某种事情非常好，也不会去做。**尧舜时代，人们迫切需要的不是礼乐，而是填饱肚子，所以不需要礼乐。而周公时代，人们已经能填饱肚子，建立良好的秩序刻不容缓，所以周公才制礼作乐。**”

在应该做这件事时敢于担当，即知行合一。

第三章

东周分两段之春秋

1／
礼崩乐坏降临

东周分为上、下集，上集是春秋（公元前 770 年—公元前 481 年），下集是战国（公元前 481 年—公元前 221 年）。一脉相承，又各有千秋。我们先来看上集——春秋。

犬戎攻破镐京，杀掉周幽王后，大肆劫掠，此时，姬宜臼才发现问题之严重，他责备姥爷申侯不该如此孟浪，申侯也是有苦说不出，本来他请犬戎帮忙，只是要杀掉褒姒，想不到犬戎把周王朝连窝端了。

但仍有转机，转机自然来自申侯的亡羊补牢。他向西方的诸侯国——晋国、新兴的郑国、以养马发家的秦国以及和周王朝关系特别融洽的卫国发出救国邀请，这几个诸侯一直不受东方诸侯的待见，如今有机会拯救王朝，建立威望，当然乐不可支。他们先是在镐京和犬戎打了一场复仇之战，犬戎退出镐京。接着几个诸侯召开大会，在申国共同拥戴姬宜臼为王朝领导人。姬宜臼（平王）原本就是合法的王朝接班人，可经他姥爷邀请敌人犬戎这么一闹，合法性马上受到挑战。姬宫涅的弟弟姬余臣（携王）自立为王，宣称他才是正统，而姬宜臼邀请敌人灭了自己的国家，乃是大逆不道，非正统。

晋国领导人姬仇（晋文侯）不经其他诸侯和姬宜臼同意，出奇兵杀掉姬余臣，这一剑走偏锋的招数马上给他带来了丰厚的利润。姬宜臼激动得浑身发颤，不但赏赐给他河西之地（今甘肃西北部、内蒙古西部），还封他为王朝永久的辅政大臣，并让史官记录姬仇的功绩，使他永垂周王朝史册。

公元前 770 年，在晋国领导人姬仇和郑国领导人姬掘突（郑武公）的拥护下，姬宜臼放弃祖先经营了几百年的丰镐（丰，在今陕西西安市西南，丰水以西；镐，在丰水以东），迁都洛邑（今河南洛阳），东周时代，正式开始。

在没有东方老牌诸侯的帮助下东迁的周王朝，已失掉了大多数诸侯的忠诚和信仰，东周王朝从开始就失去了控制诸侯的能力。于是，地盘逐渐缩小（主动赠送和被其他诸侯抢夺），穷困潦倒，被人遗忘在角落中。

姬宜臼间接弑父，显然违背周礼。于是，诸侯群起仿效，弑父杀兄，互相侵吞，甚至和周王朝直接开战，如后来孔子所说的“礼崩乐坏”时代降临。这种生态，破坏的恰好是周公制造的“家国一体”格局。

第一个向中央政府开战的诸侯正是有拥立之功的郑国，郑国成立于公元前 806 年，封地中心在咸林（今陕西渭南市华州区）。第二代领导人姬掘突因拥立有功，封地中心迁至今河南荥阳。第三代领导人姬寤生（郑庄公）是一枭雄，凭借旺盛的精力和强硬的手腕侵犯周边的陈国、宋国和许国，不停地扩大地盘，于是将封地中心迁至郑（今河南新郑）。在诸侯们看来，郑国最没有理由崛起，因为它无险可守，处于四战之地。这种地方能自保就不错了，可姬寤生打破了这一传统思路，不停地向外拓展，终于成为春秋时期的第一个霸主。

姬寤生的各种放肆行为让姬宜臼很不高兴，姬宜臼身边原本有晋国和郑国两个辅佐之国，还可以平衡，但晋国发生内乱，无暇顾及周王朝内部事务，于是姬寤生迅速坐大。姬宜臼暗中寻找力量牵制姬寤生，却被姬寤生发觉。姬寤生很不客气，当面质询姬宜臼，姬宜臼吓得脸色惨白，急忙辩解说：“我始终信任你啊，如果你对我有怀疑，咱们可以交换人质，你把你儿子放到洛邑来，我把我儿子放到郑去。”

领导和属下交换人质，这是破天荒的，此事足以说明东周王朝力量的薄弱和姬寤生的强大，更说明了周公所建立的礼制已从根上被破坏，再图还原，已是水中捞月。

姬寤生并未因姬宜臼丧失尊严的妥协而安守本分，反而变本加厉。他常常打着姬宜臼的名号去讨伐这个，攻打那个，搞得诸侯们怨声载道。他们都来洛邑告状，可得到的结果却是姬宜臼的一声声叹息。公元前720年，姬宜臼含恨而死，由于他的长子早死，所以由他的孙子姬林（周桓王）继位，姬林上台，做的第一件事就是取消姬寤生辅政大臣的职务。

姬寤生大怒，趁秋收时节，派兵进入周王朝的庄稼地，把庄稼全部收割。那年冬天，姬林咬牙切齿地饿着肚子处理公务。第二年秋天，姬寤生大摇大摆地跑来洛邑朝觐，姬林冷冷地问他："你国今年粮食的收成如何？"姬寤生回答："很好。"姬林装出一副高兴万分的样子说："太好了，我今年可以不用饿肚子了。"

这是赤裸裸的嘲讽，姬寤生忍住怒气，把拳头攥紧，姬林甚至都能听到骨关节摩擦的声音。姬寤生回国时，按照礼制，姬林要送他点东西，姬林搞恶作剧，送他几十车野草。姬寤生大骂道："无耻小儿，你老子的江山还是我老子帮着打下的呢！"

姬林终于暴怒，他叫来陈国、蔡国和卫国的国君，对他们说："姬寤生欺负我也就算了，还经常欺负你们，我决心为你们出头，咱们一起出兵揍他。"

讨郑联军立即组成，浩浩荡荡奔向郑国。姬寤生可不管你是不是国王，立即下令军队集结应战。双方在今河南长葛展开激战，郑军几十年来身经百战，对付讨郑联军，绰绰有余，双方很快就分出胜负，讨郑联军失败，姬林在逃跑过程中，居然被姬寤生的弓箭手射中肩膀。郑军看到敌人统帅受伤，兴奋得发狂，就要猛烈追击。姬寤生急忙鸣金收兵，训斥手下说："你们这群笨蛋，要是追上他，把他捉了，可就不好放了。"

姬寤生有超人的智慧，他清醒地意识到，虽然周王已如掉了牙的老虎，但这只老虎身上有个护身符——宗法制。按宗法制，周天子被认为是天下宗主，如同家族中的宗子一样。谁要企图谋害这个宗子，其他诸侯就会联合起来反对他。前面我们谈到，周公最伟大的创新是把天下当成了一个国，把整个国当成了一个家，在这个家族中，有家长（此时是姬林），兄弟中如果有人敢干掉家长，其他兄弟就会联合起来揍他，即使不联合起来揍他，他以后在诸侯中也会过得不太顺畅。

没人敢冒这个险，就是后来的春秋五霸都不敢，何况仅仅是小霸主的姬寤生。于是，他派人到姬林军营向其道歉，并给钱给粮，诚意满满。强者对弱者道歉，弱者只能咬牙接受，郑国霸主地位至此奠定。

郑国霸政只坚持了三年，其势力就断崖式下滑。后世写史者说，姬寤生不讲仁义，注定其事业不久。这是典型的“中国式道德写史法”，将道德定义为一切事情成败的关键，我们不必当真。郑国处于四战之地，前后左右都是敌人，姬寤生在世时还能靠手腕控制局势，但他公元前701年去世后，他的子孙就没有办法了。先是内乱，他的两个儿子为了争夺继承权大打出手，郑国精锐部队全都葬送在内战中，被郑国欺负过的那些诸侯国，趁机复仇，郑国内忧外患，迅速衰落。

给郑国致命一击的是在它南面的楚国，在姬寤生射中姬林的三年后，楚国领导人熊通实力壮大，突然称王，这等于是和周平王平起平坐了。一称王，他就向中原发动进攻，郑国首当其冲，在庞然大物楚王国面前，郑国的好运气彻底用完，一败再败，其霸主的招牌被楚王国活生生摘了下来。

楚，本来被封为子，属于级别最低的国家，但突然称王，不称子，和周王国相同，这当然是姬宜臼弑父后的连锁反应。**孔子后来说，“始作俑者，其无后乎”，老子说，“不敢为天下先”，其实都在说一个道理：千万别开一种不好的先河，否则，倒霉的就是开先河的人。**

楚国自我升格为王国，中原各诸侯由于受周礼影响较深，没有楚人这样鲁莽，但他们在破坏礼制上面也毫不逊色，除了儿子杀老爹、臣子杀君主之外，各诸侯对周王朝的朝觐和进贡自行解除，东周王朝名存实亡。

不但中华各诸侯闹得不可开交，夷狄也来凑热闹。周王朝力量强悍、礼制未崩时，华、夷能和平共处。所谓“华”，就是周王朝和其分封的那些诸侯，诸侯们在自己城池内大力发展农业文化，而在城池外广漠的平原上有很多游牧民族，他们不喜欢农业文化，只喜欢游牧。从事农业文化的人自称“诸夏”（“夏”是夏王朝，时人还把自己称为“夏”，可见夏王朝的影响。后来加上

"华"，称为"华夏"），与"诸夏"相对的是那些游牧民族，称为"夷狄"。华、夷的区别不在于血缘，而在于生活方式。

所以，中国人自始至终就没有从血缘上区分民族的意识，没有现代意义上的"民族"观念。夷狄如果从事农业，那就是诸夏，诸夏如果从事游牧，就是夷狄。

几千年来，中国人把中国之外的所有国家都看作叛逆分子而不是敌人，原因正在于此，因为中华奠基的时代，夷狄和华夏是杂处在一起的，他们是中国的一部分，所以不是敌人，而是叛逆分子。

西周时期，中央强大，华、夷能和平共处。但犬戎攻破镐京，给这些夷狄做了个坏榜样，他们开始向诸侯进攻，抢夺他们认为的财富，华、夷矛盾升级。

一方面是中国内部夷狄的骚扰，另一方面是楚王国对中原的虎视眈眈，中华人的天理已下沉至深渊，人欲沸腾到苍穹，中国到了最危险的时刻，必须得有人站出来，带领中华，平定叛逆，恢复秩序。

于是乎，春秋霸主登场，怀着中国人特有的担当精神，顶替不能作为的周天子。

2／
齐国称霸

诸侯内乱影响着所有诸侯国，包括东方的老牌诸侯国齐国。齐国由封神大师姜子牙创建，国都临淄（今山东淄博市临淄区），其疆土相当于今天的山东北部，由于靠近大海，地理条件优越，有捕鱼和煮盐之利，更适宜桑、麻的生长，所以很富有。本来这个富得流油的国家会继续流油下去，可姬宜臼东迁后，礼制被破坏，没有人能不受到影响，齐国也不例外，它先是受到北方夷狄的侵犯，接着又是姜诸儿（齐襄公）内乱，最终把姜小白（齐桓公）与管仲推向世界舞台。

姜诸儿（齐襄公）是齐国第十四位君主，之前的君主在周礼制约下还能担负起国君的责任，姜诸儿上位后，礼制被破坏，人欲就此放纵。他不但把政治搞得混乱不堪，在私生活上更是乱得没有下限，竟然和自己的异母妹妹文姜乱搞。美人是山东的特产，文姜自然也是美人，如花似玉。齐、鲁两国常有政治婚姻，文姜早已和鲁国国君姬允（鲁桓公）结为夫妻，后来文姜回娘家，姜诸儿对着妹妹的容颜流下炽热的口水，两人搞起了婚外情。

文姜在娘家待了一段时间后，要回婆家鲁国，姜诸儿哪里舍得，于是命人在姬允来接文姜的路上，将姬允杀掉。鲁国明知国君是死在奸夫手中，却慑于齐国力量，不敢报仇。姜诸儿从此更加肆无忌惮，齐国国内百姓议论纷纷，姜诸儿的两个弟弟姜小白和姜纠发现苗头不对，觉得大乱很快会到来，所以纷纷逃出国去避难。

两人真是火眼金睛，公元前686年，姜诸儿被同辈兄弟公孙无知杀掉，一年后，公孙无知又被忠于姜家的大臣杀掉，由于姜诸儿没有接班人，所以齐国领导人位置空虚，有资格继承齐国领导人位置的就是姜小白和姜纠。

辅佐姜小白的鲍叔牙立即开动马力，向祖国奔驰；辅佐姜纠的管仲也带着主人向祖国奔驰。这是一场马拉松比赛，胜者的奖励是齐国王位，败者的奖励则是死亡。

管仲有超人的智慧，他对姜纠说："姜小白比咱们离祖国近，我假装去投靠并趁机干掉他。"这种事若是在西周时期，肯定是大逆不道的，但现在是礼崩乐坏的东周时期，兄弟相残已成平常事，所以姜纠想都没想，就让管仲赶紧出发，去弄死兄弟姜小白。

文武双全的管仲快马加鞭，很快就追上了姜小白的车队。他做出一副虔诚的模样表示要投靠姜小白，待靠近姜小白时，突然射出一箭。这一箭，可不是普通的一箭，看着是箭，其实是中国的未来。如果这支箭射中姜小白，那就没有后来的霸主齐桓公，也就没有今天的中国了。但天佑中华，管仲这一箭只射中了姜小白的腰带挂钩。姜小白担心管仲再补箭，急中生智从马上跌下装死。

管仲见已得手，就飞快地跑回姜纠那里说："你兄弟已死，咱们没了竞争对手，可以不必急着回祖国了。"姜纠命中注定不会成为齐国国君，他欢喜地唱起民歌，慢慢悠悠地向祖国走去。

当抵达齐国边境时，他们被齐国巡逻队拦下，有人对他们说："齐国已有了新领导人，就是姜小白。"

管仲大吃一惊，姜纠如五雷轰顶，清醒后马上大骂管仲无能，管仲辩解说："姜小白太狡猾，居然装死。"两人正争吵时，齐国巡逻队说："你们不要吵了，我们国君说了，遇到姜纠和管仲，杀无赦。"

姜纠听闻此言，掉头就跑，管仲紧随其后。齐国巡逻队追击他们，深入鲁国境内十几里，因担心引起国际纠纷，才放弃追击。姜纠和管仲跑到鲁国国都曲阜（今山东曲阜），鲁国国君姬同（鲁庄公）大摆宴席欢迎两个倒霉蛋。两个倒霉蛋还没有吃饱，就传来姜小白进攻鲁国的消息。

姬同大发雷霆，指着姜纠骂道："你哥哥姜诸儿杀我爹（姬允），现在你兄弟姜小白又来打我，是可忍，孰不可忍！"

他发了一通脾气后，马上命令边防军攻击姜小白。结果，齐军大败鲁军，把姬同打到谈判桌上，姜小白开出的条件很简单："鲁国就地处决姜纠，至于管仲，由于他射过我，所以我要亲自把他煮了，立即将其押送到齐国来。"

鲁国是个文明之国，以有勇气承认失败而名闻天下，姬同既然失败，那么敌人说什么就是什么，于是他杀掉姜纠，把管仲装进囚车，并派人将其押送到齐国。

有眼光独到的鲁国臣子提醒姬同："管仲可是不世出的人才，放他回齐国，姜小白若用他，齐国必定强大，咱们紧邻齐国，恐怕祸患不断。"

姬同啐了一口，说："什么人才，他就是个废物，连暗杀都搞不明白。况且，姜小白不像尧舜一样心胸开阔如天地，他和管仲有仇，怎么可能用他！"

管仲的囚车抵达临淄后，姜小白跑出来，亲自打开囚车，扶着管仲出牢笼，并深深鞠躬说："请您辅佐我成就大业。"

押解管仲前来的鲁国士兵彻底蒙了，姜小白身边走出一个肥头大耳的人，此人是鲍叔牙，他是姜小白的心腹，也是管仲的朋友。鲍叔牙对鲁国士兵说："请回去告诉你们的国王，谢谢他把管仲送来。"

管仲也是丈二和尚摸不着头脑，鲍叔牙解释说："咱们大王要做一番惊天动地的大事，希望我能帮他完成。但我有自知之明，所以推荐了你。大王不计前嫌，你要好好做啊。"

管仲当时被感动得要流泪，他问姜小白："你要做多大的事业？"

姜小白说："让齐国繁荣富强，天下无敌。"

管仲说："这容易，只需要鲍叔牙即可。"

姜小白惊骇地说："难道还有比这个更大的事业？"

管仲说："当然有，那就是维护世界和平，担起周王该做的事！"

两人一拍即合，姜小白把政府权力都交给管仲，管仲开始大刀阔斧地重新雕塑齐国。他根据齐国富强的基础和其特有的历史地位，拿出了知行合一的精神，实事求是地进行改革。第一步是尊君，简单而言，君主不容侵犯，这是确立头目，头目健全才有四肢的健全。但君主如果胡作非为呢？管仲没有提出应对的办法，这可能和他有能力控制姜小白有关。第二步是以法治国，简单而言就是，国家必须确立一套制度，君主按制度进行赏罚，法治之原则就是两个字——“赏”和“罚”。制定法律制度后，要执法。管仲提出三条规定：一、事先之准备，就是让国人都知道有什么法律和触犯法律后的结果。二、执行之态度，要无私，法律面前人人平等；要“信”，要赏必须赏，要罚必须罚；要“常”，不要朝令夕改。三、推动之力量，即以赏激励天下人行动，以罚惩罚其罪行。

值得我们注意的是，管仲的法治思想和西方的法治不同，西方法治是以法律为最高权威，管仲的法治思想则是以君主为最高权威，法治只是君主管理国家的一个手段。

作为后来的中国法家思想的第一个实践者，管仲可与日月争辉。

管仲的第三步是开放，搞活经济，先是鼓励平民垦殖荒地，奖赏那些改良农业技术的科学家，增加鱼、盐以及纺织品（桑、麻）的生产，拓展国外市场，用各种政策福利招商引资，同时控制货币政策，调节社会财富。十年后，齐国一跃成为当时世界上最富的国家。

想稳，容易，建设必要的法治即可；想富，也容易，搞活经济即可；想强，更容易，只需要在前面两点的基础上建立一支强大的军队即可。

西周时期，周王和各诸侯国都有自己的军队，不过，士兵是临时招募的，常备军极少。任何国家供养一支常备军，都需要大量金钱，所以各国的军队战斗力普遍不高。管仲认为，若想维护世界和平，必须拥有一支常备军，而这支常备军不能花太多钱。

拥有超人智慧的管仲提出他的方略：以血缘、宗族关系的力量，建立一支武装力量。比如，一个村（同村人都属于同一宗族）没有战事时，村长就是行政长官；有战事时，村长就变成军队中的连长。没有战事和农事时，各村村长组织练兵，中央派遣指导员来指导。以此类推，一个乡、一个县（连)、一个市（里）的行政长官也是军事长官。这就是军政合一。

同时，管仲认为由血缘、宗族关系组织起来的军队，由于大家平时都是亲戚，而且非常熟悉，所以作战时能互相照顾，合作起来尤其顺畅。

经过十余年的改革，齐国一跃成为当时世界上最富强的国家。管仲慢悠悠地来向姜小白报告，说："咱们可以维护世界和平了。"

姜小白这些年，只顾着享受，从来不过问政治，但他心中一直有维护世界和平的火焰熊熊燃烧着，此时听到管仲的话，他急忙从女人堆里爬出来，穿上战衣，抽出宝剑，要上战场横扫天下。

管仲问："你干啥呢？"

姜小白说："去打夷狄和楚国，维护世界和平啊。"

管仲又问："你以什么名义去打？"

姜小白说："齐国啊。"

管仲说："不对！如果以齐国的名义去打，那些诸侯就会产生自卑心理，这样，咱们就成了孤独的巨人。"

姜小白问："那以什么名义？"

管仲回答："以周天子的名义，这叫尊王攘夷。"

姜小白准备维护世界和平时，周天子已经被冷落了七十多年。他的境遇是凄惨的，周王国所管辖的土地和人民越来越少，只能靠诸侯的朝贡度日。但是，诸侯朝贡制已名存实亡。以当时最有礼仪的鲁国为例，鲁是周公的后代，与王室的关系最亲。按照周礼，诸侯应该五年一"朝"（诸侯来朝)，三年一"聘"（送东西给周天子)，但周平王东迁后，鲁国只朝一次，聘周一次。鲁国如此，何况其他诸侯！

管仲说："'尊王'就是要把周天子从垃圾堆里抬出来，推到他的宝座上，诸侯来聘、来朝。我们是主办单位，其他诸侯协办。"

姜小白忧虑道："那些诸侯能听咱们的吗？"

管仲说："所以要'攘夷'。"

攘夷，就是联合诸夏的力量和那些不老实的夷狄开战，维护华夏利益。当然，尊王容易，喊几句口号，搞点仪式，弄几场论坛就可以，但攘夷是沉重的，它需要实力。

姜小白说："我明白了，先攘夷再尊王。"

管仲说："这是齐头并进的事，一边攘夷一边尊王，在攘夷中尊王，在尊王中攘夷。"

姜小白于是派人到周天子和其他诸侯那里，对他们说："咱们应该联合起来，尊重天子，抵抗夷狄，维护这个世界。"

华夏诸侯们都狂笑起来，说："齐人是不是海鲜吃多了，脑子里有虫子？"

宋国（国都商丘）的笑声最大，国王子御说（宋桓公）讽刺道："都什么年代了，还尊王，尊王能带来个屁啊。"

管仲抓住这个机会，拿宋国开刀，这是一次维护世界和平的试运营。姜小白派遣使臣去洛邑朝觐周王姬胡齐（僖王），认为宋国国君嘲笑天子，应向他兴师问罪。

姬胡齐大哭，说："别闹了，这么些年，我的祖先和我受到诸侯的讽刺还少吗？"

姜小白的使者一字一句地说："那是历史了，现在你必须雄起。"

姬胡齐在姜小白的鼓励和威慑下，战战兢兢地向宋国喊话："我要伐你。"

姜小白立即在国内总动员，然后搞了一场军事演习，齐军军容威严，山呼海啸声震荡天地，吓得诸侯们面如土色，子御说立即屈服，派人到齐国来请罪。

管仲对宋国使者说："来齐国请什么罪，你应该去洛邑向周王请罪。"

宋国使者又跑到洛邑向姬胡齐请罪，姬胡齐激动得语无伦次，他对姜小白的感激深入骨髓。

姜小白见联合诸侯的时机已到，就召开"联合国大会"（会盟），遂国（今山东肥城）居然不参加，姜小白马上把它灭掉，将其并入齐国版图。

公元前 679 年，姜小白又在鄄邑（今山东鄄城县）召开"联合国大会"，与会诸侯一致承认姜小白是他们实质上的领导人（霸主，“霸”，“把”也，“把持诸侯之权”的意思，也称为“伯”），周王则是他们名义上的领导人，齐国称霸，至此开始。

会议结束后，开始用餐。各国领导人都准备先向姜小白敬酒，姜小白内心高兴得要命，脸上却表现出愤怒来，他训斥那些领导人：“应该先向周王敬酒，咱们的会议精神是尊王！”

各国领导人都唯命是听，向着洛邑所在的西方举杯，邀周王同饮齐国酒。

鄄邑大会后，姜小白兴奋得忘乎所以，管仲却冷静地提醒他：“咱们还有更重要的事做，不可懈怠！”

姜小白马上端正自己说：“明白，攘夷嘛。”

华夏诸侯对霸主齐国恭敬有加，但夷狄可不管什么霸主不霸主，夷狄向来是动手不动口，一切问题，解决方案就是在手上见真章，其他都是胡扯。

公元前661年，正当姜小白在中国到处宣扬“尊王攘夷”时，黄河北岸太行山的夷狄顶风作案，大举侵略邢国（今河北邢台），姜小白兴奋得大叫，带领军队奔邢国而去，虽然蛮族已经饱掠而去，但姜小白这一举动，让诸侯们觉得救世主真的降临了，他们纷纷前来表示愿意协办“尊王攘夷”这场盛会。第二年，这支蛮族又侵略卫国，姜小白兵团抵达时，卫国已灭。但姜小白出钱、出力，重建卫国。各路诸侯一看，这齐国是又有实力又有钱，跟有钱人交朋友是天理，于是，越来越多的诸侯加入“尊王攘夷”盛会。

诸侯联合起来后，夷狄发现了“团结就是力量”这句箴言，所以马上老实起来，几十年来始终被夷狄侵犯的黄河南岸恢复平静。**孔子后来说：“如果没有管仲，我就成夷狄啦。”这是对管仲治理下的齐国在攘夷方面最高的肯定。**

夷狄们老实后，姜小白又把目标对准了当时最大的敌人——楚王国。

各路诸侯马上打起冷战，楚王国可不是那些小夷狄，它是南方巨兽。

3／
齐国 VS 楚王国

姜小白知道，管仲也知道，这是件非常艰难的事——楚王国控制着整个南中国，崇尚军国主义，有一支天下无敌的兵团，而且懂得团结的真谛。对付楚王国，需要极大的力量和毅力——可如果不做这件事，姜小白的霸主之位就名存实亡。“尊王”和“攘夷”正如鸟的两只翅膀，必须同时存在。姜小白和管仲必须赌这一把。他们大肆制造要武力问罪楚王国的声势，带领诸侯们到洛邑，重申尊王理念，既然尊王，必须攘楚王国这个夷。因为，第一，楚人居然敢称王，这是叛变。第二，楚人当年害过咱们的国王，这是大逆不道。

楚王国很快就知道中原地区出了个霸主姜小白，这个家伙居然还要来兴师问罪。楚王国上下哗然，但没有震动。楚王国的出现是个奇迹，建立王国后，它就开始肆无忌惮地扩张，从未停息。经过数年持之以恒地扩张，楚王国陆续消灭了其西部的蛮夷，又把周王朝分封在汉水以北的几十个诸侯国吞并，姜小白为“尊王攘夷”摇旗呐喊时，楚王国又向黄河流域推进，如同沙尘暴一样，所过之处，烟尘四起，这些地方最终全成了楚王国的领土。楚王国以首都郢（今湖北江陵县纪南城）为中心，用军力勾勒出了广大的版图，其实在这个时候，中华就形成了南北中国的现实，南中国是楚王国，北中国是以周王为名义领袖的诸夏联盟。

当姜小白在中原处理夷狄事务时，楚王国领导人熊恽（楚成王）大刀阔斧地北进，不停地攻击郑国，希望把郑国变成进攻中原的桥头堡，郑国领导人姬踕（郑文公）意志力顽强，坚决抵抗，同时向齐国发出凄惨的求救。

姜小白在两年时间内召开两次世界大会，会议上，他发表演说，告诫那些感到恐惧的诸侯："即使我们不去打楚王国，它也会来打我们，倒不如先发制人。"

公元前656年，姜小白联合七个诸侯组成联军，先对成了楚王国尾巴的蔡国（今河南新蔡县）实施军事打击。蔡国迅速崩溃，联军乘胜推进到楚王国境内。熊恽捶胸顿足地责骂自己说："自我大楚建国以来，从未有敌人进入本土，这是我的耻辱。"他调回正在进攻郑国的主力，在边境布阵，与联军对峙。

双方都摆出了死磕到底的架势，战场气氛紧张，人人都感受到前所未有的恐惧。联军方面，情绪激动，各诸侯国领导人都觉得干掉楚王国不在话下。姜小白更是手舞足蹈，对着管仲唱起山东民歌。管仲让他冷静下来，分析说："虽然咱们迅速地打败了蔡国，士气大振，可士气和实力是两回事。楚王国是超级巨兽，即使咱们这一战打败它，它国土广大，有着战略纵深优势，咱们不可能一口吃掉它，如果吃不掉它，它就会反噬，到时天下就没有太平日子了。"

姜小白马上规矩地坐下，他同意管仲的观点。管仲就来到阵前，向楚王国喊话："南蛮子，来！"

楚王国大臣屈完站出来说："北方佬，咱们一南一北，风马牛不相及，你们跑到这里干甚？"

管仲下令齐国军队进入战斗模式，被管仲整顿过的齐军阵容强大，士兵个个都以一敌十，脸上呈现出灭亡楚王国的气势。屈完也下令楚军进入战斗模式，楚军多年来始终在打仗，身经百战，所以气势逼人，双方剑拔弩张，空气凝固。姜小白忽然感觉自己的血液停止了流动，属于他的空气丧失殆尽。他急忙张开嘴，大口呼吸了几下，才没有晕倒。

管仲见楚王国真要死磕，内心也惊慌起来，但他绝不能示弱，此时示弱，不败也是败。他对着全军下达命令："弓箭手预备！"

屈完的嘴角开始抽搐，他是聪明人，当然知道很多不可能发生的事能够发生，原因全在双方装出来的“死磕”模样和不能及时示弱。和管仲一样，他也明白，此时若示弱，就会被天下人耻笑为㞞货。

想到这里，屈完强撑着自己的意志，用颤抖的声音喊道：“弓箭手，等等。”

他突然决定示弱，连他自己都不知道为何会做出如此决定，可能是其本能。他咳嗽了一声，问管仲：“你还没有回答我，你们为什么跑到这里来？”

管仲吐出一口气，说：“你们不进贡包茅，此罪一；当初周王（姬瑕）来，却突然溺亡于汉水，此罪二。”

屈完也吐出一口气，回答：“包茅马上就送，至于你们的国王，既然是死在汉水中，那你要去问汉水，不过我们会认真调查这件事的。”

双方都在内心欢呼起来，因为很明显，楚王国屈服，仗就不用打了。

最后，双方在召陵（今河南漯河境内）订立盟约，盟约内容是，楚王国承认齐国的霸权，同意向中央政府进贡，停止任何北进的军事行动。

这是齐国霸权的巅峰，一直维持到十年后管仲去世。让楚王国低头的五年后，姜小白又在葵丘（今河南省商丘市民权县林七乡西村）举行两次“联合国大会”(会盟），会上重申了齐国的霸权，同时规定了诸侯应遵守的一系列法规，诸如，不许把水祸引向他国，不准因他国灾荒而不出卖粮食，不准随意更换太子，不准以妾代妻，不准让妇女参与国家大事等。

当时，周天子也派来使者对姜小白进行夸张的表扬。举行仪式时，姜小白刚把屁股坐到主位上，管仲就在一旁咳嗽起来，姜小白马上反应过来，急忙把周天子的使者请上主位。各国领导人看到姜小白如此尊王，如此“知行合一”，都纷纷拜伏。

齐国霸主地位是由管仲和姜小白共同努力得来的，姜小白虽然没有做很多事，但他做了一件最重要的事，那就是毫无条件地任用管仲。姜小白做霸主的目的可能是想受万人景仰，管仲的目的则是维护世界和平。几千年来，有姜小白这样的人，更有管仲这样敢于担当的人，所以中华才能大踏步向前。

姜小白是个没有实际能力，而且欲望极多并毫不保留地释放欲望的人，只有在管仲的辅佐和监控下，姜小白才能维持霸主的地位。召陵之盟的十年后，管仲去世，齐国霸权立即转移，但凭着管仲打下来的法治基础（这是管仲为中华做出的最伟大的贡献）和齐国的先天地理条件，之后的所有霸主，都不敢打齐国的主意。所以，齐国在春秋战国时期一直是一等国，从未沦落。

管仲，中华伟人也。

管仲之前，有人谈到法律，但只有管仲将其落实，管仲可谓知行合一。他不但是知行合一的政治家，还是个心理大师。

中国第一所国营妓院就是管仲所建，当时齐国搞开放，很多有钱人来到齐国做生意，管仲发现这些人都是老爷们儿，又未带家眷，于是他开了国营妓院，让这些人乐不可支，即使没有生意可做，也喜欢跑来齐国。好色，是人类最基本的欲望，谁能掌控这一条，谁就能掌控他人。

管仲临死前，姜小白去请教未来之路。管仲说："在您的放权和我的管理下，齐国已屹立于世界之巅，但需要保持。所以我死后，请你离那三个东西远一点。"

管仲所谓的"三个东西"，就是姜小白最宠爱的三个人：易牙、卫开方、竖刁。

三人对齐桓公可谓是忠心耿耿，赴汤蹈火，在所不辞。

易牙是个厨子，姜小白有一次对他说："大王我什么都吃过，就是没吃过人肉。"

晚饭时，易牙就端上一盘肉，姜小白吃了后大赞爽口过瘾，问是什么肉。

易牙回答："我儿子的肉。"

姜小白感动得稀里哗啦。

卫开方本是卫国的公子，不远万里来到姜小白身边，全身心侍奉。姜小白曾问他："你远离故土，抛弃父母妻儿，难道不想念他们吗？"

卫开方回答："这一切跟您一比，就是粪土。"

姜小白为之哽咽。

而另一个叫竖刁的，自愿阉割来宫中伺候姜小白。

姜小白始终把这三人当成人生最宝贵的财富，如今管仲却让他远离他们，自然觉得莫名其妙。

管仲解释道："人都是自私的，先爱自己，然后爱妻儿，然后爱自己的父母。竖刁把自己给阉割了，对自己都敢下狠手，何况对别人？易牙连自己的儿子都能杀，何况对别人？卫开方连自己的妻儿都肯抛弃，何况别人？"

姜小白说："这才说明他们对我恩重如山，高风亮节呢。"

管仲说："胡扯，您将来是把位置传给儿子，还是传给一个陌生人？"

姜小白说："当然是传给儿子。"

管仲说："人爱自己胜于爱别人，这是天性。如果有人爱别人胜于爱自己，那就是伪，就是违背天性，不近人情。不近人情的人，要离他远一点。因为一个人没有人的性情了，那就和禽兽无异，他可是什么事都做得出来的。"

当然，姜小白对管仲的这段话不以为然。管仲死后，他继续宠幸这三个人。公元前 643 年，姜小白一病不起，危机到来。姜小白没有嫡子（大老婆所生的儿子），所以曾经把接班人定为小老婆郑姬所生的姜昭。当他生病时，三个"高风亮节"的人立即发动政变，姜小白的五个儿子在国都临淄大打出手，最后，姜小白其中一个儿子姜无亏在"三个东西"的帮助下登上王位，而姜昭只能跑去宋国。经此一乱，齐国霸权衰落。

管仲对人心可谓洞若观火，其实人心既复杂又简单，关键是你能否看透它。**如何看透人心，管仲的方式是，人肯定是先爱自己，然后爱妻儿、父母，以此类推。倘若有人将这个顺序搞反了，比如爱他人的爹重于爱自己的爹，那这人的心肯定有问题。**

这种思路极符合中国人的秉性，中国人向来主张人本主义，人是万物之灵，人是天底下第一等物，我们重视个人，我们自己也是个人，所以最先重视的是自己，由于我们重视家庭、家族（周公的封建制和宗法制奠定此基础），所以第二步肯定是重视妻儿父母，由于家和国是一体的，所以第三步才是忠。这个顺序是，爱（自己）——爱（妻儿）——孝（父母）——忠（国家）。

直到今天，这个顺序也没有改变。观察你身边的那些人，如果他搞错了这个顺序，那就说明他有问题，非奸即盗，这个方法屡试不爽。

4／
泓水之战：仁义走上末路？

公元前 642 年，姜昭被宋国领导人子兹甫（宋襄公）用强大的兵力送到齐国边境，齐国领导人姜无亏在易牙等人的忽悠下，不顾现实，悍然对宋军开战。子兹甫反击，齐军大败。于是，姜昭坐上老爹姜小白的宝座，即齐孝公。

实际上，宋国的兵力和齐军比起来不值一提，子兹甫之所以能取胜，全是因为姜小白死后，齐国政局不稳，军队人心涣散，无心作战。但这场胜利让子兹甫产生了一个致命的错觉，他觉得自己已超越天下霸主，那么天经地义，他就该是霸主了。

他把这自以为是的“正知正念”说给同父异母的哥哥也就是助手子目夷听，子目夷马上反对说：“咱没有这个实力啊。”

子兹甫说：“咱们大败霸主齐国，怎么说没有实力？况且，宋国接替齐国的霸主地位，是姜小白和管仲说的啊。”

子目夷惊叫道：“你见鬼了吧，他们二位早死了，你是怎么见到他们的？”

子兹甫说：“此事早已注定，葵丘会盟时，姜小白和管仲让我以后照顾姜昭，这背后的意思就是，我照顾霸主，那我就是霸主的保护神。现在齐国衰落，姜昭无能，我必须承担起姜小白的嘱托啊。”

子兹甫没有撒谎，当初葵丘会盟时，姜小白和管仲的确和他说过以后多多照顾姜昭，但那是强者对弱者说的客气话，以平衡弱者的自卑心理。况且，姜小白和管仲对每个国家的领导人都说过这样的话，没有人当真，只有子兹甫例外。

子兹甫的哥哥无法劝说这个一根筋的弟弟，只好同意。公元前639年，子兹甫叫来姜昭，二人联袂召唤天下诸侯，说要在楚王国的鹿上（今安徽阜阳市南）重开“联合国大会”，确立子兹甫的霸主身份。

各国领导人瞠目结舌，觉得子兹甫肯定疯了，但还是看在曾经的霸主齐国的面子上，纷纷向子兹甫献上贺信，可至于是否参加鹿上会盟，没有人给出准确信息。

让人大跌眼镜的是楚王国，它很快就给子兹甫回复说：“霸主，您肯来我楚王国开‘联合国大会’，是我们楚人的莫大荣幸，我们立即布置会场，恭迎您的到来。”

子兹甫兴奋得发狂，他之所以要把会议地点定在楚王国境内，就是想试一下这个强敌的态度，现在，强敌已表态，他恍惚已看到霸主的旗帜在宋国迎风飘扬。

子兹甫得到了庞然大物楚王国的肯定，他马上召集那些诸侯一起去楚王国鹿上。诸侯们见楚王国居然点头，立即生出不好的感觉，他们邀请子兹甫到盂地（今河南睢县）商讨，并强烈建议子兹甫带兵前往。子兹甫认为，既然是和平会议，带兵岂不是违背会议精神？他也希望诸侯们不要带兵。

诸侯们商议了一番，倘若强大的楚王国真的图谋不轨，带兵和不带兵区别不大，所以他们都轻车简从，陆续抵达盂地。子兹甫最后一个到，还没有洗尘，就被楚军逮捕，趁宋国没有领导人，楚王国对宋国发动了进攻。

幸好，子目夷临危接班，楚王国见宋国已有准备，觉得子兹甫已无用处，就仁慈地释放了他。子兹甫回到宋国，从哥哥手中拿回国君的牌子，气咻咻地说：“楚人不讲信义，受天下人耻笑。”

子目夷告诉他：“这个时代，天下人只耻笑弱者，不会耻笑强者。”

子兹甫拍手叫道：“你说到点子上了，所以说，咱们必须做霸主。”

子兹甫决心用武力实现这一梦想。公元前638年，他对投靠了楚王国的郑国实施军事打击，希冀通过这一战而扬名天下，成就霸主伟业。

郑国在姜小白去世、齐国霸权消失后不久，就投靠了楚王国，郑国不是墙头草，它实在是有苦难言。它处于楚王国和诸夏的中间，是个火坑，楚王国要北进，它是个无能的拦路石，在诸夏没有霸主和楚王国抗衡的情况下，它唯一的选择是投靠楚王国。

宋国兵团才出发，郑国已向它的保护国楚王国发出求救信，楚国领导人一听敌人是那个呆头鹅子兹甫，就欢欢喜喜地派出救兵，双方在泓水（今河南柘城县北）隔水而遇。宋国兵团马上列阵，而且快速完成。楚王国兵团正在边玩耍边渡河。子兹甫看到楚军闲散的模样，开怀大笑说："大家都说楚军天下无敌，看他们这副德行，哪里有天下无敌的样子？我成名的机会来啦。"

子目夷提醒他："楚军正在渡河，应该趁此良机攻击他们。"

子兹甫生气了，用手指着军中一面大旗问："那是什么？"

子目夷看去，只见大旗上有两个字——"仁义"。

子兹甫说："我堂堂仁义之师，岂有趁敌人半渡而击之的道理？"

子目夷只能暗暗叫苦，眼睁睁看着楚军全部过了河并开始布阵。他又提醒呆头鹅弟弟："趁他们阵形未整，赶紧攻击。"

子兹甫愠怒地道："你怎么回事？我堂堂仁义之师，怎有趁敌人没列成阵就进攻的道理？"

当楚军列阵完毕，子兹甫派人去询问楚军："按照战役规则，是你们先进攻，还是我们先进攻啊？"

楚军狂笑，疯狂地向宋军进攻，宋军山崩一样溃败。子兹甫在乱军中被众将保护，才逃出重围，跑回宋国。

宋国一大批军烈属围住他，哭天抢地，埋怨子兹甫是个榆木脑袋，以致大败，死了这么多人。

子兹甫感到大大的失望，不是对自己大败感到失望，而是对军烈属的反应感到失望。他说："自有战争以来，都是礼仪之兵，不许杀负伤的敌人，不擒拿年纪大的敌人。战场上进攻不能要诈，要面对面地冲锋。可这群野蛮的楚国人不讲规则，他们不讲规则是他们的事，我可要讲规则。我以‘仁义’带兵，虽败犹荣。”

这就是著名的泓水之战，以讲规则的子兹甫惨败和不讲规则的楚军全胜而结束。

毛泽东后来评价子兹甫时说，他的仁义是蠢猪式的。因为兵不厌诈，战场本就不是讲仁义的地方。不过也有人认为，子兹甫保持了君子风范，遵礼守德，虽败犹荣。

我们可以从两方面来评析宋襄公的“仁义”行为。积极方面，他严格遵守了周公礼乐制度，西周时期，战役也有礼仪，双方必须遵守礼仪。从这点而言，宋襄公继承了传统文化。消极方面，礼仪、规则必须双方都认可并遵守，倘若有一方不认可、不遵守，那这礼仪、规则就是虚无的。

中国人喜欢讲“你不仁，我不能不义”，正如舜一样，无论他老爹和老弟怎么害他，他只做自己该做的事——孝。问题是，舜和宋襄公坚持自己原则的后果截然不同，舜如果失败，死的只是他自己，可宋襄公失败，死的却是千万士兵。

坚持自己的原则，这没有问题，但不能用千万人的生命来为自己的坚持埋单。

周王朝时期的宋国是个奇葩国家，子兹甫能有在战场上玩“仁义”的举动，并非心血来潮，而是有国家价值观基因的深刻影响。宋国由商王朝遗民组成，商王朝的人因经商而形成了诚信、仁义等处世价值观，这种价值观深深地渗入了宋国贵族的血液中。

子兹甫的老爹临终前，要把国君的位子传给子兹甫，子兹甫却说：“我没有老哥子目夷年长，也没有他宅心仁厚，所以请把位子传给老哥。”问题是，子目夷不是嫡子，所以跑掉了，接着子兹甫也跑掉了。子目夷发现宋国国君要绝后，只好跑回来暂代国君，然后用各种仁义之学说服老弟，子兹甫才勉强继位。

子兹甫不是个例，宋人在人心不古的春秋战国乱世，仍然保持着他们所谓的君子风范，所以在那些与时俱进的人眼中，宋人都是呆头鹅。中国历史上许多成语，诸如，守株待兔、揠苗助长、朝三暮四等，主人公都是宋人，宋人的教条主义成为中国人的笑话来源之一。

泓水之战后，子兹甫把“霸主”二字当成是不吉之物，拒绝再听到关于此二字的任何信息。六个月后，子兹甫去世。临死前，有人不怀好意地问他：“此生最大的遗憾是什么？”

子兹甫长叹一声，说：“世人不讲仁义，我却无能为力，乃人生最大的憾事。”

随着子兹甫的死去，仁义和中国人道别。甚至连子兹甫本人都认定，仁义已走上末路。但他所谓的仁义，只是小仁小义，真正的仁义是姜小白那样为中华贡献和平的大仁大义，这种仁义永不会走上末路。要做霸主维护世界和平的子兹甫虽然倒下了，却还有无数人时刻准备着，准备扛起仁义的大旗，为中华出力，姬重耳（晋文公）就是其中一位。

5／
晋文公：梅花香自苦寒来

姬重耳是中国历史上有记载的第一个从苦难中磨炼出来的国家领导人。晋国是周王室北疆的重要护卫者，封疆在今山西汾水上游，都城唐（今山西太原）。由于汾水流域的夷狄势力强大，所以晋国在艰难困苦中磨炼自己。东周开始后，晋国肆无忌惮地兼并周边小国，汾水遂成其护城河，晋一跃成为超级强国。也正因和夷狄的交流（战争和非战争的）增多，所以晋国逐渐接受了一些夷狄文化，与诸夏越走越远。姜小白做霸主时搞了九次尊王攘夷大会，晋国一次都未参与。诸夏险些将这个同胞忘到脑后，直到姬诡诸（晋献公）时代到来，诸夏才想起同胞中还有这样一个强国。

姬诡诸时代之前，晋国不停地内讧，为了杜绝这种自废武功的行为，姬诡诸想了个破天荒的主意：把宗族势力全部铲除，迁都于绛（今山西翼城县南），然后把绛建得无比坚固，以防叛乱。姬诡诸和他的先辈一样，喜欢扩张地盘，在其一生中，曾灭掉周边多个国家，把晋国疆域从汾水流域推进至黄河南岸以及如今的陕西中北部。经他之手，晋国称霸，已成定局。

公元前 651 年，姬诡诸病死，他始终担心的内讧注定发生，他的几个儿子争夺王位，互相残杀，在国都绛大开杀戒，晋国动荡不安。

姬诡诸的儿子姬重耳眼见国内乱成一锅粥，于是率领数十名亲信出逃。这一年他已四十三岁，作为一个国家的王爷，四十余岁的年纪还有走出去的能力，真是难能可贵。

姬重耳流亡的日子苦不堪言，他投奔各个国家，被每个国家的领导人鄙视，甚至还被有些国家驱赶，还挨过饿，靠吃人肉（亲信介之推的大腿）才挺过来。他饱受磨难，历尽沧桑，在辗转流亡中深刻体悟了中原文化，终于醒悟晋国从前那种不和中原各国交流的做法绝不能持久。在流亡十九年后，在各种机缘巧合之下，姬重耳回到祖国，即位为王。他即位后做的第一件事就是一改从前晋国的高冷范，积极和中原各国往来，希望能重回中原怀抱。

姬重耳做领导人时，已六十二岁，但十九年的流亡生涯让他头脑极其清醒，且情怀尤其饱满。他看到姜小白去世后世界的混乱，夷狄卷土重来，楚王国对中原频繁侵犯。他立即感觉到自己要肩负起拯救中华的重任，这个重任当然是“尊王攘夷”。和宋国领导人子兹甫不同，姬重耳的祖国晋国能给他提供实现这一理想的条件。

很快，机会到来。公元前636年，周王朝发生内讧，领导人姬郑（周襄王）的弟弟姬带发动政变，把姬郑驱赶出国，姬郑就在逃亡的路上同时向秦国和晋国求助。秦国领导人嬴任好（秦穆公）和姬重耳同时收到了姬郑的求救。面对这个情况，姬重耳和嬴任好的应对方式却截然不同。

当时秦国的实力和晋国不相上下，尤其是嬴任好上位后，重用顶级人才百里奚，使秦国蒸蒸日上，姬郑求救的消息传到秦国时，嬴任好认为应该救姬郑，百里奚问嬴任好：“驱使你这么做的念头是什么？”

嬴任好说：“职责所在。”

百里奚再问：“还有呢？”

嬴任好想了想回答说：“运气好一点的话，可以继姜小白做霸主。”

百里奚摆手说：“这不可能，秦国地处西陲，和诸夏本不来往，在诸夏眼中，秦国是蛮夷，即使解救了国王，你也不会受东方诸侯拥戴，咱们还是埋头苦干，先发展自己吧。况且，真要做了霸主，劳心劳力，哪有关起门来自我享受舒服！”

嬴任好正在犹豫，姬重耳已送信来说：“这点小事，我来就可以，无须劳你秦国大驾。”

嬴任好内心本无定见，如今有了姬重耳这句话，好像找到了不去解救姬郑的理由，如释重负。

姬重耳提刀上马，杀向叛徒姬带。姬带在晋军的打击下，根本无力反抗，逃出洛邑。姬郑被姬重耳护送着回到洛邑，坐上冰冷的宝座。

姬郑因拿回宝座而感到快乐之时，姬重耳也万分愉悦，因为他做到了称霸的第一步——尊王。诸侯们纷纷为他的这种仁义之举鼓掌，掌声雷动。

姬重耳知道，他被认可了。可他明白，若想成为霸主，“尊王”只是开胃菜，“攘夷”才是正餐。姬重耳必须吃到正餐，他积极整顿内政，扩充军队，在外交上和秦、齐交好，把楚王国当成假想敌。楚王国这道姬重耳的正餐此时还被蒙在鼓里。

公元前633年，楚王国把脑袋伸给了姬重耳——它对宋国发动了攻击。宋国有两个选择，一是向齐国求救，二是向晋国求救。齐国当时已萎靡不振，宋国只能向晋国求救。姬重耳拿到宋国的求救信后，发出了一声沉重的叹息。

这声叹息，好像是迫切等风来，可当风来时，又担心自己被吹散。楚王国就是这阵风，和楚王国作对，连当年的姜小白都战战兢兢，何况是其他人。姬重耳急忙召开重要会议，参加会议的都是当年和他一起流亡在外的高级干部。这些人和姬重耳一样饱经人生苦难，变得有胆有识，任何困难都吓不倒他们。

部长级官员（大夫）先轸首先发表意见说：“当初咱们在宋国受其恩惠，站在道义立场，也应出兵。”

道义在那个时代固然还算值钱，却还没有值钱到拿一个国家的命运去换，楚王国可是劲敌。姬重耳的舅舅狐偃站出来给姬重耳来了一针安慰剂：“打，如果胜了，咱们就成为霸主；如果败了，咱们地盘大，实力雄厚，也损伤不大，这叫退可守。”

姬重耳一拍桌子，站起来说：“打！”

但怎么打，要动脑筋。在经过慎重商量后，姬重耳决定不和楚王国正面交锋，而是打楚王国的卫星国曹、卫两国。曹、卫两国既小又弱，经不起晋军的攻击，急忙向保护国楚王国求救。楚王国正在专心攻宋，无暇救援，只好和晋谈判："我不打宋，你也不要打曹、卫。"

姬重耳表面同意，暗中却和曹、卫两国谈判，让它们投靠自己，联合进攻楚王国。楚王国得知消息后，派使者来质问姬重耳，姬重耳却把使者扣留。这种种行为惹得楚王国怒发冲冠，如果它再不给晋国一点颜色看看，那真是愧对天地。公元前632年，楚王国集结主力北上，和晋军在城濮（今山东鄄城县临濮镇）兵戎相见。

楚兵团司令成得臣是战场骄子，一遇晋军，立即发动进攻，晋军退败，构筑营垒，双方僵持。

姬重耳当初流亡至楚王国时，楚王请他吃饭，曾问他："以后你若当了晋国领导人，咱们开战，你怎么办？"

姬重耳吃人家的嘴短，就说："若在战场相遇，我必退避三舍（四十五公里）。"

现在，姬重耳决定遵守诺言，他派人对成得臣说："我实践诺言后退三舍，你若再追，我可不客气了。"

于是，他下令先退十五公里。成得臣可不管你退几舍，只要你退我就追，然后把你干掉。他下令追击，追了十五公里后，姬重耳又下令退十五公里，楚兵团依然穷追不舍，姬重耳再下令退十五公里，楚兵团如怨鬼般地跟随。在追逐过程中，成得臣殚精竭虑地寻找攻击机会，但晋军后撤井然有序，严丝合缝，楚兵团一丝机会都没找到。

后退四十五公里后，姬重耳说："我对楚人的诺言已兑现，开战。"

双方展开队形，硬桥硬马地开战。成得臣追击了三舍，追得咬牙切齿，晋军像是在逗他玩，停止了三次，每次都让他追不上，却又让他追不丢。作为一代名将，在敌人后退时居然没有找到攻击机会，这是奇耻大辱。所以，他气急败坏，丧失理智，排兵布阵时出现失误。结果双方一接触，晋军抓住他布阵的失误，很快将楚兵团分割包围，打起了歼灭战。城濮之战，楚王国惨败，晋国完胜。姬重耳也因此一战，顺理成章地将霸主的权杖从姜小白那里接了过来。

城濮之战是春秋前期最大的一场兵团会战，楚王国自建国以来从未有如此惨败，其北进政策严重受阻，姜小白只是让它在北进上收敛了一下，姬重耳则把它踢回老窝。城濮之战后，楚王国老实了三十余年。这三十余年的和平，不是用礼乐道德，而是用一场血肉横飞的战役获取的，这就叫“以战止战”。

姬重耳为晋国取得霸权后，其他诸侯全部投入晋国怀抱，姬重耳就在践土（今河南原阳县西南）同齐、鲁等七国建立盟约，重申“尊王攘夷”，并邀请周王姬郑参加。姬郑在会议上表彰姬重耳维护华夏和平的功勋，还赏赐给姬重耳大片土地。姬重耳激动得无以言表，因为周王朝的土地已所剩无几，还要拿出来赏赐给他，这说明了他的霸主地位货真价实。

城濮之战四年后，姬重耳去世，晋国霸权却没有如齐国霸权一样在姜小白去世后迅速转移，而是长期存在。这是姬重耳的英明之处。在长达十九年的流亡生涯中，姬重耳敏锐地意识到，中原各诸侯的力量不能担任霸主，全在于诸侯的家族观，任何诸侯都以家族成员为主来组建政府，这使得真正的外来人才无法进入。姬重耳却不是这样，晋国国君虽然都是他的家庭成员，但维持政府运转的全是当年跟随他流亡在外的高级干部。这批高级干部如同一根根巨柱，稳固地支撑着晋国霸权不倒。即使倒掉，凭借这些高级干部的智慧，也足以让晋国霸权重新站起。

管仲为中华贡献了法治思想，姬重耳为中国贡献了“人须在事上磨”的真理。春秋各霸主，唯有管仲辅佐的姜小白和姬重耳最受后人尊敬，这是其中一个原因。另一个原因是，春秋霸主中，只有姜小白和姬重耳真正做到了“尊王攘夷”。就是说，只有他们二人才是知行合一的。

不过，姬重耳略逊于姜小白的一点是其临终前的行为。姬重耳临死前，向周天子请求用“隧礼”（天子棺材的入葬方式），但周天子不同意，因为这违背礼制，可他又不敢得罪姬重耳，于是就送了十二个县给姬重耳。当时，周天子已经穷得揭不开锅，居然为了这样一个“礼”，送人家十二个县！

这件事告诉我们，礼制在周王朝时期，是多么多么重要！

楚王国虽然在城濮之战中惨败，但实力仍在，它和晋国从此势不两立，发誓必须血洗城濮之耻。于是，晋楚争霸时代到来，这个时代远比姜小白称霸时代惊心动魄。

6／
各显神通

城濮之战后八十余年间，仇深似海的晋国和楚王国不可避免地进行了三场大会战，分别是公元前597年的邲之战，楚王国胜；公元前575年的鄢陵之战，晋国胜；公元前557年两国最后一次会战，晋国完胜。

这就是晋楚争霸时期，也是春秋最动人心魄的时期。当然，此时期，并非所有夺人眼球的表演都来自晋楚两国，还有一些事让人眼前一亮，这就是秦国的称霸西方和预谋东进。秦国地处西陲，靠给周王养马而发家，其文化水准比夷狄高不了多少。所以，国内不可能产生人才，大多数秦国领导人都能意识到这点，所以常常引用外援，这就是自知之明。**人有自知之明后，肯去踏实行动，这就是知行合一。**

秦国后来能吞并东方六国，重用外来人才，是其关键因素。在秦国前期发展过程中，嬴任好是任用外来人才中杰出的一位。比如百里奚，是嬴任好用五张羊皮换来的，百里奚参政后，秦国政治效率得到大幅度提高，国力加速发展。

公元前628年，世界和平主义者姬重耳去世，他的儿子姬驩（晋襄公）即位，嬴任好突然感觉自己伟大了起来，他决定趁晋国有丧事而无暇维护世界和平的机会，进攻晋国的卫星国郑国，从而打通东进之路。

这是一次惊险的军事行动。从秦国都城雍（今陕西凤翔县）到郑国都城郑

（今河南新郑市），路途遥远（最近距离七百五十公里），途中要经桃林、肴函、辗辕、虎牢等数道雄关险塞，只有无知者无畏的秦国敢冒这个险。

秦国当然有灭郑国的实力，但东进与晋国、楚王国争霸的实力，此时还不具备。嬴任好之所以出兵攻郑，大概是意气用事，因为当年（公元前636年）周王朝发生政变，周王本来是向他和姬重耳同时求救的，可他因为犹豫而被姬重耳抢了先。嬴任好错误地认为，晋国能成为今天的霸主，全因为当年自己的犹豫退缩。现在，他决定不再退缩，而是进攻。

秦兵团总司令孟明视积极满足国君的愿望，他快速集结军队，粮草先行，速度惊人。很快，秦兵团抵达距郑国还有四十公里的滑国（今河南偃师市东南），正扎营时，两个郑国商人弦高和奚施发现秦军来者不善，就买了几十头牛，声称是郑国领导人派他们来劳军的。

孟明视大吃一惊，认为郑国已有所准备，所以就撒谎说："我们根本不是去打郑国，而是打滑国。"弦高和奚施不信，孟明视为了证明自己不是撒谎精，立即出兵灭掉了倒霉透顶的滑国。

弦高一直观察着秦军，孟明视只好很无聊地撤退回国。弦高一直把他们送出滑国国境，才一步三回头地返回。秦兵团走到晋国崤山（今河南洛宁县）山口时，孟明视突然神情恍惚，让他莫名其妙的是，来时并无这种感觉。他看到的那条只能通过一辆车的小道，好像是通往地狱之路。这条路的确是地狱之路，当他在灭滑国时，晋军已悄无声息地在此布置好埋伏圈。秦兵团全部进入埋伏圈后，晋军开始夹攻，秦兵团全军覆没，孟明视和他的两个副司令西乞术、白乙丙被活捉。

消息传到秦国时，举国哗然。嬴任好气得吐血，大骂晋国是无耻小人。嬴任好骂得对，秦国和晋国有很深的交情，这可能是因为两国和诸夏都不往来，所以关起门来抱团取暖。姬诡诸（晋献公）的女儿是嬴任好的老婆，姬诡诸晚年，朝政混乱，儿子姬重耳和姬夷吾逃出国外，姬夷吾逃至秦国，姐夫嬴任好对他非常好，后来还帮助他回国当了国君，姬夷吾就是晋惠公。

但不久，姬夷吾就恩将仇报，和秦国开战，可惜他没有取胜的智慧，反而被秦国打败。为了继续两国的友谊，姬夷吾把儿子姬圉送到秦国做人质。嬴任好把女儿嫁给姬圉，希望亲上加亲，继续两国人民的伟大友谊。可姬圉和他老爹一样，毫无心肝，当得知老爹病重时，他抛弃妻子，跑回晋国接班，他就是晋怀公。姬圉一即位，就宣布和秦国老死不相往来。

嬴任好想不明白世界上怎么会有这种冷血动物，但他仍对人性保持乐观态度，当姬重耳逃亡至秦国后，嬴任好又把当初嫁给姬圉的女儿嫁给姬重耳。叔叔娶了侄子的老婆，姬重耳心里不是滋味，但他必须娶，因为若想回国做国君，肯定要得到嬴任好的帮助。嬴任好不久就让他实现美梦，姬重耳回到晋国做了国君。

从以上分析中，我们可以得出如此结论：秦国毫无保留地为晋国付出，晋国却像个因贫穷而自卑的孩子一样，虽接受富人秦国的帮助，却认为这种帮助是居高临下的侮辱。姬重耳时代，秦、晋始终保持着深厚的友谊，成语“秦晋之好”就是这么来的。

嬴任好始终认为，他对晋国是无私奉献，可晋国始终恩将仇报，左一刀右一刀，不停地捅他，崤山之战捅得他惨叫不止。他终于明白了，晋国国君就是白眼狼，“秦晋之好”只是自己的热脸贴冷屁股，他决定教训一下这个无耻的小人。

孟明视等三人被俘，本来死路一条，可姬重耳的老婆是秦国人，她劝说儿子姬驩释放这三个人。姬驩架不住母亲一把鼻涕一把泪地哭求，所以释放了三人。三人回国后，受到嬴任好的安慰，决心复仇。

崤山之战后，公元前 625 年，秦军恢复力量，嬴任好再次任命孟明视为兵团总司令，出兵伐晋。晋国得知消息后，也出兵迎击。双方在彭衙（今陕西白水县东北）展开对决。结果，秦兵团再度大败。不过这次要比崤山之战败得体面，秦兵团未被全歼。

孟明视回国后，向嬴任好积极检讨自己。孟明视发现晋兵团的连胜并非运气，晋国军队被姬重耳整顿后，战斗力惊人，尤其是防御性的布阵和进攻时的阵法，孟明视见所未见。这是晋军屡战屡胜的根本原因，当其他国家的军队还在一窝蜂地打群架时，晋国军队已重视顶级的战术。孟明视恍然大悟，开始把偷窃来的晋军战法、战术运用到秦国部队中。

一年后，军队训练完成，国君嬴任好亲自出马，讨伐晋国。军队渡过黄河后，嬴任好下令烧毁运输船，向苍天和晋国明示：此次不胜不还。

姬驩召开高级干部会议，大多数高级干部都认为，此次秦军不是来打仗，而是来玩命的，如果晋国出兵，那就是满足了他们的欲望，怎么能满足敌人的欲望呢？所以绝不出兵。

晋国避而不战，秦军所向无敌，他们进入崤山，埋葬了崤山之战牺牲的秦国士兵遗骨，凯旋。当秦国正在庆祝这场胜利时，晋国突然出兵，攻占了秦国东进的门户“桃林之塞”（若干年后，秦国夺回此地，修筑关卡，即赫赫有名的函谷关），秦国多次出兵欲夺回，但都被晋国击退。

嬴任好此时面临选择，要么继续和富强的晋国纠缠到死，要么另辟蹊径。在经过多方面权衡后，嬴任好选择另辟蹊径，他把精力转向西方，疯狂扩张，当年不可一世地灭掉西周的犬戎民族，也被他吞食。秦国因此开辟西方千里疆土，嬴任好临死前，心满意足，虽然他无法东进称霸，却在西方坐稳了名实相符的霸主。

嬴任好的崛起，让中国形成了“东齐西秦南楚北晋”的格局。齐国和秦国自动退出中央舞台，舞台之上，只剩下楚王国和晋国。

公元前613年，楚王国迎来它最伟大的国王熊旅（楚庄王）。熊旅即位初期，国内贵族斗争激烈，楚王国曾经吞并的那些国家的遗民叛乱不断，人祸加上每年从不缺席的天灾，让楚王国政府疲软，熊旅无力振作。他把自己沉浸在酒色中，国人都认为他是个昏君，只有右司马（国防军总司令）伍举透过现象窥破本质。他对熊旅说：“从前有只大鸟，三年不鸣，三年不飞，这是什么鸟？”

熊旅沉默良久，悍然而起道：“今日我就飞，我就鸣。”

如同脱胎换骨一样，熊旅砸碎酒杯，清退美女，夜以继日地处理朝政。他精力无限，智慧无穷，经过三年对内政（贵族）和外敌（反叛者）无情无义的清整，从前一团乱麻的楚王国如今霸气登场，王者归来。

公元前606年，熊旅率领强悍的楚兵团北进，准备消灭活跃于今河南嵩县的少数民族。当熊旅兵团抵达周王国边境时，周王国恐惧得要命，大夫孙满主动请缨，带了些食物去见熊旅。熊旅和孙满闲聊了几句后，感觉无话可说，于是就询问大禹铸造的九鼎的大小轻重。孙满马上紧张起来，因为那九个鼎可不是鼎，而是权力的象征。他以为熊旅这个野蛮人要夺周王国的权力，但他也知道周王国没有力量阻止这个野蛮人，只好用神乎其神的道德观解释说："周德虽衰，但天命未改，鼎之轻重，不可问也。"

熊旅问鼎，是求知若渴，不是如孙满所想的那样。可问者无心，听者有意。熊旅立即发现了孙满这个弱者所具有的过度敏感，哈哈一笑说："你误会了，我是想在楚王国宫中也摆九个鼎，但没有大小、轻重数据，所以向你请教。"

这就是"问鼎中原"的故事，孙满后来大肆宣扬熊旅的狼子野心，楚王国这头巨兽回归的消息传遍中原，被各国所知，当然也包括霸主晋国。

自城濮之战击败楚王国和崤山之战击败秦国后，晋国霸主地位稳如泰山，外部太平无事，内部却开始出现问题。姬重耳培养出来的那些高级干部坐大，一方面和国君的关系很紧张，另一方面开始内讧。熊旅不停地问鼎中原时，晋国没有站出来说一句话，正因为那些高级干部正在忙着内斗。公元前597年，熊旅率领楚兵团进攻晋国的卫星国郑国，这次攻击，如泰山压顶，郑国城门数次险些被攻破，郑国一日派出数十位使者向霸主晋国求救。

晋国内部，高级干部们展开激烈争论，主政的栾氏与郤氏家族都认为此时开战对晋国不利，但政治势力庞大的赵氏家族认为必须对楚王国开战。最后，赵氏家族占据上风，晋国兵团在荀林父总指挥的率领下，奔赴郑国。荀林父抵达郑国后，楚兵团后撤。此时，各高级干部在军中的代言人议论纷纷，有人认为应追击楚兵团，有人认为应回国。荀林父被吵嚷得热血沸腾，自作主张下令追击。荀林父不是庸才，他只是忘了检讨自己军队的致命缺陷——各分兵团的将领属于不同高级干部阵营，他根本无法做到统一指挥和有效率地调度。

双方最终在邲地（今河南郑州市北）展开激烈的会战，双方一接触，晋兵团就感受到了来自楚兵团天崩地裂的压力，开始节节败退。荀林父惊慌失措，本来就无法统一指挥，急中生错，更加调度无方，结果，晋兵团被楚兵团包围，几乎全歼。荀林父像丧家犬一样地逃回晋国。楚王国经此一战，既报了当年城濮之战的血仇，又成功登顶中国霸主之位，从前跟随晋国的那些卫星国纷纷倒向楚王国的怀抱。

7／
赵氏孤儿

晋国的光影开始在世界舞台上暗淡，雪上加霜的是，晋国又爆发了一次内乱，这场内乱虽未伤筋动骨，却影响极坏。而这场内乱也成为后来中国戏剧史上的一个重要段落，即“赵氏孤儿”。

赵氏始终是姬重耳培养的高级干部中最耀眼的一个，赵衰受姬重耳的重视程度远胜于其他人。赵衰死后，儿子赵盾继承了父亲在晋国政府中的遗产。赵盾不负众望，辅佐姬驩（晋襄公）尽心尽力，渐渐成为晋国的二号人物，后来又立了姬重耳的孙子姬夷皋（晋灵公）继位，姬夷皋和他的祖先大大不同，喜欢声色犬马，赵盾只好帮他执政，赵氏家族权势如日中天。

不过，随着赵家权势的不断升腾，姬夷皋猛然惊醒，艰难地吐出三个字：“臣弑君。”他决定干掉赵盾，不能让臣弑君的惨剧在晋国上演。

姬夷皋乞灵于刺杀，他寻觅到一个刺客，让刺客去谋杀赵盾。刺客执行力很强，当晚就爬到赵盾家门外的树上，寻找刺杀机会。可他发现夜已深沉，连老鼠都睡下了，赵盾居然还穿着官服在工作。刺客叹息说：“如此为国为民的人，我怎忍心刺杀。”更让他感动的是，赵盾工作了一个时辰后饿了，吃起了夜宵。夜宵居然是烤鱼！鱼在春秋时期是百姓的食物，贵族都吃牛羊肉。这相当于今天一个国家总理啃馒头吃咸菜。刺客终于流下悔恨的泪水，抛弃了职业素养，跳下树一溜烟消失了。

姬夷皋在刺客消失、赵盾照样上朝后，明白了一个人生哲理：吾性自足，不假外求。任何事若想成功，都必须自己来。

他邀请赵盾吃饭，埋伏下刀斧手，但赵盾心思机敏，提前做了防备，吃到一半时，借故去厕所，然后一溜烟跑掉了。

姬夷皋气了个半死，赵盾也生气。他发现，这种情况下躲得了初一，躲不了十五，要么他干掉姬夷皋，要么就离开晋国。最后，他选择离开。当他走到晋国边境时，却突然传来惊人的消息，他的族人赵穿把姬夷皋给剁了。赵盾慌张地回到国都，看到姬夷皋已被赵穿分尸，纵然找来神仙也难以起死回生，只好抽了赵穿两个嘴巴，迎姬骊的弟弟姬黑臀（晋成公）即位。

中国历史上最有意思也最严肃的事情来了：晋国史官要记载这段历史，写了五个字——“赵盾弑其君。”

中国史官，是个特殊群体，其诞生是个伟大发明，意在监督、鞭策有权势的人，让他们谨小慎微，别做坏事和蠢事。“史”本来是巫，是君主身边的法师、通灵师，通过记录和君主有关的事情来预测吉凶，后来随着人类理性的加强，其身上的神秘主义气息变淡，只剩下记录君主和政府行为的责任了。

理论上，史官是独立于世俗政治的，因为他代表着天意——“史”这个字，是“中”为主，天意就是中正。中国人特别喜欢记录历史，理由就是，中国人大多没有宗教信仰，但作为国家领导人必须有点信仰，所以中国人创造了“写史”。历史所记载的可绝不是帝王将相的家谱，这是严重误读。中国历史记载了千万人，好人活着时是人，死后进入历史，就成了中华的神，他们为中华所做的贡献和背后的精神为后人所敬仰。所以，中国人的《圣经》就是历朝历代的历史，二十六史就是中国人的《圣经》。而我们的信仰就是历史信仰、祖先信仰。所以，历史不容更改。千年之后，唐王朝第二任皇帝李世民（唐太宗）要求史官给他看关于他干掉老哥李建成、逼父退位的那段历史，他觉得以九五至尊可以修改。史官大发雷霆说：“历史不是当事人可以看的，后人才能看。”李世民问：“你记载的都是真实情况？”史官说：“秉笔直书。”

乍一看，晋国史官并没有秉笔直书，因为赵盾没有弑君。但史官却说：

“赵穿是你族人，如果没有你的默许，他怎敢动手，他杀就等于你杀。”

赵盾简直要把鼻子气歪，说：“这简直是无理取闹，你马上给我改了，否则我杀了你。”

史官说：“杀吧，下一个史官也会这样记载。”

这个史官没说谎。齐国当年就发生过这样的事，权臣崔杼杀了国君，史官记载道：“崔杼弑君。”

崔杼将其宰掉，让这个史官的二弟书写，同样是“崔杼弑君”。

崔杼又杀掉他二弟，再让他三弟写，依旧是雷打不动的四个字——“崔杼弑君。”

齐国地方史官听到这个消息后，兴奋地向国都跑，他们都在路上宣扬：“我也写‘崔杼弑君’。”

今天的人很难理解古代史官的心思，为什么为了说真话连命都不要。这正是中国人的精神，在史官眼中，秉笔直书就是他们心中的道。这个道如果不护卫，那生命也就没有意义了。

中国人称这种人为“卫道士”，他们，就是中国精神的典型代表。

当然，赵盾比崔杼要理性，他没有杀史官，但心中很纠结。让我们无法明白的是，为何中国古人如此重视甚至是恐惧史官的记载？

第一，汉字本身就是神秘的、神圣的，汉字大概产生于占卜符号（— - -），中国人对汉字很是敬畏，认为汉字（名）可以改变现实（实）——即使汉字成熟后，道教的符和测字仍然风行，就是证明——所以，史官用汉字记载的一切事，都能给当事人带来好运或者厄运。

第二，中国人喜欢向后看，始终认为，人所遇到的一切事都是曾经发生的，所以我们若想解决人生问题，只需要回头看即可，于是必须重视历史。中国的历史是地球上最庞大、最有连续性的历史，正是这种思路的作用。

第三，中国人喜欢“延续”，世界上任何符合道的东西，都必须延续。

最后一点，中国人把历史看作《圣经》，几千年来，真正懂得中国文化的人，绝不会把四书、五经当成中国人的信仰，中国人的信仰是历史。

不久，赵盾去世，儿子赵朔补位。赵朔没有老爹的能力，却有老爹的傲慢，很快就得罪了君主姬黑臀和另一位权臣屠岸贾。邲之战后，无论是国君还是那批高级干部，都对赵家充满愤恨，于是君臣合力，痛下杀手，将赵氏家族灭门，只遗漏一个刚出生的婴儿。屠岸贾下令全国搜索这个婴儿，不找到绝不罢休。

此时，有两人上演了一场千古绝唱——“赵氏孤儿”。

这两人是赵朔的门客公孙杵臼和赵朔的好友程婴。为了保护赵氏唯一的血脉，两人进行了一番长谈。

公孙杵臼问程婴：“抚育这孤儿成人和死，两者哪者难（立孤与死孰难）？”

程婴说：“当然是抚育孤儿难。”

公孙杵臼拍手说：“太好了，我比你年长，我选简单的。”

于是，公孙杵臼另找了个婴儿，让程婴去告密。程婴把假赵氏孤儿的下落告诉了屠岸贾，屠岸贾杀了那个无辜的婴儿，又宰了公孙杵臼。

如此，程婴才将真正的赵氏孤儿安全地养育起来，数年后，这个孤儿长大成人，就是赵武。他通过祖父和父亲当年建立下的关系，杀入王宫，干掉了屠岸贾，复兴赵氏。

在此，我们将讨论两条中国传统文化。第一条，为何公孙杵臼和程婴要付出生命和精力来保护赵氏孤儿？还是我们前面谈到的问题——延续。中国人大多没有宗教信仰，但人必须有信仰，却未必是宗教的。中国人主张的长生不死，一方面是在人的品格、精神上，另一方面则是后代子孙的延续上。公孙杵臼和程婴非要让赵氏孤儿活下来，就是为了让赵氏血脉有所传承。**从这一点而言，赵氏孤儿不是一个人，而是几百年、几千年来他们赵家所有人的缩影，只要赵氏孤儿存在，赵家就存在。**中国人上崇拜祖先，下延续后代，由此和自己形成“过去—现在—未来”的一条线，从而打通天上（逝去的祖先、未来的后人）人间，使之成为一个世界。

第二条，公孙杵臼和程婴为了保护一个小孩，牺牲了另外一个小孩，这是否符合道德？这当然不符合道德，因为人的生命平等，但中国人却忽略掉这一条。赵氏孤儿的故事所宣扬的是公孙杵臼和程婴的忠肝义胆，他们为了心中一个“道”字，可牺牲自己的生命。曾子说，真正的朋友是那些可以托付六尺之孤的人。这种忠义精神始终伴随着中国人，受人所托，忠君之事，这是中国人几千年来的最高价值观。

8／

晋楚争霸，吴国崛起

邲之战后，晋国霸权转移到楚王国，绝大多数诸侯都投靠楚王国。晋国深知，若想恢复当年的霸主荣光，必须和楚王国再来一场大战，而且必须胜利。晋国领导人姬据（晋景公）上任后，刷新政治，力图振兴。公元前589年，齐国领导人姜无野（齐顷公）突然想起祖宗姜小白那个光芒四射的年代，他喜欢那个时代的齐国，于是他对邻居鲁、卫发动进攻。鲁、卫不能支撑，向晋国求救。

姬据向齐国发出严重警告，命令齐国停止军事行动。姜无野根本不理会这个曾经的霸主，继续对鲁、卫发动进攻。姬据动员全国兵力，对齐国宣战。齐国接受挑战，曾经的两个霸主在鞌地（今山东济南市西）开战，齐国大败，晋国取得决定性胜利，失去的威望重新升起，霸主之位向它缓缓招手。

鞌地之战中，楚王国本想出兵帮助齐国，但想不到齐国如此脓包，在晋军面前很快就溃不成军。楚王国发现晋国要恢复霸主光辉，立即展开一系列打击鲁、卫的军事行动；晋国与楚王国针锋相对，联合鲁、卫对楚王国的卫星国郑国进行军事打击。此时，双方都感觉没有力量和必要与对方直接开战，所以只是殴打对方的卫星国来威慑对方。

正是在两个大国胶着的状态下，楚王国背后的吴国崛起。吴国的创立者是周太王的儿子太伯和仲雍，两人因老爹要把位置传给三弟而忧虑不已，后来索性一跑了之，这一跑就跑到蛮荒之地，并建立了吴国。从此，吴国和中原隔绝，当中原文化欣欣向荣时，吴国人却“文身断发”，犹如野人。按常理，它绝不可能崛起，但因为晋国和楚王国的争霸赛不停，所以一个天大的好运砸到了吴国领导人姬寿梦身上。这个好运就是晋国对其的全力扶持。

公元前 584 年，楚王国大臣申公巫臣逃亡到晋国。申公巫臣是楚王国最具智慧的人物，可他的逃亡原因却让人啼笑皆非。熊旅扩张时期，曾灭掉陈国，俘虏了陈国大臣夏御叔的妻子夏姬，夏姬拥有夺人心魄的美貌。申公巫臣第一眼见到她时，就在心中暗暗发誓要和她共度余生。但这条通往幸福的路上有无数障碍，熊旅想先享用美人，可申公巫臣马上严肃地指出：“红颜祸水，大王您正励精图治，这种女人要不得，否则您就不是合格的国王。”熊旅只好接受，于是将夏姬赐给了另一个贵族。申公巫臣每天在家中抓墙，当然抓墙的不止他一个，还有一大批熊家贵族成员。

大家都在等待夏姬，申公巫臣最有意志力。公元前 597 年，邲之战爆发，夏姬的丈夫阵亡，她突然要求回娘家（夏姬本是郑国人），熊旅可怜这位绝世美人，就同意了她的要求。公元前 584 年，申公巫臣在等待了十几年后，终于等来通往幸福之路的机会。他被派去与齐国结盟，以共同对付晋国，半路上，他心急火燎地转至郑国，宣称奉了楚国领导人熊审（楚共王）的命令来和夏姬结婚。

郑国对霸主楚国从来是言听计从，就把夏姬交给申公巫臣。申公巫臣当然不会再回楚王国，于是带着夏姬跑到晋国。晋国对申公巫臣的到来表示热烈欢迎，楚王国的反应却和晋国截然相反，那个一直对夏姬垂涎三尺却无法得到夏姬的熊侧诬陷申公巫臣叛国，并将其家族成员全部杀掉。申公巫臣捶胸顿足，最后他给熊侧写信说：“我要让你活活累死。你说我叛国，那我就叛给你看！”

申公巫臣为晋国贡献全部智慧，目的就是复仇。他提出“联吴制楚”策略，吴国位于太湖之北，恰好在楚王国背后，申公巫臣发现了它在地缘政治上的超级价值，于是派遣数批军事顾问到吴国去，帮助吴国训练军队，教他们最先进的战术、战法，免费赠送新式武器，同时还派遣文化顾问团，向吴国传授中原文化。自此，吴国在军事和文化上一日千里，姬寿梦忽然感觉自己高大威猛起来，于是称王，吴王国诞生。

在北中国，即使强大如齐国、晋国都没有称王国，只有南中国的国家无知无畏，想称王就称王。

吴王国诞生不久，就开始对楚王国发动攻击，楚王国东北边疆受到吴王国的强大军事压力，这种压力与日俱增，楚王国开始疲惫。

公元前580年，晋国领导人姬据因不小心掉进茅坑去世，可谓"遗臭万年"，他儿子姬寿曼（晋厉公）即位，这位国君决心从楚王国手中夺回霸主的招牌。不过，他并不急吼吼地和楚王国开战，而是先稳定盟友。通过一系列的军事和外交手段，秦国和齐国都承认晋国的领导地位。公元前575年，姬寿曼对楚王国开战。双方在鄢陵（今河南鄢陵县）展开会战，楚军这些年被吴王国折腾得体力严重透支，所以双方一接触，楚军即刻溃败。参加会战的楚王国领导人熊审竟被射瞎了一只眼，成为中国历史上第一个独眼龙领导人。鄢陵之战距邲之战已过去二十二年，晋国终于在失去霸权二十二年后将其重新夺回。

姬寿曼远不如他的祖先姬重耳。鄢陵之战结束后，他自认已天下无敌，开始对晋国那些高级干部下手。他只看到那些高级干部干扰朝政，却没有看到他们是晋国的巨柱，更低估了这些高危人群的实力。经过多年发展，那批高级干部的后裔已在晋政府中形成了盘根错节的巨大力量。公元前573年，他的铲除行动被执政大臣中行偃终止，他本人被囚禁。之后，姬纠（晋悼公）上台，这位霸主认为，鄢陵之战虽已夺回霸权，却没有将潜在敌人楚王国彻底击溃，所以必须来一场最后的决战。

不过，姬纠并未得偿所愿，历史和他开了个玩笑，他去世的第二年，两国才上演最后一场大战。公元前557年，晋国联合诸侯攻伐与楚王国结盟的许国（今河南叶县），楚王国只好北上，解救小兄弟。双方在湛阪（今河南平顶山市区湛河以北）展开大战，和鄢陵之战一样，楚军再一次大败。和鄢陵之战不一样的是，晋军乘胜追击，越过楚王国长城，掠夺了几座城池后才撤回。楚王国这次伤亡惨重，力量被严重削弱，又加上吴国总在背后搞小动作，楚王国精疲力竭。

晋国的情况也不乐观，虽然从楚王国手中夺回了霸权，而且霸权短时间内也不会再被夺走，可晋国却陷入了内乱，那批高级干部狗咬狗似的内斗越来越厉害，晋国被消耗得体力不支，已是外强中干。

公元前546年，处于尴尬境地的宋国和郑国（无论是晋国称霸还是楚王国称霸，双方一旦发生战争，夹在晋、楚之间的宋国和郑国都是被打击的对象），同时呼吁楚王国和晋国不要再斗，和平第一。两个国家借坡下驴，终于坐到谈判桌前，把两国的势力范围划分清楚，还没有归顺晋国和楚王国的国家，成为两国共同的卫星国，卫星国要给霸主进贡。这就是“弭兵大会”，这场会议告诉我们，中国当时存在两个霸主，一个是晋国，另一个是楚王国。两个霸主争斗这么多年，也该歇歇了。但晋国可以，楚王国却没有这个福气，因为它背后的吴国不允许。

自受到晋国鼎力相助后，吴王国崛起速度一日千里，晋楚弭兵后，吴王国仍然不停地骚扰楚王国，那个被申公巫臣诅咒的熊侧还真就死在了与吴王国的战争中。楚王国受不了吴王国的骚扰，于是向晋国求救，晋国以老师身份警告吴王国，不要再搞事了，天下太平了。吴王国却哈哈大笑说：“一边凉快去吧你。”

公元前515年，吴王国发生政变，姬寿梦的儿子、吴王国领导人姬僚被堂弟姬光（阖闾）所杀。姬光胸怀大志，同时具备超强的自我管理能力，仅执政四年，就受到百姓的称颂。姬光又灭掉楚王国后门的守卫徐国（今安徽泗县），楚王国心惊胆战，却又无可奈何。

楚王国始终在寻找方法对付吴王国，早在领导人熊弃疾（楚平王）时代，楚王国就和秦国建交，要“联秦制吴”。秦国始终担心受到晋国的攻击，所以愉快地接受了楚王国抛来的橄榄枝，为表示真诚，秦国把王室女子孟嬴嫁给了熊弃疾的太子熊建，以结秦楚之好。这当然是件好事，可熊弃疾是个老色鬼，他听说孟嬴有绝代美色，就把准儿媳变成了自己的老婆，太子熊建碰上这样的混账爹，也只好自认倒霉。可熊弃疾受不喜欢熊建的奸贼费无极蛊惑，把熊建驱出首都。不但驱逐，还诬陷儿子谋反，准备杀掉他。

熊建的老师伍奢义愤填膺，指控熊弃疾是个老畜生，不但强娶儿媳，还要杀掉儿子。熊弃疾暴怒，将伍奢囚禁，并让伍奢写信给他的两个儿子伍尚和伍子胥，要他们来自投罗网。

伍子胥和哥哥伍尚了解政治的黑暗和熊弃疾的畜生心理，于是，伍子胥问哥哥："尽孝和复仇哪个艰难？"

伍尚回答："复仇。"

伍子胥说："好，我来复仇，你去尽孝。"

于是伍尚跑去找老爹，最后和老爹一起被处决。伍子胥则带着熊建逃出楚王国，伍子胥想去吴王国，熊建想去郑国，于是两人分道扬镳。公元前522年，伍子胥抵达吴王国，很快受到姬光的重视。后来姬光登位，伍子胥地位水涨船高，他成为吴王国重臣。自老爹和哥哥冤死后，伍子胥活下去的动力就是复仇。如今，他借助吴王国这个平台，开始了他的复仇计划。首先是在骚扰、侵蚀楚王国的行动上加快进度和提升力度，他把吴军分为三支，轮番对楚王国进行军事骚扰，楚王国为了防御吴军的大规模游击战，累得气喘吁吁。在这番神一般的操作持续十几年后，公元前506年，姬光和伍子胥动员三军，对楚王国发动全线总攻。

吴兵团经过伍子胥的训练，加上多年骚扰楚王国的战场经验，所向无敌。双方在楚王国境内发生五场大战，吴兵团五战五捷，最后攻陷了楚王国都城郢（今湖北荆州），楚王国领导人熊珍（楚昭王）逃亡至随（今湖北随县）。伍子胥进入楚王国都城后，先把熊弃疾的尸体挖出，然后鞭尸三百。伍子胥终于大仇得报，他对楚王国的恨深入骨髓，下令吴兵团在楚境烧杀劫掠，源源不断的金银财宝从郢运送到吴王国都城姑苏（今江苏苏州）。但楚王国并非都是伍子胥这样的叛国者，更多的是爱国者，如申包胥。楚王国被吴王国消灭后，申包胥跑去秦国，请求秦国出兵恢复祖国。但秦国国君不想蹚这浑水，申包胥就在秦国宫外七天七夜不进食，他在恢复祖国河山的信念的支撑下，终于熬了过来，秦国才决定出兵帮助楚王国复国。

姬光和伍子胥得知秦国出兵的消息后，认为短时间内无法消化庞大的楚王国，而且伍子胥的目的是复仇，姬光的目的是抢劫楚王国，顺便帮伍子胥复仇，如今都已实现，赖在楚王国这鬼地方不走，毫无意义。于是，他们撤兵回国。

楚王国经此一战，残破不堪，虽然在秦国的帮助下复国，力量却失去大半。熊珍流着眼泪把首都迁至都（今湖北宜城），每当夜晚，他就对着祖先牌位痛哭，为楚王国霸权的丧失而痛哭，为没有照顾好熊家而痛哭。

吴王国在欢笑声中轻而易举地接替楚王国，成为南方霸主，姬光向他的人民举起酒杯，说：“咱们要干更大的事业！”

伍子胥突然看到姬光的脸上飘来一片暗影，它预示着姬光的结局，很可能也预示着吴王国的结局。

9／
吴越争霸，春秋尾声

吴王国灭楚王国，预示着霸权从北方转移至南方。阖闾在接过这个霸权之前，还需要接受严峻的考验。楚王国复国后，决定效仿晋国当年培养吴国的政策，它瞄准了吴王国的邻居越国。越国的政治中心在会稽（今浙江绍兴），它受封很早，但文明程度连当初的吴国都不如，所以周王国封其国后，就忘了它。越国在不受其他国家重视的情况下，悄悄发展自己。越国人民学会种植水稻，虽然过着“断发文身”的原始生活，却丰衣足食。

楚王国拿出全部家当资助越国成长，和当初晋国扶助吴国一样，楚王国派出军事顾问团帮越国组建新式军队，输入楚王国文化。很快，如当初吴国骚扰楚王国一样，越国也开始不停地骚扰吴王国。

吴王国不是楚王国，它有暴躁的脾气和高效的执行力，越国向它开战，它立即反击。公元前 496 年，阖闾主动出击，率领吴兵团长驱直入，进入越国本土，双方在槜李（今浙江嘉兴）摆开阵势。越国领导人姒勾践率先冲锋，吴兵团阵势严整，越兵团连续三次进攻，全被击退。姒勾践乞灵于诡计。他把监狱中的罪犯拉到战场，告诉他们说：“如果不按我的吩咐做，你们的家属全都会被处决。”罪犯们只好听从他的吩咐，排成三列，都把剑放到项上，走到吴兵团阵前说：“现在吴、越交兵，我等违反军令，在你们面前丧失勇气，不敢逃避刑罚，现在就自刎。”说完，他们便齐刷刷地抹了脖子。

这套路，吴兵团见所未见，闻所未闻。阖闾和他的将士们都看呆了。就在他们呆头呆脑时，姒勾践发起全面攻击，吴兵团霎时崩溃。阖闾在逃跑中，几根脚趾被射掉，血流如注，回国后不久即死去。临死前，他对儿子夫差说：“我死后，你只需要做一件事，为我的脚趾报仇。”

夫差即位后，派几个嗓门大的人每天站在他眼前，让他们一旦发现他偷懒，就立即喊道：“夫差，你难道忘了你爹的脚趾，忘了杀父之仇了？”

夫差马上提起精神，吼道：“没有，不敢忘！”

几乎同一时间的波斯帝国，国王薛西斯也和夫差一样，为报希腊的杀父之仇，让人站在门口喊叫：“你忘记杀父之仇了吗？”由此可见，任何伟大人物的成事，除了自己的努力外，还有其他人对其的不停警诫。

这类似相声中的“逗哏”和“捧哏”，夫差“捧哏”几年后，复仇准备完毕。公元前494年，吴王国动员全国兵力，对越国发动总攻。双方在夫椒（今江苏太湖）展开激战，吴兵团在数量上占据绝对优势，又有血海深仇，所以杀红了眼，越兵团大败，向会稽溃退。吴兵团紧追不舍，攻破会稽外城，姒勾践只剩下五千人死守内城。当吴兵团的后续部队陆续抵达会稽城时，姒勾践发现大势已去。他没有如亡国之君那样选择“死社稷”，而是派出代表团和夫差谈判，请求夫差保留越国，并收他为奴。

这次灭越易如反掌，夫差品尝到几年来从未品尝过的快感。人在突然成为人生赢家后，对仇敌的仇恨会迅速消解。这是人性本善，还是人性中志得意满的缺点，没人说得清楚。总之，夫差决定饶恕杀父仇人，要姒勾践来做他永远的奴隶。

伍子胥以战略家的眼光阻止夫差说：“吴、越两国距离太近，而且都是新生力量，是你死我活的关系，越王姒勾践狡诈如狐，凶横如狼，不是那种甘心做奴的人，绝不能存其国！”

夫差让伍子胥不要多虑，姒勾践已穷途末路，让他生不如死地活着才是对他最大的惩罚。伍子胥叹息不已，夫差就在千军万马中昂然地接受了姒勾践的跪拜，然后和姒勾践签订吴越条约，条约规定：吴王国是越国的保护国，越国和它的国王是吴王国的奴隶，从此，两国在不平等的条件下友好共存。

按照条约，姒勾践要到吴王国给夫差做终身奴隶。夫差让姒勾践做最下贱的工作，收拾马粪，住在马圈，使他卑躬屈膝到极点，以此来挑战他的自尊底线。让夫差莫名其妙的是，姒勾践似乎没有尊严底线，居然乐在其中。

有一次，夫差生病，姒勾践就把夫差的粪便拿来品尝，然后对夫差说："粪便是臭的，说明消化功能完好，应该很快会痊愈。"果然，不久后，夫差就痊愈了。

对于姒勾践表现出的这种忠心，夫差感动不已。他问姒勾践："你现在还有什么心愿吗？"

姒勾践回答："伺候您。"

夫差说："不想念祖国？"

姒勾践说："这就是我的祖国。"

夫差激动得眼眶湿润，说："看你如此忠心，我就放你回国。回国后要记得咱们的条约。"

姒勾践不走，说："这片土地虽然没有生我，但养育了我，我死也要死在这片土地上。"

夫差更加激动，对身边的伍子胥说："你看看，这人怎么能善良到如此地步！"

伍子胥恨不得用鞭子把匍匐在地、满脸忠贞的姒勾践活活抽死，可他毕竟是个合格的臣子，国王夫差不发话，他不能自作主张。

夫差死活要姒勾践回国，姒勾践死活不回国，在两人你来我往的"情深义重"后，夫差下了命令给姒勾践：立即回国，否则重罚。

姒勾践只好依依不舍地离开夫差，在经历了三年的奴隶生活后回到他的祖国。祖国人民悲痛而欣喜地欢迎他，姒勾践对全国人民偷偷下令：用十年时间不择手段恢复越国，对吴国复仇。

他以身作则，卧薪尝胆，和夫差一样，他也让人站在茅草屋门口，一旦自己松懈，那些人就高声叫喊："忘了你吃屎的日子了吗？忘了国家是怎么亡的了吗？”

勾践咂巴着嘴，回答：“不敢忘！”

在“捧哏”和“逗哏”了十年后，越国重新站起，比十几年前强大十倍。

越国悄无声息地变强大时，吴王国正在夫差的领导下，走向衰落之境。夫差胸怀大志，灭越国后，他把目光投向天下。他要和从前的楚王国一样北上，与恩主晋国争霸。

若想和晋国争霸，先要过中原老二齐国这一关。夫差开凿邗沟，把长江和淮水连接起来，公元前 484 年，夫差统率吴兵团主力，从水路逼近齐国。双方在艾陵（今山东济南市莱芜区东南）展开激战，吴兵团的士兵以一敌十，充分发挥了南方人稳、准、狠的个性，齐军大败。

艾陵之战让中原各国震惊不已，它们重新审视这个南方国家，发现它比楚王国还要凶猛。但吴王国没有楚王国的好运。公元前 482 年，夫差率领强悍的吴兵团北上。他给从前的恩主晋国送信说：“要么战，要么承认我是霸主。”

晋国的力量全部消耗在高级干部的内斗中，根本无力和吴王国争霸，于是选择承认吴王国的霸主地位，双方在黄池（今河南省新乡市封丘县南）举行会盟，被吴王国强行拉来参加会盟的诸侯们一致承认吴王国的霸主地位，今后所有的诸侯都如从前对待霸主一样给吴王国进贡。

次年，中国进入战国时代。

夫差志得意满，仰天长笑。正当他自命不凡时，后方突然传来消息：越国攻破了吴王国的首都。

夫差如同五雷轰顶，大叫一声，撒丫子就跑。他率领兵团主力昼夜兼程，终于赶回首都，他向姒勾践求和。姒勾践还没有彻底消灭他的把握，于是同意求和。现在，吴、越两国乾坤倒转，吴王国成了越国的卫星国。

姒勾践回国后，又开始积聚力量，他是个有仇必报，而且必须报到底的人。他在埋头苦干积聚力量时，夫差却断崖式堕落下去。自灭越以来，夫差从未失败，所以姒勾践这次打败他，让他怀疑起了人生。夫差是那种典型的“一胜就骄，才败即馁”的人，在他心甘情愿的堕落下，吴王国已提前穿上寿衣。

公元前475年，姒勾践再掀波澜，集结全国兵力向吴王国发动最后一战。越兵团进入霸主吴王国本土，如入无人之境，很快将吴王国都城姑苏围困，醉生梦死的夫差突然醒来，他想起公元前484年，伍子胥因反对他伐齐而被他冤杀。伍子胥临死前说："把我的人头挂在姑苏城墙上，我要亲眼看到姒勾践来灭吴。"

如今，伍子胥的预言成真，夫差更是失魂落魄，城墙上吴军拼死抵抗，他却在宫中喝得烂醉如泥。姒勾践围困姑苏城三年后，夫差知道再也无法抵抗了，于是向姒勾践求和，希望姒勾践能保存吴王国，如同他当初保存越国一样，他也可以给姒勾践做奴隶，吃姒勾践的屎，如同当年姒勾践吃他的屎一样。

姒勾践咂巴着嘴，说："当初老天爷把越国送给你，你不要；现在老天爷把吴王国送给我，我不敢违抗天命。"

夫差知道，自己已处于想做奴隶而不得的绝境中，最终，他选择自杀。临死前，他命人把自己的脸盖住，说："到地下没脸见伍子胥。"

吴王国在经过短暂的风光后落幕，现在，姒勾践因干掉了天下霸主夫差，而自以为是霸主，于是开始他的霸主表演。但在表演前，他要先表演忘恩负义。

毋庸置疑的是，勾践是中华民族一类特殊的人的代表，通常，他们拥有顽强的意志力，天赋异禀，绝地求生功夫天下无敌，忍辱负重能力宇宙无二。为能留得青山在，屎都可以吃。

但正是这种人，通常在情感上毫无善性，他们可以和兄弟共患难，但绝不能和兄弟共富贵。北宋苏轼说过，"大丈夫不立异以为高，不逆情以干誉。"姒勾践是典型的逆情之人（对敌人卑躬屈膝到极点，甚至以吃屎来表演忠贞，这已超出了人类的基本情感）。

姒勾践称霸最得力的两个助手，一个是文仲，一个是范蠡。消灭吴王国后，深谙人性的范蠡洞若观火地对文仲说："狡兔死，走狗烹，飞鸟尽，良弓藏。况且大王是那种不能共富贵的人，你我二人该去隐居。"

文仲不信勾践会如此丧失人性，当然，本质上他是不想丧失享受荣华富贵的机会，他坚决不逃，范蠡则逃之夭夭。结果，文仲不得不信，姒勾践很快就对他举起了屠刀。楚王国比吴王国文化水准高，吴王国又比越国文化水准高。但即使是楚王国，也被中原各国视为蛮夷，可以想见越国的文化水准之低。这样的国家，最应该重视的就是人才，可姒勾践却自寻短见，称霸后最先干掉的就是人才。

干掉人才后，姒勾践也称王，他的国家被称为越王国。越王国接盘吴王国的霸主地位，起兵渡过淮河，与齐、晋两国在徐州（今山东滕州）会盟，参会诸侯都承认这个蛮夷是新霸主，姒勾践按照传统向周王进贡。周王只好收下他的礼物，表彰他并勉励这位霸主以后要好好干。

姒勾践当然要好好干，公元前 473 年，为了让天下霸主的招牌名副其实，他把国都迁至更北的琅琊（今山东青岛市黄岛区琅琊镇），以威慑中国。姒勾践的理想当然远大，可惜他的后代没有成才的，而且他的一切所为都传递给了后世子孙。姒勾践的子孙全是忘恩负义、不近人情之人，所以越王国霸权还未在手中焐热乎，就烟消云散了。公元前 333 年，越王国最后一任国王姒无疆和楚王国开战，结果被楚王国消灭。灭亡前，姒无疆想起祖先姒勾践的教训，于是请求楚王国保存其国，并亲自到楚王国做奴隶。楚王国也想起姒勾践吃屎的历史，断然拒绝，越王国灭亡。

春秋霸主，以姜小白和管仲的煌煌登场开始，却以姒勾践莫名其妙的落幕而结束，一出好戏，最后砸锅。现在我们对传说中的“春秋五霸”做一下总结。

“春秋五霸”，不同版本有不同说法，把所有版本融合在一起，有以下人员：姜小白（齐桓公）、姬重耳（晋文公）、熊旅（楚庄王）、嬴任好（秦穆公）、吴王夫差、越王勾践、子兹甫（宋襄公）。认真检查就会发现，子兹甫没有称霸，嬴任好只是称霸西方，几次东进都以失败而告终，连中原的边儿都未摸到。吴王夫差和越王姒勾践兵力虽未抵达中原，却举行过霸主会盟，得到各国认可，算是霸主，不过有个问题是，吴王夫差和越王勾践称霸的时代，已经进入战国，所以从严格意义上来说，他俩是霸主，可不是春秋霸主。

最无疑问的就是姜小白、姬重耳和熊旅，纵横南北西东，货真价实。

不过，如果我们从“尊王攘夷”这个角度来解析春秋霸主，真正合格的只有姜小白和姬重耳。吴王夫差和越王姒勾践擅自称王，显然已不尊王，楚庄王同样如此。所以，从严格意义上讲，春秋霸主只有姜小白和姬重耳。**尤其是姬重耳缔造的掌控霸权达百年的晋国，它不但保住了华夏的根（尊王攘夷），还通过军事与文化的输出，影响了吴国，又间接影响了越国，使整个南中国渐渐开化，文明得到提升，为中华未来的大一统构筑了坚固的基石。**

一部春秋史，其实就是在最高领导人周王睁眼瞎的情况下，几个国家争霸的历史。霸主们虽然初衷各有不同，结果却是相同的：他们无法保证世界绝对的和平，却减少了许多没必要发生的战争。在霸主面前，那些喜欢打打杀杀的小国噤若寒蝉，不敢肆意妄为。

当然，霸主的意义也仅限于此，无论是姜小白还是姬重耳，希望通过武力树立权威让世界和平，无异于镜花水月。**春秋末期，已经有人注意到，单纯的霸主模式，不足以恢复西周时期的太平盛世，只有一种东西，可以让世界和平，那就是优秀的思想。**这个人就是孔子。

10／
中国出了个孔仲尼

春秋时代进入尾声时，孔子降临中国。后来的儒家学派吹捧孔子这位开山老祖时说，孔子不出，万古如长夜。这如同耶稣不出、释迦牟尼不出，万古如长夜一样。由此可知，孔子对中华的贡献，或者说是中国人认为他对中华的贡献可与日月争辉。

现在，我们就进入孔子的世界。孔子（公元前551年—公元前479年），名丘，字仲尼，鲁国曲阜人。其先祖是宋贵族（就是那个“蠢猪式”仁义的子兹甫之国），曾祖父时，逃难至鲁国。父亲做过山东泗水县县令，由于宋和鲁是当时最高级的文化之国，所以孔子难免深受其影响。

春秋末期，在几百年的内讧和兼并下，之前的一百余国只剩下十几国，社会上流传的经典名言是“社稷无常奉，君臣无常位”。这种革命性言论所带来的恶果是，战争频仍，百姓遭殃。孔子早期在鲁国做官，和晋国一样，鲁国国君也被权臣控制，即所谓的“三桓”：仲孙氏、叔孙氏和季孙氏。这三股势力主导着鲁国命运，并且都修建自己的城墙，独立于鲁国之外。

孔子认为，臣的权力已超越国君，这违背周礼，于是找到叔孙氏和季孙氏的掌门人，软磨硬泡地请他们拆除城墙，两家的掌门人居然同意了。可孔子去找仲孙氏时，仲孙氏的掌门人坚决不同意，不但他不同意，叔孙氏和季孙氏也昼夜施工，又把拆毁的城墙修建了起来，孔子只能连连叹息说：“这个世界到底怎么了？！”

公元前496年，孔子被鲁国领导人升级为宰相，“三桓”马上精神紧张起来，用各种阴谋阳谋排挤孔子。在一次祭祀天地的典礼中，他们特意不把祭肉分给孔子。作为宰相，孔子根本不缺那点肉吃，问题是，祭祀天地的肉看上去是肉，其实不是肉，而是一种权威和荣耀。“三桓”不给孔子祭肉，其实是告诉他：“你赶紧滚蛋吧。”

孔子知道前途暗淡，于是离开鲁国，准备在体制外推行他的理想。在短暂的政治生涯中，他眼观六路，耳听八方，对古今政治大事了如指掌。他确定的是，春秋诸霸主，无论谁来当霸主，其实都无法维护世界和平。虽然他们尊王攘夷，却已经打破了从前的秩序。孔子希望恢复周王国的政治权威，但他也明白，纯靠周王已不可能，唯一的办法就是，希望诸侯们都这样想。

他到处奔走，试图用周公之礼的“君君，臣臣，父父，子子”稳定秩序。但他屡屡碰壁，失望透顶。因为当时君不是君，臣不是臣，臣弑君，君滥杀臣，比比皆是。这就是现实，形势比人强。

孔子的政治主张很简单，第一，就是“从周”和“正名”，“从周”是针对周王，希望他能振作而恢复从前的权威，“正名”则针对那些不老实的诸侯，希望他们明白自己的位置。第二，孔子认为一个良好的政府应该以德礼为主，刑礼为辅，这是延续中国一直以来的依靠品德治国之理念。第三，孔子把理想社会分为两种，一种是小康社会，另一种是大同社会。最好的社会应该是大同社会，小康社会应该做到养（人人安居乐业，丰衣足食）、教（思想道德教育）、礼（人人皆是君子）并存；至于大同社会，那是个幻梦——政府已不存在，物质财富源源不断，人人可以自我管理，满大街都是圣人。中国几千年或者说是人类社会几千年来，最好的时代也不过是小康社会，从未达到大同社会。

孔子抱着这套政治主张奔走呼号，没人搭理他。突然有一天，他从噩梦中惊醒，感悟道：必须有新鲜血液进入各政府来改变现状。所以，要培养这方面的人才。

于是，政治家孔子消失，伟大的教育家、思想家孔子诞生。孔子的教育思想，影响和主导了中华两千年，直到辛亥革命前，中国人的人生都由孔子规划完成。

伟大的思想家脑子里只有两件事，第一件事是人如何能永远不死，第二件事则是人如何能永远保持幸福。孔子向这两件难事发起猛攻。

首先是人永远不死的问题，对于中国思想家而言，这是个难题。西方国家将这个问题抛给了宗教，但中国没有宗教，理性的中华人不相信有未来世界，不相信有天堂。孔子很少谈人生之外的世界（罕言天），他和大多数先辈都认为，人只要过好这一生即可，其他我们所不知道、没有确凿证据证明其存在的世界，我们避而不谈。那么，如何解决人永远不死的问题呢？

孔子说，只要你为善，讲善言、行善事，有一天你虽然离开了这个世界，但你的善言善行却被人们所记得。由于善言、善行是你的，人们在记得你的言行的同时也会记得你，你就做到了长生不死，因为你永远活在了别人心中。

解决了这个问题，孔子再解决第二个问题，人如何过得幸福。人获取幸福的前提是，必须活成个人样，那么什么才是真正的人或者人生呢？

孔子的看法是，不同的人生阶段应该有不同的活法，“十有五而志于学，三十而立，四十而不惑，五十而知天命，六十而耳顺，七十而从心所欲，不逾矩。”

人在十五岁时就应该有意识地去学习，学什么？不是学各种技术，而是学做人，学以成人。三十岁时就该立下志向，这个志向不是你要做大官、发大财，而是要为善，无论是做人还是行事，都应以善念为第一要务。四十岁时就不要困惑，不是没有困惑，而是一门心思学为善，只在为善上下功夫，你就不可能有困惑。五十岁时，无论人生走到什么样的层次，都要明白，尽人事，听天命。六十岁时，你就会发现天地万物都是善的，这个世界上没有恶。七十岁时如果仍能保持这个为善的志向，你的人生就是真正的人生，你才算得上是个真正的人。

这个人生规划，是孔子最伟大的创造，也是中国古人，尤其是知识分子一生的追求。立志就是为善，做人要善，做事要善，孔子教导他的弟子们，从政如果以善为指导，就能平天下。人做的每一件事，都应该以善为前提，离了这个前提，任何事都是恶。

中国人对时间的概念很特别，比如孔子的这个人生规划，**时间不是客观存在的，每个人都有属于自己的时间，在正确的时间做正确的事，就是知行合一**。中国人从来不认为时间是直线流逝的，而认为是一个圈。中国皇帝的年号就是证明，比如正德十六年后，不是正德十七年，而是嘉靖元年，因为老皇帝正德死了，新皇帝嘉靖上台，时间就要从嘉靖开始算。

人生在世，要有信仰。西方人是宗教信仰，但中国没有宗教，于是孔子提出，要信仰理性，信仰人性。人性是善的，人皆可以为尧舜（后来孟子将这两条强化，使其成为中华人的最高信仰）。这是孔子在人性上进行的一次赌博，后来的历史证明，他赌赢了，这和西方的"人性恶"恰好相反。

如果我们认为人性是善的，那我们就会想当然地认定，任何人包括高高在上的君王本性都是好的，能通过自己的修行而成为尧舜。也正因这种思路，所以中国人很少能想到用制度来约束君王的权力。赌人性恶的人，将人看成罪犯，认为人随时都会有犯罪的行为，不能指望他自己来修行，所以必须用制度来约束他。这就是为什么中国千年来始终是人治社会，而没有成为法治社会。

至于谁对谁错，如果用谁活得长远这个指标来判断，答案一目了然。

既然孔子赌了人性善，那他就让人在人性、品质上下功夫，他教导弟子的方式是三驾马车——德、智、体并行，教科书则是六艺（礼、乐、射、御、书、数），这三驾马车最终会奔向一个目标，就是"仁"。

仁，是"二人"，含义有两条，一条是个体的人（肉体）和理想的人（精神）二合一，就是仁。再详细言之，人的行为必须靠精神指引，不能与之割裂。另一条则是仁者能感知到他人的幸福或痛苦，仁就是爱人，爱自己，爱他人。仁必须在人群中（两人或以上）实现，这使得中国人特别重视人际关系。

什么是仁者呢？两个字——"忠恕"。"忠"是尽力帮助他人（己欲立而立人，己欲达而达人）；"恕"是为他人着想，将自己假设成他人（己所不欲，勿施于人）。

忠和恕，起点在哪里？孔子提出“孝”。**孔子说，孝是人性，与生俱来。人孝顺是性，为什么要孝顺和必须孝顺是天，所以孝是人的天性，不孝就不是人。**

人能孝，就可以将这种心推广到妻儿、兄弟、领导等身上，于是，“修齐治平”齐活，“仁”自然出现。**用一个“孝”字串联起自己和他人，乃至天地万物，这是孔子最牛的地方。**西方人把脑子想破了，也想不出这样的理论来。

中国传统思想的特质是从一个基本点开始，进而扩大至面，孝就是个基本点，为仁的基础就是它。孔子假设说，如果一个人真孝顺父母，那他这种孝心可以转化，见到兄弟，就转化成悌心，见到领导就转化成忠心，以此类推，仁者就出现了。

若干年后，中国人把“孝”当成了美德，其实大错特错。在孔子眼中，孝是天性，是天理，只要你是个人，就没有不孝的道理。

至此，孔子思想全部诠释完毕。其最伟大之处，是把中国平民受教育的理想变成现实，让人学的目的是做人行善，最终达到仁者的境界。孔子去世后，弟子们将其所创立的学派称为“儒家”。儒家学派在几千年的历史中，始终出现两种人：一种是儒者（君子儒），这种人是典型的教育家，从德、智、体三方面培养人，使之成为仁者。另一种则是儒士（小人儒），他们凭一技之长，跑进政府混饭吃，这种人被孔子极度鄙视。

但遗憾的是，后来的儒都是小人儒。

儒家思想后来成为中华帝国的意识形态，根本在于，儒家培养的人都很守规矩，你很难想象一个孝子会去推翻政府。儒家重视人的修养，千方百计做仁者。而要做到这点，就必须要心平气和，要有个好的平台，孔子教导弟子们，要去为明君服务，绝不能单干。单干就是犯上作乱。

君王都喜欢这种思想，所以山东几千年来没有出过皇帝，这就是孔子教化之功。中国的文化，如果用两个字来概括，就是孔子所谓的“教化”——所有人都可以被教化向善；所有人都必须找到平台，而非创建平台来让教化更广泛。

这就是儒家，也是中华。

孔子还是希望恢复周王朝初期“君君臣臣”的梦幻状态，其教育对象都是落魄贵族，身处底层，他希望给当时的政治形态输入新鲜血液。念头决定行为，行为决定其思想。为既定政治服务，而不是推翻烂污政治，这个念头由孔子定性，但它不停进化，直到战国时代，孟子、荀子出现了，儒家的体系臻于至善。

吴王国称霸的第二年（公元前481年），鲁国国君姬将（鲁哀公）猎到一只麒麟。麒麟在中国传说中是神兽，性情温和得连它自己都惊讶不已。它喜欢和平，所以经常现身和平世界。孔子听说这件事后，扔掉手中的笔说：“天下大乱，麒麟出现，这太诡异了，我的智慧已无法解释这件事。”于是，孔子放下手中的笔，如同放下了他毕生的理想一样。

麒麟出现的这一年，春秋时代结束，战国时代开始。两年后的公元前479年，孔子去世，他那块“万世师表”的招牌开始被他的弟子们悄悄地精心打造，并在若干年后耀眼地升起。

第四章

东周分两段之战国

1／
变法洪流

战国开始的七十多年中，中国吊诡地陷入平静。可人人都明白，这是暴风雨来临前的平静。公元前 403 年，这虚假的平静被晋国的分裂所打破。晋国分裂，是在姬重耳时期就注定的。他培养出的那些高级干部从晋国称霸就开始不停内讧，经过不停地洗牌，进入战国后，晋国被六大高级干部家族掌控。他们是智氏、范氏、中行氏、韩氏、赵氏、魏氏。这六大政治家族又互相吞噬，最后剩下韩、赵、魏、智四大家族。

四大家族中，智氏和赵氏最强，智氏的智伯瑶和赵氏的赵无恤水火不容，韩氏的韩虎和魏氏的魏驹没有各自为政的力量，所以只能联合起来，要么选择当智伯瑶的小弟，要么选择当赵无恤的小弟。

公元前 455 年，智伯瑶和赵无恤彻底闹翻，韩虎和魏驹商议许久，决定暂时站在智伯瑶这边，三个家族出兵围攻赵无恤的根据地晋阳（今山西永济市附近），智伯瑶掘开汾水堤坝水灌晋阳城，眼看就要城破，赵无恤险中求生，派人溜出晋阳城，潜入韩虎和魏驹的军营警告他们说："智伯瑶自大傲慢，自私自利，绝不会和他人并立，他今天干掉我，明天就是你们的死期。如果咱们三个联合干掉他，我的为人你们是知道的，咱们平分晋国。"

韩虎和魏驹早就看不惯智伯瑶的不可一世，而且对赵无恤的为人也非常认可，所以当天晚上，两人发动兵变，和赵无恤里应外合，干掉智伯瑶，瓜分了他的土地。赵无恤言出必行，在瓜分了智伯瑶的土地后，又和韩虎、魏驹强行瓜分了晋国的土地，只给国君留下曲沃（今山西闻喜县）和绛州（今山西翼城东南）两个地方。

赵、韩、魏三大家族在和平共处了五十余年后，公元前403年，他们决定分家，从此各过各的。他们给周王国国王姬午（周威烈王）送了山西特产，姬午马上封他们为侯，韩、赵、魏三个诸侯国出现，晋国至此灭亡。

晋国的灭亡最让人伤感。当时的中国，晋国地盘最大，力量最强，而且因为那些高级干部的支撑，所以活力十足，最有可能统一中国。可惜，福兮祸兮，成也高级干部，败也高级干部，有时候优势就是劣势。

春秋时期最大的霸主晋国分裂十七年后（公元前386年），同样曾是霸主的老牌王国齐国也改换门庭。

姜小白时期，陈国的贵族陈完因躲避陈国内乱而逃至齐国，陈完情商极高，很快得到姜小白的喜爱，得到高官厚禄。

陈完的五世孙陈恒担任齐国宰相时，灭掉专权的两个家族，势力立即壮大。陈恒死后，儿子陈乞接替他的位置，开始在政府秘密部署家族势力。陈恒的孙子陈和担任宰相后，恰好遇到领导人姜贷（齐康公）是个酒囊饭袋，陈和发现，如果自己不能有些作为，那就是给祖宗丢脸。所以在公元前391年，陈和把姜贷迁到东方大海边，只留给他一个城的赋税当其生活来源。公元前386年，陈和给周王送了些海鲜，周王立即封他为齐侯，姜子牙和其后代艰苦缔造的齐国灭亡，陈和（"陈"和"田"，古音相同，所以，陈和又称田和）的齐国诞生。

晋国和齐国两个超级大国的灭亡，在当时没有任何反响。楚王国自被吴王国灭掉一次后，变得萎靡不振，闭着眼睛睡大觉。秦国则窃喜，因为阻止它东进的晋国烟消云散，它正准备变得强大，踏进祖先嬴任好当年没有踏进的东方世界。其他各国好像中了某种妖术，呆若木鸡地看着这一切发生，连一声叹息都没有。

事实上，不但强大的晋和齐灭亡了，连那个只有弹丸之地的东周王国也在自废武功，而且它的自废武功比晋和齐的灭亡还要早。公元前440年，姬嵬（周考王）干掉了哥哥姬叔袭（周思王），自立为王。姬叔袭死得并不冤，因为他的王位是杀了哥哥姬去疾（周哀王）而得来的。周王国的一系列政变，让姬嵬思考良多，他认为国王位子若想稳当，必须有外部帮手，从前是那些诸侯，现在那些诸侯靠不住了，于是姬嵬脑洞大开，封他最信任的弟弟姬揭于洛邑旧城（洛邑后来被荒废，周王国又在它东边修建洛邑新城），由于洛邑旧城在新城的西面，所以姬揭被称为西周桓公。后来随着各国都称王，与周王的地位平等，西周国也称王，于是，中国大地上就出现了两个奇怪的弹丸小国，一个是东周国，另一个是西周国。

姜氏齐国被悄无声息地取代，符合历史潮流，晋的一分为三和东周的一分为二是历史潮流中的变数。经过春秋几百年的兼并战和进入战国后晋的分裂，中华大地上只剩下以下几个国家：齐、楚、燕、韩、赵、魏、秦、郑（后被韩灭）、中山（后被赵吞）、宋（后被齐灭）、鲁（后被楚并），**这些国家大眼瞪小眼，都发现今时不同往日，“弱肉强食”更加具体化，若想在这竞争激烈的时代不被淘汰，必须图强，要图强就必须除旧布新，“除旧布新”简单而言，就是要变法，让自己快速脱胎换骨，超越他国。**

魏国一马当先，魏国领导人魏斯（魏文侯）有着强烈的危机意识和超前意识，所以刚和赵、韩分家，他就开始在自己的根据地变法。魏国先变法图强，地理位置是动力。魏国都城安邑（今山西安邑），南面是楚王国，东面是齐国，西面是秦国，北面是赵国，环绕在它周围的全是强国，这样一个四面透风的地方，倘若不富强，很快就会被吃掉。魏斯改造国家的第一步，当然是重用大量各阶层的优秀人才。很快，天下英才一半在魏国，一半在别国。战国中后期的招贤养士之风，魏斯是开先河者。

魏斯重用的人才中最著名的当属李悝、吴起、西门豹和乐羊。这四个人如同四根巨柱，把魏国高高撑起，其他各国只能仰望。吴起守西河（今陕西东部的沿河地区）时，秦国不敢东进牧马，秦国大片领土被吴起蚕食；西门豹开拓邺城（今河南安阳），将荒凉之地打造成魏国最富庶的地区，魏国因此而富得流油；乐羊轻而易举攻克中山国，让魏国安枕无忧。

当然，给魏国带来翻天覆地变化的不是这三人，而是李悝。李悝是魏国政治中心安邑人，老师是儒家学派巨子子夏。李悝为魏国贡献了最神奇的魔法——法治，他认为国君只有一个工作，那就是维稳（维持治安）。只有社会稳定了，才能谈其他发展。但社会稳定不是靠仁义道德可以做到的，而是要靠法治。为此，李悝制定《法经》。《法经》的宗旨只有一个，"王者之政，莫急于盗贼"，惩罚"盗贼"是最高领导人的首要任务，至于"盗贼"在哪里，李悝的解释是，凡是和政府作对的人就是盗贼。当然，《法经》具备了基本的法治精神：在法律面前人人平等，无论是贵族还是平民，只要触犯《法经》的条例，就必须严惩。

除了法治之外，李悝还改革经济，主要内容有三：第一，重新划分土地，正式承认土地私有。第二，奖励农民开垦荒地，鼓励农民改良耕稼技术。第三，减收赋税，制定"平籴"法，丰收年由政府收购余粮，荒年平价售出，以此来保护农民的收益。

李悝不仅是个改革家、政治家，还是个伯乐，不世出的人才吴起就是他慧眼识珠推荐给魏斯的。魏国在如此一群人才的联结、赋能下，迅速成为战国时期第一强国。

千年以后，唐王朝第二任皇帝李世民让宰相推荐人才。宰相说："实在没有人才啊。"李世民怒道："你怎么敢侮辱中华没有人才？况且，人才是你去发现的，难道他会主动跳到你面前吗？那些说中华没有人才的人，必定是蠢材。"

魏国崛起正是李世民这段话的最佳注脚。魏国强大后，开始检验它的变法成果。它先对秦国发动持续不断的攻击，秦国损兵折将，毫无还手之力，只能割地求和。在把秦国按到地上摩擦得体无完肤后，魏国又联合韩国、赵国对楚王国发动攻击，半死不活的楚王国受此痛击，割地求和后幡然醒悟，它发现了魏国崛起的秘密，那就是变法。于是，它也效仿魏国变法，如同当年它效仿晋国的方法培养越王国一样。

楚王国领导人熊疑（楚悼王）发誓要担起这个振兴国家的重任，他总结楚王国百年来的弱点——虽然地大物博，但贵族太多，不但多，而且权势熏天，积重难返。熊疑认识到问题所在，却找不到解决问题的方法，知和行就此断裂。他每天都心心念念，希望上天能派个李悝那样的人来帮助自己，正所谓“念念不忘，必有回响”，不久后，吴起心神不安地来到了楚王国。

吴起是从魏国逃过来的。如果我们对吴起稍作了解就会发现，他这种人，注定要到处逃亡。吴起生于盛产女巫的卫国，家境殷实，他从小就喜欢兵法，后来研究思想，再后来拜了儒家学派巨子曾子为师。曾子原本很喜欢他，可后来吴起老娘去世，吴起居然不回去守孝，曾子就把吴起赶出了师门。吴起于是去了鲁国，当时鲁国虽是中国文化思想中心，却脆弱不堪，总在对外战争中吃败仗，吴起被任命为将军后，这种情况立即改变。吴起卓越的军事天赋让鲁国人心花怒放，他们决定和邻居齐国开战，吴起仍然是总指挥。不过，有人立即指出，吴起的老婆是齐国人，对老婆娘家开战，吴起能否用全力？

吴起得知这种质疑后，立即休掉老婆（一说是杀了老婆），他以为鲁国人会非常高兴，想不到，这是个圈套。立即又有人指出，吴起为了功名，连老婆都不要，这种人很可怕。吴起这下陷入两难，只好逃亡。后来吴起被李悝赏识，在魏国混得风生水起，他以为会老死在魏国，命运却不容许。魏斯去世后，魏击（魏武侯）即位。这是位智商奇高的君主，每次和臣下商讨大事，都能一语中的，群臣自愧不如。

当魏击沾沾自喜时，吴起却突然对他说：“我认为您应该恐惧才对，为何要高兴？”

魏击莫名其妙，请吴起详细说明。吴起说：“大王虽灵性超凡，却也只是一人，臣下千千万万，怎么可能没有超越大王的人？只是大王有权威，又才智过人，所以那些有能力的臣下不敢说话罢了。长此以往，大王以一人之力对付天下千千万万人，哪里有不失败的道理！”

魏击大吃一惊，只能摆出从谏如流的姿态拉起吴起的手说：“你真是我的谏臣，我听你的。”但吴起的忠言使他感到不舒服。这件事不久后，魏击和吴起讨论国家之宝。魏击认为，魏国的山川之险即国家之宝。吴起却反对说：“魏国处于四战之地，哪有什么山川之险？真正的国宝是政治清明，人才涌动。”

魏击又拉起吴起的手，满脸铁青地说：“你真是我的谏臣，我听你的！”

吴起根本没有注意到魏击的脸色，也可能是不屑于注意。后来，魏击召集一批吴起的政敌，宣布要让吴起担任宰相。这些人狂呼乱喊，认为吴起情商不高，冷酷无情，局限于自己的小圈子中自娱自乐，根本无法胜任调和群臣的宰相之位。魏击就对吴起说：“你看看，这就是民意。”

吴起立即发现自己陷入政敌和魏击设计的包围圈中，如果再不逃亡，他肯定死无葬身之地。放眼望去，吴起相中了楚王国，因为这个庞然大物正在慢性自杀，吴起喜欢挑战，于是逃亡到了楚王国。

熊疑用最高规格的礼节欢迎吴起的到来，两人彻夜长谈，最终决定变法，总指挥就是吴起。吴起对楚王国的整顿先从最麻烦的问题开始。楚王国自成立后，就学习周王国不停地搞分封，熊家子弟即使是白痴，只要不死，就有大片封地，这导致楚王国表面上是一个王国，其实政令不出国都，很难调动全部力量。吴起取消世袭的分封制，今后不再分封，如今存在的封国，三世之后收回爵位。然后是精简官吏，把一大批“无能”“无用”“不急之官”全部裁撤。同时在官场统一价值观：官员必须要做到为“公”而忘“私”，“行义”而不计毁誉，要一心为国家效力。

之后，吴起针对楚王国“地广人稀”的特点，鼓励百姓到人少的地区开拓荒地，土地一多，人民有饭吃，就不必受贵族的剥削，贵族势力立即被削弱，这是一石二鸟之计。

最后，吴起用自己的军事天赋为楚王国组建、训练了一支强大的军队，吴起只用了三年时间，就让楚王国改头换面。楚王国一强大，熊疑马上就到实践中去检验变法成果。

楚兵团先是平定南方的百越，然后吞并陈国和蔡国，又和魏国、齐国交手，连战连捷。楚王国的势力，自熊旅之后再攀高峰。吴起也达到了他人生的巅峰。

但厄运随之而来。公元前 381 年，熊疑去世。那些被吴起搞得生不如死的贵族趁机反扑，把来祭拜熊疑的吴起杀掉。吴起临死前急中生智，用熊疑的尸体作为掩护，那些贵族向他射箭时，也射中了国王熊疑，新国王熊臧（楚肃王）即位后，以为父报仇的名义将那些旧贵族全部诛杀。吴起虽然死了，可他给楚王国留下的法治思想，依然推行，楚王国靠着吴起的思想，一直是战国时期的顶尖强国，直到被秦王国所灭。

吴起这种人，就是电，就是光，就是唯一的神话。他若是佛，天下无魔；他若为魔，天下无佛。他是中国历史上神仙级的人物，所过之处，让你寸草不生，你只能一片荒凉；让你繁花似锦，你必须百花齐放。

战国时期的第一轮变法狂潮以吴起的去世而宣告结束，接下来的第二轮变法狂潮，更加惊心动魄。尤其是商鞅在秦国的变法，更是晴天霹雳。

2／
统一价值观的商鞅变法

楚王国在吴起变法后，霎时变得强大，再次对中原各国虎视眈眈。新兴的田氏齐国最先察觉到这种压力，第四代领导人田因齐（齐威王）请他的宰相邹忌变法。邹忌从齐国的现实出发，以法家“谨修法律而监督官吏”的思维，整顿吏治，亲君子，远小人。田因齐曾活煮了靠贿赂而得到官员好评的阿地的行政长官，这是远小人；又曾越级提拔没有靠贿赂却得到百姓好评的即墨城的行政长官，这是亲君子。对于人才，田因齐如饥似渴，曾一天提拔数十人，战略家田忌和军事家孙膑就是代表人物。最后邹忌认为应君主集权，他说：“最高领导人必须有不封顶的大权，而且要永远握在手中，如此才能集中力量办大事。”

经过邹忌的改革和管仲立下的法治思想交互作用，齐国焕然一新，气势如虹。魏国决心成全齐国的美名。领导人魏罃（魏惠王）为了图霸中国，把都城迁到大梁（今河南开封），公元前354年，赵国进攻魏国的卫星国卫国，魏国当然不能置之不理，于是以宗主国的身份出兵，兵团司令庞涓不救卫国，而是率领兵团主力直奔赵国的经济中心邯郸（今河北邯郸）。庞涓，据说是战国妖人鬼谷子的关门弟子，用兵如神。他绕过乡村，从原野上向邯郸推进，很快就把邯郸包围。

赵国慌忙向正准备一展身手的齐国求救，田因齐和田忌、孙膑商议解救邯郸的对策，孙膑说："不用麻烦，咱们学习庞涓即可。"孙膑，据说是庞涓的师弟。庞涓先出山，到魏国做将军，后来邀请孙膑也下山享受荣华富贵。

但很快，庞涓发现孙膑的军事才能远在自己之上，他认为自己下山后，鬼谷子教给了孙膑神奇的兵法，他希望孙膑和他共享，为了让孙膑安心写出兵法，他挖掉孙膑的膝盖，并把责任推卸到魏王身上。后来孙膑发现了庞涓的阴谋，在老乡齐国人的帮助下，逃回齐国，由于没有膝盖，他只能坐在轮椅上。这一深仇大恨，孙膑发誓要回报给庞涓。

如今，机会到来，孙膑说："庞涓'围赵救卫'，咱们就'围魏救赵'。"田因齐感叹说："不愧是师兄弟，都是一个套路！"

公元前353年，齐国派出远征军，田忌为总司令，孙膑为政委，目的地是魏国都城大梁。由于魏国主力全在围困邯郸，所以齐兵团轻而易举就进入魏国本土，迅速把大梁包围。庞涓在邯郸得到消息后，立即回兵解救。当他走到桂陵（今河南长垣）时，掉进齐国设计好的埋伏圈，魏国兵团大败，庞涓被活捉。孙膑本想报仇，也挖掉庞涓的膝盖，可齐国认为得罪强大的魏国，是不明智的行为。很快，魏国、齐国和赵国坐到谈判桌上，三方达成和平协议，庞涓被释放。

和平永远是变态，战争才是常态，公元前342年，魏国开启对韩国的战争。韩国领导人韩武（韩昭侯）向赵国求救，赵国没有力量出兵，韩国只好向齐国求救。齐国再次出兵，田忌、孙膑故技重演，围魏救韩。同时，孙膑在庞涓回救的必经之路马陵道（今河北邯郸市大名县）设下埋伏。庞涓进入韩国本土后，顺风顺水，正要夺取最后胜利，突然听说孙膑又去围困大梁，气得鼻子都歪了。他想不明白，孙膑这厮为什么总是用这一招。他急忙回救大梁，意料之中的，在马陵道，庞涓陷入孙膑的十面埋伏，全军覆灭，庞涓也被齐军乱箭射死。

庞涓临死前说孙膑"竖子成名"，说明两件事，一是世上太多人输不起；二是庞涓总认为孙膑的军事才能超过自己，这是典型的自卑，由自卑导致失败，符合天理。

齐国因这两次和魏国的战役，称霸天下。孙膑是典型的一招吃遍天下的军事家，这一招就是“围魏救 ×”。一个简单的招数，如果用到极致，那就是绝招。真正的高手，从不玩花拳绣腿，只会一招，也只用一招。

魏国、齐国因改革而称霸中国，韩国、赵国慌张起来。韩国在三晋中力量最弱，可公元前 375 年，它却突然灭掉郑国，将郑国首府新郑改为自己的首府。虽然扩大了地盘，力量却没有跟上来，韩国常常受欺负。

形势紧迫，必须改革。韩武（韩昭侯）要法家巨子申不害改造他的国家。申不害在法家系统中是个离奇的存在，他固然重视成文法的颁布，但更重视国君用“术”：国君平时不要让臣下看出自己的欲望和弱点，让臣下猜不透国君的企图，臣下也就不可能投国君之所好而溜须拍马、弄虚作假，如此，臣下就只能尽力做好分内之事。申不害的思路其实很厉害，他让国君假装无为——不听、不看、不知。但在背后做足功课，做到能听到一切、看到一切、知道一切，如此，君主就无所不能，臣下恐惧，自然安分守己，尽心为君主卖命。

李悝在魏国改革，打击权贵，吴起在楚国改革，也打击权贵，邹忌在齐国改革，还打击权贵，只有申不害似乎对权贵不感兴趣，这并非是因为韩国没有权贵，而是申不害有双重身份，一方面是法家，另一方面则是道家。**道家讲的是明哲保身，真正的改革家必须是置生死于度外的，如果没有这种精神，注定改革大业不会成功，即便成功，也不彻底。**所以，韩国虽然也装腔作势地进行了一场世人皆知的变法，但由于申不害的个人原因，这场改革只是动了皮毛，动了一丁点外科手术，韩国稍有点振作，就很快被其他各国超越，被甩出了几十条街。

紧随韩国改革的是赵国。赵国从晋国分离后，力量最强。但魏国靠变法，跃居其上，本来是兄弟之国，双方却互相恨入骨髓，赵、魏战争连年不断。魏国庞涓后来围困邯郸，若不是齐国出手，邯郸早就成了魏国的囊中之物。赵国经此一痛，赵雍（武灵王）上台后，力行改革，其所改革的重点不是政治，而是军事——推行“胡服骑射”政策，赵国因此称雄一时，扬眉吐气。

但这些国家的变法，只是让人眼前一亮，真正如晴天霹雳的是商鞅在秦国的变法。商鞅变法，是中国历史上最彻底、最立竿见影的变法，把秦国快速打造成了战国时期第一强国。

嬴任好（秦穆公）时代，是秦国最光辉的时代，如果不是晋国阻挡，它很可能东进成功。但嬴任好死后，继任者乏善可陈，秦国文化水准低下，又不引进人才，于是逐渐衰落下去。进入战国时期，很多中原国家都认为秦国是楚王国的卫星国。魏国对它不停地鲸吞蚕食，它连一丁点反抗的力量都没有。

公元前361年，嬴渠梁（秦孝公）上任，国家的破败不堪让他如坐针毡，他发誓要大展宏图，把国家改革成现代化的超级强国。但改革所需的人才，秦国无法出产。嬴渠梁寄希望于天下英才，发出世界级招贤令，只要是能为秦国做出贡献的人，秦国都把他当成座上宾，享受和国君一样的待遇。

远在魏国的卫国人公孙鞅（后称商鞅，因其封地为商地），听闻此消息后，连行李都没拿，只抱着李悝的《法经》一路小跑抵达秦国。商鞅从小就喜欢"刑名"之学（法家思想，主张循名责实，慎赏明罚），钻研透彻，更崇拜李悝，常以"李悝二世"自诩。他跑到李悝的发迹地魏国后，在丞相公孙痤手下当幕僚。公孙痤多次想提拔他，但都被私欲阻拦，因而商鞅郁郁不得志。于是他跑到秦国，花了一大笔钱才打通关系，见到嬴渠梁。

嬴渠梁和商鞅长谈三次，终于确认商鞅就是他的"意中人"，如同当年姜小白让管仲放手去干一样，嬴渠梁也让商鞅放手去干。嬴渠梁比姜小白更伟大的地方在于，管仲是齐国人，而商鞅是外国人，把全部权力交给素不相识的外人，这是嬴渠梁气度不凡之处。

公元前356年，商鞅开始对秦国实施变法，其愿景很简单：富国强兵。要实现这个愿景，在商鞅看来更是易如反掌。他分七步走。

第一步，把秦国百姓编成五家（一伍）或十家（一什）为一组，互相监督。一家犯法，同组其他家要检举告发，倘若藏匿罪犯，则判死刑。如果检举本组以外的罪行，则赏赐。这就是"连坐告奸法"，这种规定建立在严格的户籍制度之上，加强了对百姓的控制。"连坐告奸法"打破了周礼"子为父隐，父为子隐"的"亲亲"宗法关系，形成了区别于从前亲情和法律纠缠不清的崭新法律观。“连坐告奸法”在后来的儒家学派眼中罪大恶极，不仅因为它破坏了“亲亲”原则，还让百姓没有了道德感，变成冷血无情的内鬼、监视者。儒家注重人际关系，商鞅则把人际关系彻底砸碎，让法律归法律，人际归人际。用百姓控制百姓，从而节约了行政成本，这是“连坐告奸法”的厉害之处。

第二步，一家有两男以上，必须分居，倘若仍然啃老，要加倍缴纳赋税。这是增加生产和人口的手段，同时，也改变了秦国的风俗。那时秦国一家老小往往都挤在一张床上睡觉，这很不体面。同时，将一家人分成两家，那就必须建造房屋，建造房屋需要各种建筑材料，如此，可以带动经济发展。

第三步，大力奖赏耕田、织布成绩优异的人，而耕田、织布一塌糊涂的人，则会受到严厉惩罚。奖赏耕田的同时，商鞅抑制商业。中国古代“重农抑商”的国策，是知行合一，实事求是。中国东南是大海，西北是沙漠和高山，这样的地理条件让中国人很难走出去，如果鼓励经商，由于经商比务农利润大，大家都不会务农。倘若没有了粮食，又无法从外部输入粮食，中国必是死路一条。

第四步，爵禄不能由君主定，而由军功定。军功大则爵禄高，军功小则爵禄低，没有军功的贵族，即使富得流油，也禁止享受。也就是说，虽然是贵族，如果没有军功，也活不好；虽然是平民，只要有军功，那就能进入贵族行列。

第五步，禁止私斗，任何人有争执，必须经过国家设置的法庭和法官裁决，否则，视为违法，从重处罚。中国古代私斗很兴盛，这是典型的人民内耗，不利于人口发展。两人的私斗很容易演变成两群人的械斗，商鞅设置法庭和独立于地方行政长官的法官来处理民间私斗，这个法官直接受中央政府指派，他不但有权处理民间私斗，还有权监督地方行政长官的法律颁布和行政效率。这是中国法治思想最先进的地方，将行政和司法一分为二。但秦朝灭亡后，历朝历代又将行政司法合二为一，地方长官既是行政长官又是司法官，这是法治的倒退。

第六步，全国统一度量衡。度是计量长短用的器具，量是测定计算容积的器皿，衡是测量物体轻重的工具，将这些统一后，会让经商买卖更公平，税收更划一。

第七步，焚书令，把那些和法家思想相抵触的书籍全部搜剿和烧毁，这就叫统一思想。

商鞅把这些条例写进秦法，规定一切都以法律为准绳，法律面前人人平等，即使是太子触犯法条，也要受惩。任何特权阶级都是在法律之上的，所以当法律是权威时，特权阶级就被干掉了。

商鞅变法，是对秦国进行了一次彻底的整改。归根结底，变法就是改变人的价值观。从前的秦国人，喜欢啃老，喜欢私斗，贵族喜欢享受，对国家从未有半点责任心。商鞅用各种法条将这些腐烂的价值观改变，激活了平民的积极性，遏制了贵族的特权，秦国面貌自此焕然一新。十七年后，秦国独霸天下。

为什么商鞅变法能在秦国取得成就，一个根本原因是，秦国的文化水准极低，人民没有任何思想包袱。一个空杯子，总容易装进水。但其他国家不同，它们的文化过于深厚，如同装满了水的杯子，想要装进去水，有极高的难度。中国的老子说："优势有时候就是劣势，劣势有时候就是优势。秦国就是绝佳的例子。"

据说商鞅把法律条文拿给嬴渠梁看时，嬴渠梁胆战心惊地问："那些贵族能支持吗？"

商鞅回答："我们何须他们支持，只要老百姓支持即可。"

嬴渠梁更加担心地说："老百姓对政府那是死都不信的。"

商鞅说："老百姓不信政府，是因为政府只说不做，政府要取得老百姓的信任，必须讲诚信。"

他在国都南门竖了一根木头，下令说："谁若能将这根木头扛到北门，就赏十金。"

那根木头很轻，十岁孩子都可以扛动，所以没人相信政府的鬼话。商鞅又把赏金提到五十金。终于有个胆大的人站出来，把木头扛到了北门，商鞅当场兑现诺言，赏赐那人五十金。至此，老百姓都知道商鞅主导的政府言出必行，知行合一，商鞅立即宣布法令，民众欢呼雀跃。

民众的反应是积极的，因为商鞅变法中，民众可以通过努力耕田和作战快速改善生活现状。但贵族激烈反对，因为从前不需要任何努力的特权，正在渐渐消失。商鞅的法令面临掣肘，举步维艰。正在此艰难时刻，嬴渠梁的长子嬴驷犯了新法，商鞅立即逮捕了嬴驷，说："法令之所以不能贯彻，就是因为居高位的人以为可以置身法外，而先犯法。"

嬴渠梁见商鞅玩真的，急忙出来求情，商鞅说："嬴驷是未来的国君，当然不能施刑，但法治绝不能例外，那就处罚嬴驷的老师！"

"法律面前，人人平等"在古代中国纯属伪命题，最高领导人永远不会受到惩罚，即使受惩罚，也是移花接木，凌空蹈虚。若干年后的曹操违反禁令，按法律规定需要砍头。曹操辩解说："我要领兵打仗，所以不能没有人头，只能割掉头发来代替人头。"这和嬴驷犯法，不处罚他而处罚他的老师如出一辙。

于是，嬴驷那个倒霉的老师被揪出来，按刑法规定，施以割鼻刑罚。嬴驷看到老师没了鼻子，一说话哼哼唧唧，怒不可遏，他把商鞅恨入骨髓，发誓必十倍奉还。

商鞅可不管谁恨他，他从改革的那一刻起，就已把生死置之度外。改革家冒险、偏执、孤注一掷的精神，他统统具备。经过立木为信和割掉嬴驷老师的鼻子这两件事后，整个秦国都知道商鞅言出必行，赏罚分明。赏，绝不吝啬；罚，绝不通融。于是都遵守法令，不敢有半点轻忽。

商鞅变法十年后，秦国只剩下四种人：国君、军人（男）、农民、预备役（女人、老人、小孩），这是一个典型的军事之国，而且国富民强，天下无敌。

公元前 353 年，秦国最大的敌人魏国败于齐国。第二年，嬴渠梁抓住机会，向魏国复仇。从前吴起在魏国，秦国根本不是对手，现在吴起离开，魏国又刚战败，秦国用多年改革成果轻而易举击败了魏国。正是从这一年起，秦国受魏国欺负的屈辱日子结束，轮到魏国被秦国欺负，一直欺负到魏国灭亡。

击败魏国两年后，嬴渠梁把国都迁到咸阳（今陕西咸阳），秦国这轮红日，从咸阳城冉冉升起，照瞎了东方六国的双眼。商鞅进行了一场行政改革，推倒封建制下各封区的围墙，把全国分为三十一个县，由中央统一管理，秦国率先从封建制进入郡县制。

公元前 342 年，魏、齐两国再次爆发大战，魏国再度大败。第二年，商鞅趁魏国未恢复元气时，对魏国发动全面进攻，魏国当时发出了“虎狼之秦”的悲鸣，主力部队全军覆没。自此，魏国实质上已成为秦国的卫星国，只能看秦国脸色活下去。

商鞅为秦国贡献了全部智慧，让秦国脱胎换骨，凤凰涅槃。但商鞅显然被中国历史学家们高估了，他的能力远没有超越同行，如李悝、吴起、申不害。他之所以在秦国变法大获成功，只不过因秦国乃一空杯，而李悝、吴起、申不害所改革的国家是满杯，向空杯里注水当然要比满杯容易得多。也就是说，在固有基础上修补的难度要远大于另起炉灶。

商鞅最后得到了一个伟大改革家应该得到的回报——嬴渠梁去世后，那些被他打压的贵族势力趁机反扑商鞅，嬴驷（秦惠文王）接受民意，将其车裂。

战国时期的变法洪流以李悝在魏国变法为开始，以商鞅在秦国变法为结束，各国都拼命地改变旧的价值观，创造新的人生观。唯一死寂的是战国七雄中的燕国，它在中国的东北，严寒似乎让人的头脑没那么灵敏，所以，当所有国家都在变法图强时，只有燕国悄无声息。春秋时期，燕国就闭关锁国，进入战国，它仍然闭关锁国，没人知道它在干什么，直到秦国变法几十年后，它才被迫进入世人视野，让人意想不到的是，它居然表现不俗。

不过，我们接下来要说的不是燕国的表现，而是战国时期最精彩的文斗篇章——合纵连横。

3／
合纵连横

秦国东进，拦路石是魏国。但秦自商鞅变法后，已经将此拦路石磨得光滑无害，魏国每日胆战心惊，它发现单打独斗已无力对付秦国，于是向齐国抛媚眼。公元前334年，魏国领导人魏罃（魏惠王）和齐国领导人田因齐（齐威王）捐弃前嫌，互相承认对方为国王（田因齐早在公元前356年即称王），这两人同时承认对方为国王是个重大信号，此前，中原各国虽已和周王国平起平坐，甚至已超越周王国，但还遮遮掩掩，不称王。现在，连这块遮羞布都拿掉了，可见，在这些诸侯眼中，周王和死人没两样了。

齐、魏称王后第二年，韩国领导人韩康也马上称王。战国七雄中，已有了四个王国（楚王国、齐王国、魏王国、韩王国）。问题是，把封国升级为王国，并不能升级力量。魏王国依然受到秦国的打压，呼吸困难，韩王国也深受秦国兵团侵袭困扰。其他各国虽然还未和秦国交手，却也感觉到冷风从西面吹来。

在这种情况下，"合纵连横"上演。"合纵"是由洛阳人苏秦提出的，思路是由秦之外的其他六国从南到北联合向西攻秦。"连横"则是由苏秦的同学张仪提出的，用来化解"合纵"，即秦国应与每一国联合，并给予秦国许诺的绝对安全。

"合纵"是巧合，苏秦和张仪都是鬼谷子的弟子，孙膑和庞涓从鬼谷子那里学兵法，苏秦和张仪则学习靠嘴皮子得富贵。苏秦先出山，凭借鬼谷子传授的审时度势之术，他看到只有秦国可以给自己带来荣华富贵和绝对安全。于是他风尘仆仆地跑到秦国，对秦人提出“连横”之策，意在各个击破。但至于击破六国后该如何，苏秦没有这样的远见卓识。

苏秦谈“连横”时，情绪激动，唾沫星子横飞，这让刚进入中华文化圈，时刻讲究礼仪和分寸的秦国人很鄙视他。苏秦恼羞成怒，发誓要和秦国作对到底。他失魂落魄地回到洛阳家中，老爹老妈不理他，尤其是他嫂子，连口热饭都不给吃。苏秦拿出当年如勾践的精神，忍辱负重，“头悬梁，锥刺股”，将老师鬼谷子所教授的学问重新学过，三年后，苏秦认为掌握了成功的奥秘，离开洛阳。这一次，他决心游说东方六国，与秦国为敌。

苏秦的游说思路直指人心弱点。人人都喜欢被重视，所以苏秦先把东方六国吹捧到天上，然后话锋一转，分析利害关系，例如，秦国是虎狼之国，很可能吞并全世界，当然就包括他说服的对象。最后，指出利害，利是大家都联合起来干掉秦国，害就是大家各自为政，被秦国消灭。

东方六国全被他说服，授予他宰相的大印。于是，苏秦挂着六国相印，丁零当啷地衣锦还洛阳。洛阳的周天子跑出来迎接老乡，洛阳人把地面打扫得一尘不染，苏秦鲜衣怒马、仆从如云，如佛祖普度众生一样进入洛阳城。他看到自己的嫂子匍匐在地，像蛇一样爬行。

苏秦问：“你当初对我那样，现在对我这样，为何？”

苏秦的嫂子说出了人心：“因为您现在位高而多金啊。”

苏秦仰天长叹说：“世人都是势利眼啊，在这种势利眼社会，怎么能不玩命奋斗啊！”

“合纵”战略落实后，东方六国精诚合作，派出精锐组成联合军，向西进发。秦国慌了，匆忙迎战，联合军和秦军在函谷关外展开激战，秦国大败，只能向东方六国求和。

自商鞅入秦后的五十余年，秦国总是如巨兽般吞噬别人，如今却反过来被别人吞噬，受到压制，整个国家被不祥的乌云笼罩。

正当秦国自怨自艾时，楚王国帮了它一个大忙。苏秦的师弟张仪当时在楚王国政府，他有卓越的智慧，却不受重用。某次，他参加一个宴会，宴会即将结束时，主人突然大喊大叫说自己的传家宝（一块玉）丢了。张仪向来品德不怎么样，所以大家都怀疑是他偷的，结果搜身后没有发现，可大家认定就是他偷的，于是把他打个半死。张仪被人抬回家中，他妻子哭得梨花带雨，说："还没有得到荣华富贵，就被人揍成了猪头。"张仪伸出舌头说："你看我舌头还在吗？"

他老婆抹掉眼泪说："在。"

张仪说："那就好，只要舌头还在，就不愁荣华富贵。"

于是，他离开楚王国，进入秦国。通过各种贿赂，终于让秦王知道了他的大名。秦国正懊悔失去苏秦，如今听说苏秦的师弟来了，乐不可支，急忙召见张仪，张仪满嘴跑火车似的提出"连横"之策。秦国人按照他的计策，把苏秦的攻心术复制了一遍。他们分别对各国说："你如果退出'合纵'联盟，我就给你金钱和土地，比你在联盟中得到的多得多。"这是眼前利益，只有有高度智慧的人才能看清，也只有知行合一的政治家才能拒绝。可惜，东方六国缺少这样的人，于是纷纷退出"合纵"联盟。一手挑起"合纵"的苏秦当时正在齐国，发现"合纵"失败，要逃跑时被齐国所杀，"连横"暂时干掉了"合纵"。

秦国重回巅峰，公元前 325 年，嬴驷称王，此后，赵国、燕国领导人也称王，至此，中国进入王国林立时代。嬴驷称王后，特别担心东方六国再发起"合纵"运动，而"合纵"运动的中坚力量就是楚王国、齐王国。更要命的是，这两个国家正在友好往来。秦王国必须先彻底破坏楚王国和齐王国的关系，然后才能高枕无忧地对付楚王国。秦王国先灭掉了富得流油的四川盆地的蜀国、巴国，然后武力逼迫魏王国、韩王国和自己结盟，从而形成了秦王国、魏王国、韩王国与齐王国、楚王国对立的两方集团。

公元前 314 年，齐王国趁燕王国内乱（领导人姬哙把王位禅让给宰相，从而引起姬姓贵族的反击），突下重手，只用了五十余日就攻下燕王国首都，燕王国全部沦陷。秦王国担心齐王国坐大，马上召集各国准备攻齐，齐王国领导人田辟疆（齐宣王）向盟友楚王国求救，楚王国也担心齐王国坐大，劝田辟疆见好就收。田辟疆只好带着燕王国的金银财宝返回齐王国，燕王国不会忘记此深仇大恨，更不会原谅。王国新领导人姬职（燕昭王）暗暗发誓，即使宇宙毁灭，也要向齐王国讨还这笔血债。

齐王国灭燕王国时，秦王国进行第二步——破坏楚王国和齐王国的友好关系，张仪主动请缨，他当初在楚王国吃过大亏，现在决心报仇。秦王嬴稷（秦昭襄王）同意了，张仪到楚王国后，对国王熊槐（楚怀王）说："如果您和齐王国绝交，秦王国愿意把商鞅的六百里封地商、於割给楚，两国结成兄弟。"

熊槐知道张仪是个满嘴跑火车的人，但他仍抱有一丝希望，认为张仪是代表秦王国，而不是他自己。于是，他派人到齐国把田辟疆臭骂一顿，宣布绝交。田辟疆呆若木鸡，以为熊槐的脑袋被驴踢了。和齐王国绝交后，熊槐就派人随张仪去秦王国拿报酬。张仪回秦王国后，闭门谢客，熊槐的使者进退两茫然，熊槐那颗被驴踢了的脑袋认为，张仪担心楚王国和齐王国的绝交不彻底，所以又派使臣到齐王国，把田辟疆骂得狗血喷头，田辟疆见过精神分裂的人，却从未见过如此分裂的人，愤怒之下，通告天下，齐王国和楚王国正式绝交。

熊槐满心欢喜，催使者见张仪。张仪和楚使见面，听了使者要商、於六百里土地的要求后，故意惊骇地道："你家大王肯定听错了，我说的是秦王赏赐给我的六里土地，哪里来的六百里？"

使者回告熊槐，熊槐气得脑血管险些崩开，公元前 312 年，楚王国动员兵力，对秦王国开战。双方在丹阳（今河南丹水）决战，楚王国大败，损失八万精锐，还丢失了上庸（今湖北竹山县）。熊槐不甘心失败，不久，一气之下又发动了一场大战，双方在兰田（今湖北钟祥市西北）激战，楚兵团又大败，而且比上次还要惨。秦王国在和楚王国交战时，又让魏王国和韩王国趁火打劫，攻击楚王国的邓（今湖北襄樊）。熊槐这时才想起当年的盟友齐王国，不禁捶胸顿足，气得狠抽自己耳光。

齐王国此时也发现，秦王国正在超越自己，于是再次上演，"合纵"，齐王国联合各国，并真诚地邀请楚王国参加。秦王国立即对楚王国说："我把上庸还给你，你不要参加那个破联盟。"熊槐又昏聩起来，马上退出"合纵"联盟。公元前 303 年，齐王国联合魏王国、韩王国攻击楚王国，楚王国把太子熊横

（后来的楚襄王）放到秦王国做人质，请得秦王国的救兵，才把三国吓退。第二年，熊横因私斗而杀了秦王国一名官员，逃回国内。秦王国大怒，要熊槐到秦楚交界的武关道歉。所有人都劝熊槐不要去，可熊槐惧秦已如老鼠怕猫般。他心惊胆战地到达武关，秦国立即关闭城门，把熊槐活捉，并逼迫他签订割地条约，熊槐死都不从。公元前 296 年，窝囊透顶的熊槐病死在秦王国，儿子熊横即位。楚王国经秦王国的多次戏弄、两次大战的惨败后，再也没有力量和秦王国抗衡。

秦王国放心地把目光转向齐王国。秦王国对付齐王国，要远比对付楚王国艰难。齐王国远在东方，实力强悍。秦王国要和齐王国短兵相接，必须经过魏国、韩国、宋国，长途跋涉之下，穿越敌友难分的几个国家，和强大的东方大国对战，秦王国没有这个信心，但齐王国有。公元前 298 年，齐王国领导人田遂（齐闵王）重提“合纵”，带领韩、魏伐秦。联军来势汹汹，秦王国不敢应战，急忙割地求和。这是“合纵连横”时期，东方六国最大的一场胜利。

秦王国必须采取措施，搞定劲敌齐王国。公元前 288 年，秦王国领导人嬴稷（秦昭襄王）和齐王国领导人田遂建立伟大友谊，同时把“王”提升为帝，嬴稷为西帝，田遂为东帝，这意思已很明显：两人要瓜分世界。东帝瓜分东边，西帝瓜分西边。

两个当时世界上最强的王国开始谋划，齐王国先对宋王国开战，仁义“透顶”的宋王国根本无力抵抗强悍的齐王国，宋王国灭亡。齐王国势力达到巅峰，各国对其侧目而视。田遂的参谋苏代提醒田遂：“东、西二帝的招牌是秦人的诡计，目的是让齐王国自绝于东方五国。”田遂认为苏代的分析正确，马上取消“东帝”的称号，秦王国发现诡计未得逞，也悄悄地摘了“西帝”的牌匾。

秦王国本以为齐王国很难对付，但秦王国有超好的运气，因为齐王国的死对头燕王国复兴了。

4／
秦王国一家独大

燕王国领导人姬职自公元前 312 年即位后，发愤图强，埋头苦干，经过二十八年的艰苦奋斗后，燕王国人才济济，国力强盛，姬职用武力把东北方向的东胡、朝鲜变成燕王国的卫星国。公元前 286 年，齐王国灭宋王国，各国震悚。姬职趁此良机，派出无数使者到各国大谈“齐王国威胁论”，各国纷纷认可姬平的看法，秦、楚、韩、赵、魏五个王国秘密加入伐齐联盟。

第二年，以燕王国为首的讨齐联军准备完毕，姬职任命大将乐毅为统帅。乐毅是战国初年名将乐羊的后代，乐毅靠家族遗传，有着超绝的军事天赋。他统兵对齐王国发起闪电战。齐王国根本不相信燕王国会有如此大的冲击力，直到燕兵团抵达临淄城下，田遂才想到集结兵力，但为时已晚，乐毅很快攻陷临淄，其他各国也在各个位置吞食齐王国。田遂慌张逃跑，很快被楚王国占领军所杀。乐毅按国王姬职的指示，在齐王国境内暴风般扫荡，齐王国七十余城全被攻陷，只剩下莒城和即墨城，城主是田单，一个中国军事史上的传奇人物。

齐王国在如此快的时间里沦陷，让人唏嘘。而田单在即墨城中的表演，却让人叹为观止。即墨城是齐王国的大城，但远没有国都临淄坚固，田单只有几千士兵，乐毅却有几十万人，可从公元前 284 年直到姬职去世的前 279 年，乐毅始终没有攻下即墨城。

乐毅不但是个军事家，还是个出色的政治家，他在一鼓作气荡平齐王国后，马上下令部队禁止侵掠，以仁义行事，他希望用文化把齐王国改造成燕王国的附属国。但这种智慧，不是低智商的人可以明白的。燕惠王（名不详）即位后，就很不理解乐毅的行径，多次训斥乐毅办事不力。田单得到情报说，燕惠王做太子时和乐毅有过节，于是派间谍到燕王国散布谣言说："乐毅横扫齐王国七十余城易如反掌，为何几年时间都打不下即墨城？原因是乐毅和齐王国人暗中有往来。"燕惠王勃然大怒，临阵换将，让骑劫取代乐毅。田单恐惧乐毅，却不怕骑劫，他用火牛阵（一千头脾气暴躁的牛，犄角捆绑钢刀，尾巴点火，趁夜在城墙上凿开窟窿，让牛经过）大破燕军，骑劫被杀，燕王国兵团溃败。田单乘战胜余威，如狂风般扫荡齐境内的燕国人，很快，七十余城全部收复。

燕王国灭齐是奇迹。田单复齐，更是奇迹。这两大奇迹造成的结果是，齐王国几百年积累的力量被一次掏空，退出一等强国之列，而燕王国虽然复仇成功，却先胜后败，也没有因灭掉强国齐王国而变成强国。两个奇迹成就了秦王国，它放眼四望时，能和它过上几招的只有一个赵王国了。

战国初期，魏国称霸，赵国总受魏国欺压，后来魏国衰落，赵国又投奔齐国，和北部的燕国一样，赵国籍籍无名。而原因是它屁股后面有个讨厌的中山国。中山国是中国北方文化水准相对较高的狄人所创建的，进入战国时期，始终很活跃，曾经和魏国较量，但被魏国乐羊打残，复兴后国力稍有减弱。公元前330年左右，中山国称王国，随后不停地欺负弱小的赵王国。公元前307年，赵王国领导人赵雍（赵武灵王）为了消灭中山国，开始在国内进行改革，史称"胡服骑射"（百姓改穿短小精干的胡服，训练骑兵）。经过十年的改革，赵王国的军事力量异常强大，赵雍灭掉中山国，没了后顾之忧。秦王国也没有了楚王国和齐王国这两个强劲的对手，当时世界上最强悍的两个军事集团不期而遇。

嬴稷（秦昭襄王）即位以来，对外战争屡屡成功，只有对赵王国，败多胜少。公元前270年，秦兵团进入赵王国本土，双方在阏与（今山西和顺）展开会战，结果赵兵团把秦兵团打得落花流水，嬴稷险些没哭死。第二年，不甘失败的嬴稷再度出兵，攻击韩王国，战略意图是以韩王国为跳板，攻击赵王国。

韩王国节节败退，丧失大量国土。公元前262年，秦王国攻陷韩王国军事重镇野王（今河南沁阳），如此一来，韩王国首都和北方土地面积多达两万平方公里的上党郡（今山西长子）的联系被切断。上党郡军政长官冯亭孤立无援，既得不到首都方面的指示，又不想投降秦王国，所以他自作主张向赵王国投降。

赵王国国王赵丹（赵孝成王）和群臣立即商议是否吃了这块肥肉，所有人都被贪欲吞噬，认为绝对可以，只有老将廉颇反对，他说："吃了它容易，可最终还是要吐出来的，与其之后吐出来，不如现在不吃。"

赵丹可不管，他对廉颇说："我先吃了，如果有人要咱们吐，那就是你的事了。"

于是，赵王国派兵接管上党郡，秦王国对这种赤裸裸的横刀夺爱行为暴跳如雷。公元前260年，秦王国动员全部现役部队向上党进攻。赵丹立即派遣廉颇率领援军增援，可当廉颇到达时，上党已被秦兵团攻陷。秦兵团不但攻陷上党，还和前来增援的廉颇交火，廉颇知道秦兵团的力量，所以节节后撤，最后撤到长平关（今山西高平），修筑坚固的防御设施，坚守不出。

廉颇的念头是，秦兵团远道而来，粮草有限，只要坚守不出，耗尽其粮草，它必然撤退。在它撤退时，再寻找机会将其击溃。

秦兵团司令王龁也是名将，他看透廉颇在想什么。秦王国中央政府也知道，于是他们派间谍到赵王国都城邯郸（今河北邯郸）散播谣言说："廉颇已老，根本不中用。秦王国最害怕的是大将赵括。"

赵丹果然中计，不过不是被动中计，而是主动中计。秦王国固然远道而来，粮草缺乏，可赵王国前一年闹了饥荒，粮草也没那么丰盈，廉颇带领十万赵兵团主力，每天的军粮就是很大的问题。赵丹最担心的是，不等廉颇把秦兵团耗走，自己就先饿肚皮了。

他当机立断让赵括接替廉颇，下令全国总动员，把后备力量全部投入战场。赵括是赵王国名将赵奢的儿子，从小熟读兵书，和老爹赵奢辩论，能把赵奢辩成哑巴。和廉颇大大不同，赵括是少壮派军官，善于进取，喜欢掌握主动，打破现状，攻敌人于不备。

秦王国得到赵括接替廉颇的消息后，狂喜不已。前线司令官王龁也兴奋得发狂，但国王嬴稷却对王龁说：“赵括不是你的菜。”王龁正在不解时，嬴稷任命大将白起为前线总司令官，将王龁降为副司令，和赵王国一样，嬴稷也把秦王国的后备役全部投入战场。

秦王国上下神经绷紧，这是当时世界上最大的一场会战，秦王国动员了六十万兵力，赵王国方面的兵力则在四十五万以上。两支集团军陆续增兵长平。

赵括先发制人，拆除廉颇修筑的坚固壁垒，用精锐力量攻击秦兵团的脆弱位置，只要能攻破一点，就可采用大鹏展翅战术，在秦军阵营中左右展开，使其全线崩溃。

白起征战多年，立刻看透了赵括的战术思路，于是假装退却，又故意放开一个小口，引赵括进来。赵括进入秦兵团后，还未等左右展开，白起就下令兵团化整为零，分批分队地向赵括进攻。赵括此时才明白自己中计，厄运来临。更让他感到意外的是，白起在他忘我地进攻时，派出一支机动部队切断了他和长平关阵地的联系。

赵括兵团被一分为二，缺少粮草，他不停地发动凌厉的进攻，试图突破白起的包围，可秦军顽强抵挡，赵括根本没有机会。

不过，赵王国的骑兵在战国时代天下无敌，赵括率领的这支骑兵部队虽然没有冲破白起的包围，却让秦军付出了惨重的代价。于是白起环绕赵括构筑坚固的堡垒，要把赵括活活困死。

在内无粮草、外无援兵的情况下，赵括兵团支撑了五十天，终于做最后的突围。他把骑兵团分为四个部分，盯准白起构筑的堡垒的某一点，持续不断地实行精准攻击。不过，赵括兵团已人困马乏，攻击力度越来越小，白起见反击时机已到，下令收缩包围圈。赵括死于乱箭之下，赵集团军全部投降，包括在长平关努力营救赵括的那些部队。

四十余万经过专业训练的士兵，虽然已放下武器，可他们只要拿起武器就又是骁勇善战的军人。白起绝不允许赵王国再有力量和秦王国对抗，下令将赵军四十万俘虏坑杀。

这就是长平之战，也可以称为长平惨案。长平惨案后，白起故意留下几个赵军俘虏，让他们回到首都，把恐怖散布给赵人。百姓哭天抢地，赵王国俨然成为地狱。

赵括主动进攻的思路本没错，因为赵王国的变法只在军事上，赵王国只是军事强国，并不是政治、经济强国，长久的拒守显然不利于赵王国。赵括的悲哀就在于遇到的对手是屠夫白起，白起在战场上狡诈、冷酷、高效，不是书呆子赵括能对付得了的。

审视长平之战，秦、赵两国都用尽了全部力量，这不是一场战役，而是一场赌博，赌注是双方的国运。结果，秦王国赌赢，赵王国赌输。从此，再也没有任何力量可以与秦王国抗衡，秦王国一家独大，统一中国，已成定局。

长平之战一结束，秦王国马上集中兵力围攻赵王国首都邯郸，希冀彻底消灭赵王国。雄伟而悲伤的邯郸城成为赵王国最后的防线，长平之战的噩梦让赵王国化悲痛为英勇，秦兵团使出了吃奶的力气，多次临阵换将，也无法攻克邯郸。

两年后的公元前 257 年，楚王国的黄歇（春申君）和魏王国的魏无忌（信陵君）说服他们的国王救赵。

魏王国先出兵，大将晋鄙率领十八万大军进驻汤阴（今河南汤阴）后不再前进一步，魏无忌明白，这是魏王国长久以来形成的“畏秦如虎”的心理疾病。魏无忌设法偷了国王魏圉（魏安釐王）调兵遣将的虎符，假传王命，击杀晋鄙，夺取了军队指挥权，与此同时，黄歇也带兵赶到，双方合力攻击围攻邯郸的秦兵团，赵兵团和城外的魏、楚兵团内外夹击，秦兵团大败，长达两年的邯郸之围解除。

邯郸之围虽解除，东方六国注定灭亡的命运却依旧，只不过是时间问题。但秦王国也有风险，这就是“合纵”。东方六国，单拿出任何一个，都是秦王国的下酒菜，可如果东方六国重提“合纵”，联合起来，那就成了一根难啃的骨头。嬴稷恐惧这点，他的宰相范雎适时地提出伟大的战略发明——远交近攻。即和远方的齐王国、燕王国建立友谊，对近处的魏王国、韩王国、楚王国、赵王国实行军事打击。同时，派遣大量间谍到各个国家收买奸臣，让他们说服自己的国王，不要“合纵”。

这套高明的发明，让“合纵”人间蒸发，秦王国再无忧虑，开始了它统一中国的步伐。最先被秦王国灭掉的不是东方六国，而是那个好像早已退出地球的周王国。

公元前256年，嬴稷进攻西周国，西周国灭亡，曾经被熊旅（楚庄王）询问过的那九个大鼎迁至秦王国。六年后，嬴稷又灭掉东周国，周王国彻底灭亡。

秦王国本来可以乘胜进攻，加快消灭东方六国的步伐，可嬴稷去世后，嬴柱（秦孝文王）在位三天，就因病而死。嬴楚（秦庄襄王）在位三年，又死掉了。他的儿子、年仅十三岁的嬴政即位，大权落在丞相吕不韦手中。由于领导人的短命和年幼，秦统一中国的时间被延后。许多神奇的故事，也从此发生。

5／
吕不韦、李斯和韩非

吕不韦是中国历史上最伟大的投资人，他投资了一个国王，利润是当时世界上最强大国家的丞相。吕不韦是卫国人——注意这个小国，它异常神奇，人才辈出，却一个都未留住。卫国人商鞅、吕不韦、吴起，如果有一人能被留住，那卫国肯定会成为战国第八雄。

吕不韦早年往来各国做生意，后来在赵王国见到落魄的秦国人质嬴楚。他突然眼前一亮，认为发现了金矿，于是失心疯似的跑回家问老爹："如果能将一个人投资成国王，获利多少？"

他老爹惊愕地张大嘴，大到可以塞进一个大苹果。吕不韦说："我发现了一个奇货，此人是秦王国太子嬴柱小老婆的孩子，国王嬴稷已经很老，马上会死，嬴柱肯定即位。而嬴柱大老婆没有儿子，我有把握将其投资成秦王国国王。"

吕不韦的老爹认为儿子疯了，但吕不韦知行合一，想到即做。他先结识嬴楚，让他过上公子哥而不是人质的幸福生活，接着就跑去秦王国，靠金钱和谄媚打通高层，最后见到了嬴柱的大老婆。吕不韦给她分析利害说："现在您丈夫的儿子中，只有嬴楚最落魄，如果在此时您能将他扶正，他会感激您八辈子。"这就是烧冷灶哲学。

嬴柱的老婆被说动。吕不韦再跑回赵王国，用金钱买通赵王国高层，悄悄释放了嬴楚。嬴楚回国后不久，嬴稷去世，嬴柱即位，三天后，嬴柱去世，死因不明，嬴楚成为国王。吕不韦水涨船高，成为秦王国丞相，当然还有享不尽的荣华富贵。

嬴楚在位三年去世，儿子嬴政登位，称吕不韦为仲父（姜小白称功勋盖世的管仲也才为仲父），因嬴政幼小，所以吕不韦独揽秦王国大权。现在，吕不韦要风得风、要雨得雨，抵达人生之巅。

如果吕不韦到此为止，他也不过是个生意人或者是政治家，但他下面要做的这件事，已完全符合圣人的标准，这就是编辑《吕氏春秋》。

战国时期不但是各国蜂拥变法的时期，还是人才大喷发的时期，满大街都是人才，政府里人才聚集。各国都从本国或其他国的盛衰中得出一个结论：世界上最贵的不是赵国的和氏璧，也不是周王国的九鼎，而是人才。为了得到人才，各国竭尽所能，于是诞生了四君子：赵王国的赵胜（平原君）、楚王国的黄歇（春申君）、齐王国的田文（孟尝君）和魏王国的魏无忌（信陵君）。

这四人都是本国的大官巨富，靠政府财政和自己的人格魅力到处礼贤下士，豢养各种人才，这些所谓的人才被称为门客。他们中的确有艺高胆大者，比如在孤城下自荐去请救兵的赵胜门客毛遂，偷窃魏王虎符的魏无忌门客侯嬴，更多的却是鸡鸣狗盗之人。四位君子豢养这些门客，更多的是炫富，是追潮流，实际用处很少。

养门客之风自然也传到秦王国，吕不韦花重金到各国去挖门客，靠着金钱和权威以及尽心尽力，吕不韦的门客数量很快超越了四君子，成为秦王国一道亮丽的风景线。

吕不韦的门客质量很高，他把这些人集合起来，按他自己的想法编辑思想巨著《吕氏春秋》。“春秋”有“以史为鉴”之意，“吕氏”则是吕不韦，《吕氏春秋》是吕不韦给世人看的治国平天下的教科书。

《吕氏春秋》的内容极为庞杂，都是吕不韦的门客所撰写、收集、整理，高雅点说，它是当时世界上各种政治思潮和各种学术流派的集大成者，直白而言，它则是当时世界上所有精英思想的大杂烩。这本书生吞活剥了各家学派思想，俨然是抄袭，吕不韦侵权很严重，但没有人起诉他。这正是古代中国人的特别之处，别人的思想倘若好，那就直接拿来用，毫无版权意识。

《吕氏春秋》定稿后，吕不韦扬扬得意。他把稿子挂到咸阳城最大的城门口，许诺谁能修改一字，就赏赐千金。自然，没有人能得到这千金，因为吕不韦是丞相，一人之下、万人之上的人，绝对不会有错。

我们必须强调的是，《吕氏春秋》没那么简单。在《吕氏春秋》的序中，吕不韦就单刀直入道："（我是想）学黄帝之所以诲颛顼矣。"

黄帝是中华的开山老祖，颛顼是他的孙子，黄帝教诲颛顼说："如果你能效法天地，就可以做人民父母了（大圜在上，大矩在下，汝能法之，为民父母）。"

这意思是，老子我是黄帝，你嬴政就是颛顼，我教导你，天经地义。当然，这并未引起嬴政十足反感，当时嬴政正处于好学不倦的年龄，被人教导对他而言是好事，至少不会引起嬴政的特别警惕。

但吕不韦在《吕氏春秋》中的另外几种思想，就让嬴政和后世的集权帝王毛骨悚然了。我们先来看**吕不韦试图让嬴政认可的第一种思想，即思想管制政治，换种说法就是，道统（思想）要在政统（帝王）之上。**

从前，限制君主的是天，君主做坏事，天就制造各种自然灾害，或者让君主本人完蛋，但逐渐光明的理性让人人都醒悟到，这毫无意义，无法限制君主。

吕不韦敏锐地窥测到这点，提出，在世间必须有一种权力可以限制住君主的权力，这个权力就是思想，思想的承载者就是知识分子，知识分子可以做帝王的臣子，但更要做帝王的老师。君王做的任何事必须局限在知识分子预先设计的思想框架里，等于说，君主权力应该让位于知识分子的理性，国家政治应该让位于思想文化。

自嬴政创建帝制，中国两千年帝制，知识分子从没有放弃这条抗争之路，但我们都知道，他们一直在失败。

这条道路的开辟者，就是伟大的商人吕不韦。

任何一个君王，无论他昏庸还是英明，都不可能允许在他之上还有一种人间权力，作为国王的嬴政自然也不例外。

吕不韦从这一思想又衍生出另一种思想，即官天下而非家天下。

所谓“官天下”，就是尧、舜、禹禅让，尧、舜、禹坐天下时，只是把王位看成一个工作，自己不行了，就要让比他还有道德和能力的人来坐。可大禹之后，中国成了“家天下”，做国王的爹死了，儿子替上来，儿子死了，孙子替上来，吕不韦说：“这不对，应该让天下最贤能的人坐王座，而不是你的儿子和孙子。”

这种思想在两千多年前出现，用“伟大”两个字，已不能完全阐释，可也正是因为在那个时期出现，它注定不可能成功。

因为当时的中国，王国林立，各国互相攻击，战乱不断，百姓苦不堪言，无论是知识分子还是普通老百姓，都希望有个强人出来，统一天下，消灭战争，归于太平。

而无论谁是强人，都不可能按吕不韦这一套来，真如此，他就失去了统一的权威。所以，吕不韦的这些伟大构想，注定失败。

思想的失败，也注定了他本人的失败，因为他在秦王国的影响力太大，嬴政若想摆脱他的这些思想，就必须先毁掉他这个人。

很快，嬴政毁灭吕不韦的机会到来，即嫪毐事件。吕不韦和嬴政老爹嬴楚的关系非同一般，一方面他是嬴楚的经纪人兼投资人；另一方面，在私生活上，嬴楚的老婆赵姬曾是吕不韦的小老婆，从赵姬的角度来看，嬴楚是她丈夫，而吕不韦则是她前夫。嬴楚死后，赵姬想起前夫，吕不韦频频出入赵姬后宫。他是个绝顶聪明的人，担心嬴政长大后会知晓此事而对自己不利，所以就把一个身强力壮的爷们嫪毐介绍给赵姬。嫪毐在人前是太监，其实根本没有做过这方面的手术，嫪毐和赵姬相处融洽，后来还生了几个孩子。

这一切当然瞒不住渐渐长大的嬴政，嬴政对嫪毐、吕不韦的仇恨生根发芽。嫪毐感觉到嬴政的毒辣目光，决定先下手为强，但拥有高度智慧的嬴政早有准备，他把嫪毐杀掉，囚禁母亲赵姬，此事自然牵连到介绍人吕不韦。

嬴政和吕不韦谈话，要他退出政府中枢。事已至此，吕不韦没有讨价还价的余地，因为嬴政已经长大，权力必须归还。吕不韦被流放蜀国，流放的路上，吕不韦意识到嬴政不可能让自己活得好，于是选择自杀，了结了自己传奇的一生。

在中国重农抑商的传统社会，吕不韦通过一场策划，以最低贱的商人身份跃升至最高贵的政府首脑高位，这本身已算是传奇，更传奇的是他试图用道统影响政统的念头和行动，让人眼前一亮，和尧、舜、姬发、周公相比，毫不逊色，吕不韦就是个圣人。

吕不韦死于公元前 235 年，他两腿一蹬去了，他那些门客却遭了殃，嬴政把怒气全撒到这些外国人身上，下达了驱逐外国人的命令，在这些被驱逐的人中就有李斯。

李斯年轻时在祖国楚王国做仓库管理员，某次去厕所，看到老鼠遇人后惊慌失措地撞墙。他又回到仓库，看到仓库的老鼠肥头大耳，把自己吃成了猪，且对李斯视而不见。李斯恰如其分地感叹说："即使做老鼠，也应该做仓中鼠。"于是，他辞职并拜当时的大学问家荀子为师，学成后来到秦王国，成为吕不韦的一名门客。

吕不韦眼光毒辣，发现了李斯的才能，于是把他推荐给嬴政。嬴政当时未亲政，所以没有机会和李斯深谈。李斯始终无法忘记第一次见嬴政时的场景，他认为那个场景就是他飞黄腾达的开始。他耐心等待，等来的却是吕不韦之死和嬴政下达的驱逐外国人的命令。

这让他失望透顶，抱着试一试的态度，他给嬴政写了篇文章，即《谏逐客书》。李斯在文中指出，秦王国能发展到今天，就是靠了外国人的力量。如果没有外国人，就没有秦王国的今天。外国人中有好人也有坏人，你不能一竿子打死，若要成为世界霸主，必须存有海纳百川的心胸和能力，如今，秦王国是世界上最好的国度，全世界的人都蜂拥而至，如果闭关自守，岂不是要回到你祖宗养马的岁月？

嬴政看了这篇文章，额头冒汗，他想不到一次意气用事居然如此坏事，改错能力强悍的嬴政立即取消驱逐外国人的命令，然后把李斯调入政府，担任要职。李斯，从此开启了他传奇的政治生涯。

公元前 232 年，嬴政读到了两本叫《孤愤》《五蠹》的书，此二书的中心思想是“法治”，主要有以下几条：一、法律必须明文公布，让大家知道令行禁止，老百姓、贵族和官吏，在法律面前一律平等，君主负责制定法律，以此来提高统治势力。二、君主应有威严和权势，如此才能绝对掌管国家的最高统治权，官吏必须由君主任免，只要有能力，人不分贵贱，都可以做官。三、发展农业、农业、农业，抑制商业；奖励用心耕田的农民和勇敢作战的士兵，取消旧贵族特权。四、统一思想，天下只能有一种声音。五、政治上要随时应变，除法律外，应与时俱进，不可泥古不化。

嬴政对这两本书简直爱不释手，连连叹息说：“如果此人在世，能见他一面，可谓三生有幸！”

李斯知道这两本书的作者，他告诉嬴政说：“此作者是韩王国的王室子弟，名叫韩非，当初在荀子处学习时，韩非是我同学。”

嬴政立即下令韩王国把韩非送来，否则军队伺候。韩王国连屁都不敢放一个，马上把韩非送到秦王国都城咸阳。嬴政用最高礼节来欢迎韩非，双方彻夜长谈，第二天早上，嬴政就没了兴趣。因为韩非口吃，说上一句完整的话，要使出吃奶的力气，嬴政是个高效率狂，无法忍受韩非这种人。

当然，嬴政不喜欢韩非，还有个问题是，韩非非常爱国，他的思想本可以运用于祖国韩王国，但韩王国没有法治土壤，他来到秦王国，希望实现自己的思想价值，却从不希望秦王国用他的思想来灭他的祖国。嬴政不高兴的同时，李斯也来凑热闹，他更不高兴。韩非的思想固然好，然而韩非本人却无法将其思想应用于实践，知行难以合一。李斯虽没有韩非那套系统性的法家思想，却是个执行力超强的行动者。

行动者永远瞧不起理论家，李斯开始在嬴政面前讥讽韩非是中看不中用的美轮美奂的陶器，和青铜器根本没法比。嬴政渐渐对韩非失去兴趣，韩非又作死，总说要回祖国，一把鼻涕一把泪，把嬴政哭得焦躁不安。

最后，李斯出手把韩非囚禁，过了段时间，当嬴政再也不提韩非时，李斯适时地毒死了同学韩非。史学家一直认为，李斯是嫉妒韩非的能力才下此毒手的。问题是，韩非除了有一套系统的法治思想外，还有何能力被李斯嫉妒？嬴政当时正准备对东方六国开战，最需要的人才是军事家和战略家以及行动家，而不是韩非这样的思想家。这一点，李斯懂得很，因为他就是战略家和行动家。

不管如何，韩非是死了。但有的人虽然死了，却还活着。韩非的法家思想最终成为秦王国和后来升级后的秦帝国的国家思想，其主张的大一统下的中央集权成为中国持续两千年的政治主流。

与韩非相比，李斯才是出色的政治家，能知能行，知行合一。嬴政早上提出策略，李斯晚上就执行到位。嬴政晚上说给李斯听的想法，第二天中午，李斯就能让嬴政看到想法落地。在李斯的实践下，秦王国的政治再上一个台阶，这当然要感谢韩非的思想，却更要感谢李斯的实践。

在战国诸思想中，法家思想最靠谱。和儒家、墨家思想一样，其着眼点都在君王身上，但和儒、墨两家不一样的是，法家从不把赌注放在人性善上，所以他们能发明法律，以无善无恶的法律来解决儒、墨两家永远都解决不了的现实问题。法家永远向前看，实事求是，无所畏惧，不受传统束缚，这和永远向后看的儒、墨两家泾渭分明。

当形势严峻，危机迫在眉睫时，只有法家能光速般化腐朽为神奇。儒家的“仁义”解决不了到处都是敌人的现实问题，只有法家才可以。而当法家解决掉敌人后，儒家才有价值。

我们已分明看到，战国时期，凡是以法家思想深度变法的国家都超前强大，凡是变法不彻底或者没有变法的国家，死神正向它们招手。

秦王国就是它们的死神。

6／

中华思想界的五朵金花

让我们把死神的问题放下，先来看看战国时期五彩纷呈的思想领域。战国时期，号称有百家思想，百家争鸣，不过很多思想要么不经一提，要么昙花一现，真正刻印在中华世界的思想只有五派。这五派就是百花中的五朵金花，它们是墨家、儒家、法家、道家和阴阳家。

先看墨家。孔子之后，儒家一分为八，各派弟子虽抱不同学术思想，却出奇一致地尊崇孔子。在这些徒子徒孙的奔走呼号和吹捧下，孔子立即成为有史以来最伟大的圣人。有抬轿子的，注定就有砸场子的，险些把儒家场子砸碎的正是奇异人物墨子和他创立的墨家学派。

和儒家开山老祖孔子一样，墨子也是鲁国人，和孔子的落魄贵族身份不同，墨子出身寒微，据说做过苦力。这个信息告诉我们，中国至战国时代，知识和思想从贵族下移至民间的速度很快且范围既深又远，连苦力都可以获取学问，并修炼成一代宗师。墨子学成后，决心发表自己的思想，不过历史上很多思想家，找不到靶子时，无法发挥。墨子同样如此，他当时东张西望，终于找到了四分五裂的儒家这个靶子。

儒家讲礼，礼的目的是秩序，而秩序必然导致阶级的出现，墨子大肆批判儒家的这种阶级性。他主张废掉一些不必要的礼，人人理论上要平等，这种平等主要是经济上的，而不是人权上的，“劫富济贫”就是这种思想的衍生。同时，他还认为儒家那套烦琐的礼数隔绝了人与人之间的美好关系，让人际关系越发不融洽。

儒家讲仁，应先从自己、家人开始爱起，墨子大斧一挥，说要兼爱，爱别人父母如爱自己父母一样，这种爱已是宗教之爱。其实他是想打破儒家的“任人唯亲”思想，这戳中了儒家的命门，儒家当然强烈反对，他们反击说墨子的兼爱是没有根的爱。儒家讲仁，认为这是人与生俱来的情感，墨子却说，这是水中月、镜中花，虚无缥缈。**人若想有仁爱之心，必须以利来诱导他，否则，人人都有不仁的本性，由此可知，墨子也认为人性是恶的。**

墨子又主张不能搞侵略战争（非攻），但他不反战，对于正义之战，尤其是防守之战，举双手双脚赞同。所以墨家人，永远都在防守，绝不主动进攻。

墨子所提出的一切，都是针对靶子儒家所发，没有儒家这个靶子，就不可能有墨家思想。**无论是孔子还是墨子，中国的所有思想家，都在针对社会现实提出自己的思想，这种力图解决社会现实问题，也只解决社会现实问题的实用主义，是中华思想的特征。**中国思想从不涉及玄乎的宇宙界，而只关注人生界。

和儒家师徒传承不同，墨家主张以社团方式知行合一，他们不但提出思想，而且践行思想。比如刻苦生活，墨子本人如同丐帮帮主，短衣草鞋，昼夜工作，把中华人吃苦耐劳的精神发挥到极致。他们肯为自己的信念自我牺牲，赴汤蹈火，绝不皱眉。与此同时，墨家不像儒家那样搞个人崇拜，而是互助互爱，路见不平，拔刀相助。

这些特点和信仰导致墨家不被战国任何国君看好，如果所有人都像墨家那样肯自我牺牲，互助互爱，那就没有国家什么事了。如果每个国家都不去攻击别的国家，那还谈什么发展。墨家没有为中国统治阶级贡献什么，却为中国底层百姓贡献了“替天行道，劫富济贫”的造反口号，它将影响中国几千年。

墨子唾沫横飞地批孔，孟子就脸红脖子粗地尊孔，所以他反过来批墨。孟子是邹国（今山东邹城市）人，儒家八派之一的心性派子思的门徒，中国北宋时期兴起的理学和心学，全认孟子为祖宗。

孟子断定，墨子是禽兽，因为他孝敬别人的父亲如孝敬自己父亲一样，那全天下的父亲都是自己的父亲，等于没有父亲。孟子还针对墨子的刻苦生活冷酷地指出，人追求幸福生活是天理，过苦行僧的生活不符合天理，这是等于把天下人都放进火炉里烤。

批判墨子后，他重申孔子思想，并将其深化。孔子尊周，希望周天子能重新振作，孟子眼见当时情形已不可能让周天子复活，所以将希望放在各诸侯身上。也就是说，孟子希望诸侯中能有一人承担责任，维护世界和平。但其实现的方式不是富国强兵，而是仁义。

战国时代，最不靠谱的就是仁义，孟子周游列国，推销这种不值钱的理论，受到国君们的嘲笑。最有名的当属他和魏国国君梁惠王的一次谈话。梁惠王问他："老头儿，你来我国能给我们带来什么利吗？"

孟子回答了一大串，大意是千万不能谈利，士大夫谈利就会失去家，宰相谈利就会失去政府，国君谈利则会失去国家。

很多人认为，士大夫谈利和国君谈利是两回事，其实不然，中华传统文化的特点正是家国一体，家完蛋，国就完蛋。

国君们的嗤之以鼻，让孟子很伤心，他只好效仿孔子，招收门徒，著书立说。

孔子谈仁最多，孟子就谈义，仁是爱，义是适宜。爱要有理性，要适宜，这和墨子的兼爱分道扬镳。孔子认为仁是人的本性，孟子加大力度说，不但仁（同情心）是人的本性，义（羞恶心）、礼（谦让心）、智（是非心）都是。所以人性本善（善的本性、可以改善），人通过后天对人性的呵护与开发，皆能成为尧、舜那样的圣人。

这是对人性的豪赌，当我们认定人性是善的，就会有包容心，包容他人的缺点。我们对他人的错误，会产生如此念头：他是因为蠢才犯错的，而不是坏。认定一个人蠢和认定一个人恶，这是两回事，其解决问题的方式也不一样，中国人胸怀博大，以天下为一家，其理论根源皆在人性善上。这是中国人的伟大发明，至高无上。

孟子比孔子要可爱，所以其观点也有满嘴跑火车的轻松感。在轻松感的背后是历史的沉重。孟子说："五百年必有王者兴。"这是他的历史论，中国帝制历史始终是一治一乱，兴衰交替，你来我走。"五百年必有王者兴"是这种现实的注脚，辛亥革命前，中国历史就是这种转圈式的前进模式。

在历史论之外，孟子还有"民贵君轻"论，原话是"民贵，社稷次之，君轻。"一个合格的统治者，就应该把老百姓当成头等大事，其次是江山社稷，最后才是自己。统治者如果没有这种"无我"的精神，就是独夫，人们就有资格起来诛杀独夫。孟子的这套"民贵君轻"思想，在他看来天经地义，可在有些独裁者看来则是大逆不道。千年之后，明帝国开国皇帝朱元璋看到孟子这一理论时，险些背过气去，他说："如果这老头儿在世，我非活剥他的皮不可。"

不过，**孟子对中华最大的贡献是"定于一"的"大一统"观点**。他认为，中华绝对不能分裂，一分裂肯定是战乱连连，百姓受苦。而且凭他对中国人的审视，中国人性格中没有喜欢自己做主的基因，他们往往把希望寄托在英明领导人身上，只有在领导人的带领下，他们才能创造奇迹。

"大一统"思想影响了中华几千年，任何人，上到天子，下至百姓，甚至是草莽英雄，都希望大一统。中国常面临南北分裂的局面，但无论是南面的皇帝还是北方的帝王，都希望由自己统一中国，这种万年不改的思维，由孟子首先提出。

孟子之后，儒家发生内战，挑起内战的是荀子。孔、孟是鲁王国人，荀子是赵王国人，荀子年轻时在齐王国当差，被小人陷害后投奔楚王国，做过兰陵县令，后被解职，死于兰陵。

孟子主张大一统，不仅仅是疆域的大一统，还有思想的大一统。**荀子承认孟子的看法，但孟子说思想大一统，是用思想干掉其他思想；荀子说思想大一统，是用政治权力干掉其他思想，后来的中国，走的路始终是荀子指出的路。**

孔子谈仁，孟子谈义，荀子则大谈特谈礼。谈着谈着，就把礼谈成了法。和墨子一样，荀子认为人性为恶，善是通过后天的学习和遵守礼而得到的，所以，礼（法）是人类社会中的重中之重。任何人都不能把赌注压在人性善上，不能任由人性自然发展，必须用礼（法）去规范。同样，人必须到社会中去分工合作，但人性是恶的，必须以法来约束，而后才能社会安定。

那么，由谁来执行礼（法）呢？荀子认为只有君主才可以。他认为虽然君主可以在法之上，但君主一定要搞清楚自己的定位，君主是为人民服务的，民主君仆。民众虽然不能选举君主，但可以监督君主。

为什么民众不能选君主呢？荀子认为，民众没有预知能力，他们不知道某人上台后的行为，但能监督台上人的行为。所以，古代中国从来不会搞普选制，因为那高估了民众的预知能力。

在注重礼（法）治的同时，荀子更重视人治，他始终强调的一点是，再好的礼（法），如果没有好人来执行，那也是说空话。所以一定要避免“人存政举，人亡政息”的怪现象，君主唯一的任务就是挑选人才，奖赏并进。孔、孟始终认为德法以德为主，荀子将其倒转，以法为主，德辅之，这是对儒家最大的背叛。

孔子对鬼神模棱两可，孟子虽谈天命，却认为心性和天命相辅相成，就是说人和天有着不可分割的联系，到荀子这里，不知是对深奥莫测的事物没有兴趣还是搞不透，总之，他一刀砍断了人和天的联系。他说：“天行有常，不为尧存，不为桀亡。”也就是说，人间一切祸福，老天根本管不到，决定我们祸福的是人事。只要尽人事，就可以胜天。

这是荀子对中华的另一大贡献：人定胜天。这一思想加上中国没有宗教的思想，使得中国人无所畏惧，只要给他一个平台，他就能创造伟大的奇迹。

到荀子这里，中国传统思想中谈“人”、谈人事的思想更加突出，荀子把人划为四等：大儒、小儒、众人、奸人。这种划分不是按照阶级、种族、血缘来划分，而是按照人的品质来划分。

他说：“虽然你是贵族，但你不守礼，你就是庶人；虽然你是庶人，但只要你守礼，也可以归为贵族。”

这种严格按照守礼（个人品德）来划分人的等级的做法，显然比孔、孟技高一筹。荀子虽有这种美好思想，但他过分看重礼（法），导致其学说在传播过程中走了样，他后来的弟子李斯和韩非，只汲取了荀子的礼治思想，没有看到他重视的人治，最终走上一条和儒家截然相反的道路——法家。

法家，战国百花齐放时期怒放的一朵妖艳之花，让其他学派黯然失色。事实上，法家的理论代表人物肯定是韩非，法家虽然注重理论，可更注重实践，用“知行”理论来解释就是，儒家、墨家注重“知”，法家则注重“行”。韩非之前，李悝、吴起、申不害、商鞅都已将法家思想在实践中展现得淋漓尽致，虽然当时没有法家理论，但江湖上全是法家的传说和践行，这要比更注重理论的儒家高出太多。至于韩非，只不过是将前辈们的实践做了精辟总结，最终，无数法家宗师们集合到一起，自成一派。

儒家有宗师，孔子、孟子和模棱两可的荀子；墨家有宗师，只有一个墨子；法家宗师则多如牛毛，它不是一个派别，而是一种思想大潮流，每个宗师都能扯起大旗，号召世界，让理论快速转化为行动，法家真正做到了知行合一。

儒、墨、法之外，又有两朵奇葩，道家和阴阳家。道家是老、庄，“老”是老子，代表作《道德经》；“庄”是庄子，代表作《庄子》。两人谁先谁后，一直有争论。但两人的思想大体一脉相承，属于中国当时的五大思想（儒、墨、道、法、阴阳）之一的道家。儒家和墨家对社会问题采取攻势，直面问题，先不管是否能解决问题，两家就是愣头青，绝不回避。道家则大相径庭，它采取守势，守势是虚晃一枪，道家想以守为攻，从而解决社会问题。

战国时代，为避兵乱，很多人都找深山老林隐居，孔子传道时就遇到过这样的人，他们讥笑孔子的“明知不可为而为之”，却不知这正是中华人的精神之一。这些隐士以老子为代表，认为解决当时社会问题的唯一办法就是不解决——无为，因为天下本无事，蠢货自扰之。如果大家都不去干扰社会，做个聪明人，那社会就没有事了。

面对当时繁杂的社会环境，老子提出三个办法：一是俭（极简主义，政治、经济、文化都从简）。二是慈（做最好的自己），先爱自己，有能力后再爱他人。三是不敢为天下先（不要创新，一旦有创新，就会挑逗人的欲望，社会将不安定）。

这三个办法被老子视为心头肉，也是《道德经》一书的核心，所有人如果能做到这三点，那天下将太平无事。和孔子、孟子相比，老子的策略充满神秘而阴险的智慧，我们读《道德经》时，眼前会浮现一个干瘦的老头儿，弯腰驼背地用脚丫试探着前面的路，走三步退一步，算计着下一步该怎么走。

据说孔子曾到老子处请教学问。老子张开嘴说："你看我的牙齿还在吗？"

孔子回答："快掉没了。"

老子再问："我的舌头还在吗？"

孔子回答："当然在。"

老子很满意地点头说："这就是柔弱持久，刚强不持久。"

孔子吃了一惊。

老子继续问他："用什么报怨？"

孔子还没有搭话，老子就自答道："以德报怨。"

孔子又吃了一惊，问："如果以德报怨，拿什么报德？"

老子闭目。

孔子也自答道："应该是以德报德，以直报怨。"

老子仍闭目，似乎还发出了微弱的叹息声。从老子处离开后，孔子对弟子们说："按人性推理，不可能有以德报怨这回事，老子却非如此说，如果他不是白痴，那就是阴谋大师。"

"以直报怨"是孔子历来的主张，但后来被人用坏了，很多伪君子总想把自己搞成胸怀博大之人，对敌人、叛徒都以德报之，这是误读了儒家。儒家讲究两点：一是以直报怨。二是复仇，有仇不报非君子。但这第二点，也被后人误读、用坏。

我们现在回到老子。老子的同伙是庄子，庄子太洒脱，洒脱得接近于懒惰，老子还算计，他连算计都取消，直接让人回归本我，按照自己的性情来活。当然，这种方式不可能在社会上成功，所以还是要隐居。庄子提出"天人合一"，一匹马就是"天"，钉上马掌就是"人"，虽然提"合一"，庄子却没有

“合一”，他极力主张“天”，让人做一匹马，而不要功名利禄的这个马掌钉。

老子还鬼鬼祟祟地想要进取，庄子干脆破罐子破摔，完全退出社会，做像大鸟一样的人逍遥游。儒家讲究秩序，认为秩序是社会稳定的法门，庄子却反驳儒家说，**秩序就是大自然，遵循大自然就是遵循秩序，何必让人来画蛇添足地制定秩序？**

这是对儒家的极力反对，不过由于道家给人感觉是“与世无争”，也没有如墨家那样搞社团，所以不被儒家重视。实际上，它在战国诸子百家眼中全然无害。也正因如此，后来的它才能在不妨碍任何人的情况下脱颖而出，成为中国人最重要的学说。

儒家是进，道家是退，最好退到宇宙中，所以后来的中国人，得势时宣称自己是儒家，失势时则把自己定义为道家。道家是中国人遇到挫折后，休养生息，决心卷土重来的临时避风港，中国没有了道家，好像人没有了老窝一样。

不过，战国时期的道家，又被人称为“黄老哲学”。“黄”是黄帝，“老”是老子。把黄帝和老子捆到一起，似乎有点勉强。但黄帝的“垂衣而治”“白日飞升”的确有道家神乎其神的特质，后来的西汉初年，用黄老之学，无为而治，国家很快发展起来，这是道家在中国政治领域第一次也是最后一次发挥作用。

道家之外，就是阴阳家，邹衍是他们的祖师爷。齐国人邹衍显然被低估了，他对中华的贡献不在孔孟、老庄、法家之下，在他之前，中国没有宇宙论，是他为中华人创造了宇宙观。

邹衍之前，大禹命名九州，九州之外是汪洋大海，大海的尽头就是人类世界的尽头，与天相接。邹衍打破这个宇宙论，他认为天下共有九大州，三三并列，周围是海洋，每大州有九小州，也是三三并列，中间是海洋。正中一大州名赤县神州，此大州之正中一小州即中国，中国为天下八十一分之一，这就是中国人的宇宙观。

其实，邹衍的这套理论就是我们今天知道的九宫格（四川火锅的一种），天地之间共有九个这样的九宫格，而最中间的一格（第五格）是中心之中心，就是中国所在的赤县神州。

这是宇宙观，邹衍同时提出宇宙论——气、阴阳、五行。气生阴阳，阴阳生五行，五行生万物。

这套理论并非邹衍凭空想出，在他之前的千年时间中，中国人已形成了模模糊糊的宇宙论，简而言之，就是人类世界和自然世界之间有着密切的关系，大家属于同一源头，同一构造，互相感应，所以万物一体（从一个母体来）。比如花草树木和人类，其实都是同一源头，人有的，花草树木也有，花草树木可以治病，这就是万物一体，它本就是我们身体能量的一部分。另外就是感应，天灾和人祸是互感互应的。由感应而生成另外的宇宙人生观，那就是天人合一。这个天人合一和庄子的天人合一截然不同，它的意思是，人间的事情可以激起（感）宇宙中的反应（应）。人类的种种行为不但可以激起天的反应，还会激起神灵的反应。人如果行为不端，上天倘若不惩罚你，神灵（尤其是恶灵）也会惩罚你。中国人始终坚信"善有善报，恶有恶报"的报应论，即"天人合一""感应"的最突出表现。

邹衍说，万物是一体的，那么，一体或者说源头是什么呢?

邹衍说是气。在中国人看来，气既是物质的又是精神的。物质层面上，气是宇宙中四处弥漫的物质，滋养和维持生命能量；精神层面上，气是儒家的浩然之气，是道家的元气，是中医认为的人之所以存在的生命之气。气又分两种，一种是阳气，另一种是阴气，阴阳互相摩擦变异，产生五行（金木水火土），五行又互相转化，就此产生万物。

毫不客气地说，中国文化就是"气"文化，就是阴阳文化，就是五行文化。

阴阳在互相平衡的状态下搞来搞去，就形成了五行。万物皆由五行（金木水火土）所构成。它们是变动的，邹衍之前，五行是相生的，邹衍又加上了相克。如此往复循环，直到永远。凭借丰富的想象力，邹衍将五行扩展，它们既是五个方位（东南西北中），又是五脏（心肝脾胃肾），更是五大行星、五种颜色以及数不胜数的其他现象类别。总之，你在世界上见到的所有东西，都具备阴阳，都有五行结构。

邹衍这种理论再配上天圆地方的宇宙模型，重新把人提高到万物之灵的境界：人的头是圆的，脚是方的，这是天圆地方；人一只手有五根手指，有五脏，有五官，这是五行；人会呼吸，这是气之阴阳。所以，人是按照宇宙的模式生成的，如果能窥破人的秘密，就能窥破宇宙之奥秘，能窥破宇宙之奥秘，就能窥破人之奥秘，由此推导出，宇宙是永恒的，人也能长生不老。中国传统文化中的神仙文化就此诞生。

邹衍的这套理论实施到政治上，五行就变成了五德（德不是道德，而是天赋君权），一个国家或者王朝的建立，肯定符合某种德（金木水火土）。也就是说，五种德绝不会永恒固定成一种，它们不停地转化生成。若想做“万年不倒翁”，就必须适时更改自己的德，或者由他人来更改。

中国后来的历代王朝，向大众证明其合法性时，“五德终始论”是不可或缺之环节。西汉灭秦，秦自认是水德，西汉（刘彻时代）肯定要说自己是土德。

邹衍创建的这套理论，充满神秘主义色彩，又是探讨宇宙观的，和当时只谈人生观的现实主义的儒家、法家相冲突，所以始终被压制。它只能如暗流一样活跃在黑暗中，但它比儒、法两家更有生命力，因为它能给君王们带来极度渴望的长生思想和名正言顺的“五德终始论”。

五朵金花是战国齐放的百花中最耀眼的存在。你未看这五朵金花时，五朵金花与你的心同归于寂，你来看这五朵金花时，则其颜色一时鲜艳起来，便可知，它们不在你心外。有人看到儒家之花，有人看到法家、道家、墨家之花，还有人看到阴阳家之花。看的花不同，行为模式就不同。花没有好坏，正如思想没有好坏一样，适合你的、适合国情的就是好花，就是好思想。

战国时期之所以成为中国思想界神一般的存在，就是因为大家各自绽放，等有缘人来欣赏和采摘。不过，人一旦有诸多选择时，往往不会选择，或者选择错误。所以，思想大一统是最好的解决方式：没有选择，才是最好的选择。

秦王国即将升级为帝国，它的选择就是让所有人没有选择。

7／
秦灭六国——中华世界的诞生

嬴政三十岁时，精力充沛，老练成熟，国家力量已达到巅峰，灭六国被提上日程。公元前 230 年，嬴政派兵进攻弱小无能的韩王国，韩王国领导人韩安（韩废王）稍作抵抗，见已无希望，就投降秦王国。韩王国是东方六国中第一个被灭亡的国家。

灭韩王国的第二年，嬴政派老谋深算的大将王翦进攻赵王国。赵王国军界新生代李牧奋起反击，出其不意地击败了王翦。这让嬴政大吃一惊，想不到被摧残到遍体鳞伤的赵王国后劲还如此足，频频出现力挽狂澜的人物。赵王国在战国时代，名将辈出，廉颇、赵奢、李牧都是一等一的将军，这可能和赵王国在军事上的变法有很大关系。

嬴政见赵王国有李牧这张护身符，很难拿下，所以乞灵于诡计。他派间谍到赵王国散播谣言说，李牧要造反。赵王国领导人赵迁（赵幽缪王）有着低人三等的智商，立即相信李牧要造反，毫不客气地杀掉李牧，亲手摧毁了这张护身符。

反间计之所以能成功，不是施计者手法多么高明，而是受计者愚蠢透顶。受计者之所以愚蠢，是因为当时的情势容不得半点差错，在神经高度紧张的情况下，人就会犯蠢，赵迁就是这样的人。

公元前 228 年，王翦再度出兵攻赵，没有了李牧的赵王国顷刻溃败，赵迁被活捉。但他的儿子赵嘉却跑到代郡，自立为代王国国王。六年后，秦兵团从楚王国战场腾出手来，将它轻而易举灭掉，赵王国灭亡。

三年时间，经过两场灭韩王国、赵王国的大兵团会战，秦王国兵团有些疲惫，于是进入休整期。此时，一件传奇事件上演，这就是荆轲刺秦。

荆轲是盛产人才的卫国的人，年轻时学剑术，号称天下第二。闯荡江湖多年，后来在燕王国定居，每天出入烟花之地，纵酒放歌。嬴政灭赵王国后，秦王国直接和燕王国接壤，燕王国太子燕丹感受到深深危机。燕丹决心采取措施避免遭受与韩王国和赵王国一样的命运。他不是想办法振兴脆弱的祖国，因为没有时间，而是剑走偏锋，想用刺杀手段干掉嬴政。

荆轲通过数个中间人被带到燕丹面前，燕丹把全部希望寄托在这位天下第二的剑手身上，荆轲要什么，燕丹绝不推辞。某次，荆轲对一个宫女的手发出赞叹，燕丹就把那个宫女的手剁掉，放在精致的盆中送给荆轲。

荆轲感激涕零，决心为燕丹赴汤蹈火。公元前227年，荆轲拿着燕国督亢（今河北易县、涿州市、固安县一带）防御地图和从秦国逃亡到燕国的叛将樊於期的首级，抵达秦王国。他通过秦政府工作人员，向嬴政表达了崇拜之情，希望能和嬴政一起打天下，投名状就是督亢地图和樊於期的首级。

嬴政接见荆轲，荆轲将有毒的匕首藏在地图中，来到嬴政面前，缓慢地展开地图指给嬴政看。嬴政心不在地图上，而在荆轲的眼睛上。荆轲的眼珠慌乱地转动，嬴政冷笑。笑声未止，地图已展至最后，一把匕首赫然出现，这就叫作“图穷匕见”。荆轲一只手拿起匕首，另一只手去抓嬴政的宽袍大袖。嬴政大叫一声，向后便躲，荆轲抓了个空，嬴政围着宫殿里的柱子逃跑，荆轲紧追不舍。秦王国的官员们大喊：“大王，拔剑。”

嬴政这才想起他腰间有锋利的青铜剑，青铜剑太长，他一面跑一面拔，几次失败。荆轲如恶鬼一样追逐他，最后，嬴政终于拔出青铜宝剑，向正扑过来的荆轲砍去，荆轲轻功了得，大吼一声，原地跳起三尺，恰好被嬴政砍到大腿。他惨叫一声，对着嬴政掷出匕首，嬴政用剑轻轻挡开。荆轲临死前说：“若不是燕丹让我活捉你，逼你交出侵占的六国土地，我早就杀掉你了。”

嬴政说："别来这套，完蛋了，就是完蛋了，任何借口都不能让你不完蛋。"说完，就杀掉荆轲，令秦兵团进攻燕王国。

依然是老将王翦打头阵，秦兵团在易水之西和燕王国兵团、赵嘉的代王国兵团展开会战，秦兵团大胜。第二年（公元前226年），秦兵团再出兵，把奄奄一息的燕王国全境占领，燕王国领导人燕喜带着残兵败将逃亡至辽东郡，在秦兵团的死死追击下，燕喜杀掉了儿子燕丹，嬴政很满意，暂时放过燕王国，把刀锋转向魏王国。

魏王国常常被秦王国按在地上揍，每次揍完，秦王国拿到好处后就撤走，所以魏王国对秦王国的进攻已习以为常。但这次不同，秦兵团势如破竹，一直推进到国都大梁城。领导人魏假发现秦王国是要灭他的国，所以奋起反抗。秦兵团久攻不下，只好把黄河水引来灌城，大梁城在坚持了三个月后投降，魏王国灭亡。

嬴政再把刀锋转向老大的楚王国，由于四战皆胜，秦王国内部开始有了骄傲自满的情绪，包括嬴政。众人探讨灭楚战略时，少壮派将军李信认为二十万人足够，老将王翦却认为非六十万不可。六十万人是秦兵团的全部，秦王国自商鞅变法以来，只在和赵王国的长平之战中，动用了全部军力。但赵王国是军事强国，军力脆弱的楚王国无法望其项背。

嬴政认为王翦老了，没有冒险精神，同时，刚被灭掉的几个国家，残余力量仍在，需要军队去平定。所以嬴政最终认可李信的建议，由李信指挥一支二十万人的兵团进入楚王国本土，宣称三个月内灭亡楚王国。

楚王国兵团司令项燕面对李信咄咄逼人的攻势，采取后撤与坚壁清野之术。楚王国有着战略纵深的优势，李信以二十万兵力根本无法实施全面打击，项燕逐渐把李信引入楚王国中心地带，派奇兵切断其粮草通道，然后四面合围。李信兵团奋力突围，虽有伤亡，主力却没有损失，狼狈地退回秦王国。

嬴政大怒，深刻反思后，认可王翦的建议，他请求王翦出兵，并毫不保留地把秦王国全部兵力交给王翦。王翦领兵进入楚王国本土后，项燕故技重演，向后撤退。但王翦不追，而是命令六十万大军原地待命。这一待命，就是半年。嬴政每天都爬上咸阳城墙，对着楚王国的方向观察。后来，他也不观察了，干脆欣赏起落日。王翦在歇息半年后，突然发动进攻，项燕调集楚王国全部兵力，双方在蕲（今安徽宿州市东南）展开会战。这场会战的激烈程度不下于长平之战。最后，秦兵团占据上风，楚兵团崩溃，项燕自杀。

王翦刻不容缓，直逼楚王国当时的都城寿春（今安徽寿县），活捉了楚王国领导人熊负刍。楚王国的国王虽然没有了，但楚王国百姓不甘心被灭，他们在秦王国占领区到处搞破坏，游击战、地道战、麻雀战，把秦王国占领军弄得焦头烂额。王翦只能下令，用最残酷的手段屠杀，公元前 222 年，王翦平定了楚王国的江南地区（从前的越王国），楚地才算平定。

楚王国由于反抗秦的占领最激烈，所以受到的打击最恐怖，秦王国在占领区内常实行鸡犬不留政策，所以楚王国对秦仇恨最深，当时就有“楚虽三户，亡秦必楚”的悲鸣，最终，这个预言被楚人项羽实现。

楚王国灭亡后，嬴政命令将军王贲扫荡代王国和跑到辽东的燕王国，王贲不负众望，仅用了半年时间，即将代王赵嘉和燕王燕喜消灭。到公元前 221 年，整个六国只剩下东方大海边上的齐王国。

齐王国领导人田建是个超凡脱俗的人物。田建即位于公元前 264 年，由于年幼，所以国政被他老母控制，公元前 249 年，他老母去世，田建亲政。当时，秦王国正采取远交近攻的谋略，对齐王国频抛媚眼，田建召开高层政治会议，有人建议和秦王国建立友好关系，有人则强烈反对，因为秦王国在不停蚕食其他国家，迟早会轮到齐王国。

田建半死不活地说：“君主要以人民为本，人民喜欢的，君主要去做。人民厌恶的，君主就不要做。人民喜欢太平，那君主就该创造太平。和秦王国建立友好关系，就能获取太平。”

他跑去秦王国，嬴政用最高礼节招待他，两人对天盟誓，永为友好之国。田建美滋滋地回到国家，直到公元前 221 年，田建的确做到了这一点，齐王国百姓享受了四十余年和平。

当秦王国王贲兵团灭掉流亡到辽东郡的燕王国后，大军逼近齐王国，田建才脑袋一沉，发现和平时代结束，立即全国总动员，要和秦王国决一死战。

嬴政写信给齐王国说："我挟六国之力，你却孤军奋战，胜败已定。"

田建仰天长叹，大家以为他会说出"温水煮青蛙"这类富有哲理的话来，想不到他说的是，"天下沸腾时期，能有四十年和平，足矣。"

齐王国未有任何实质性抵抗，宣布投降。田建被嬴政发配到偏远的原始森林，他没有耕地的经验，所以被活活饿死了。连后来的思想家都讥讽田建是个傻帽，不知秦王国是虎狼，异想天开地认为可以和虎狼共穿一条裤子，结果身死国灭，这叫蠢有应得。

但千年之后的阳明心学左派代表人物李贽却赞赏田建说："他是个伟大人物，能给一方百姓四十余年和平生活，天下君王多如驴毛，却有几人能做到？"

战国，在田建饥饿的悠长呻吟声中结束，秦王朝，在嬴政高举酒杯的庆祝声中升起。

第五章

太阳从秦升起

1／
嬴政的大秦梦

只用了十二年时间就消灭了庞大的东方六国，嬴政成为中国唯一的主人时年仅三十九岁，这是中国历史上从未有过的震撼。嬴政不可一世，踌躇满志，他和丞相李斯殚精竭虑地谋划着中华的未来。当然，在两人看来，他们只是在谋划大秦的未来。

嬴政对李斯说："寡人以眇眇之身，靠祖宗积累下的万世家业，搞定六国，如今天下大定，我的名号倘若还是'王'，不足以彰显我的功勋，并流传后世，请给我拟一个世界上最尊贵、最让人敬畏的称号。"

李斯和大臣们最终商议的结果是，嬴政的功勋超越了三皇五帝，把八个人捆一起，才能和嬴政相提并论，那就称嬴政为"皇帝"。

嬴政非常高兴，说："我是第一皇帝（始皇帝），以后我的子孙就用数字顺延，分别是二世皇帝、三世皇帝，直到万万世皇帝。"

"皇帝"两个字是嬴政给中国带来的最伟大的发明，高端大气上档次。嬴政的智慧略有欠缺的是，他以为中国元首永远会是嬴家人，不承想，中国后来改朝换代的频率比心脏病人的心率还要高。

"皇帝"只是名，必须创造其他实体来支撑这个名，做到名实相符。嬴政和他的丞相李斯发挥充沛的精力和活泼的想象力，缔造、修饰中华世界。

李斯认为，一个政府的终极目标就是创造大同世界。这是儒家学派的一种虚无缥缈的向往，儒家人从未得到机会来实现，如今被法家学派的李斯和嬴政揽到怀里。有了清晰的愿景和目标，接下来自然就是实践。

或者说，李斯和嬴政回答了为什么要建立大秦王朝的问题，下面就是怎么做。

如何来做呢？当时有大臣认为，六国才被我们消灭，还未彻底消化，各国都有潜伏的敌对力量，咸阳离有些国家，诸如齐、楚、燕距离较远，所以应该把嬴氏子孙封王，让他们去当地镇守，这样才能保证国家安全。

李斯断然否决，一针见血地指出，战国大乱，就是因为周王国分封了无数诸侯。这些诸侯有血缘关系，开始还算亲近，可时间一久，血缘关系淡化，自然就相互争斗，而且他们有力量互相争斗，我们不能犯这种错误。

嬴政认为李斯的看法符合天理，于是第一步就是废封建，置郡县。运行了千年的封建制从此退出中国历史舞台，后来虽死灰复燃，却难以持久。嬴政在废掉封建制的基础上，把天下设置为三十六郡，郡下又设置县。郡县长官均由中央政府任免，这就是郡县制的中央集权。

郡县制最早由楚王国运行，后来被新兴的魏王国采纳，进入战国中期，各国都执行郡县制。不过，并不彻底。像楚王国，君主虽有指挥郡县的权力，却也有贵族得到分封。嬴政和李斯，大刀阔斧地把分封制赶尽杀绝，只有有魄力的人才敢这样做，也只有手腕强硬、信念坚定的人才有能力做到。

值得注意的是，嬴政所采取的是中央集权，而非君主集权。他建立政府，政府中设置左右丞相（帮助皇帝处理国政）、太尉（最高军事长官）、御史大夫（辅佐丞相）、将军（掌征伐）、廷尉（最高法官）、治粟内史（掌财政经济）、郡尉（辅佐郡守并主军事）、县令（县长），县令之下就是乡长（掌教化）、亭长（掌刑事）。**嬴政的帝国，不是独裁，也不是和贵族共治，而是和一批精英共同治理。**

这种皇帝和精英联合治理国家的方式一直延续至清王朝灭亡，北宋大臣文彦博曾一语中的：皇帝与士大夫共治天下，而不是和文化水准极低的百姓共治天下。士大夫就是当时的精英人群。

紧接着就是第二步，三统方针，即统一文字、统一车轨、统一度量衡。在这三统中，最重要的是统一文字。自诸侯强盛以来，每一国都有自己的文字，虽然都是方块字，但由于方言问题，大家交流起来很不通畅。例如，鲁国的历史称为“春秋”，晋国的历史则称为“乘”，而楚王国的历史又称为“梼杌”，这种自说自话、自娱自乐的行为很影响统一。嬴政和李斯的观点是，既然如今天下已成一家，必须如一家人似的交流。

李斯按嬴政的意思创造“小篆”，要求政府官员和知识分子必须按此书写。文字的统一，使中国永远如铁板一块，只要你是中国人，就要写方块字，说汉语。如此庞大的帝国，所写所说都是统一文字，为政治的统一奠定了坚实的基础，也为文化的传播扫清了障碍。**从此，中国虽然有分裂，但统一后也能迅速融合，关键处就在所有中国人使用的是同一种字。这是嬴政和李斯对中华最大的贡献**。至于车使用同一轨道，是为了交通便利；统一度量衡，是将经济完全统一。不仅这些，嬴政还统一了衣冠、器械等各种能统一的事物。

第三步，统一思想，这是任何一个集权国家都必须做的事，大秦帝国的意识形态就是法家思想。

第四步，搞大规模基建，修建长城抵御外族；兴修水利工程，为帝国的根本——农业保驾护航。同时收集天下兵器，运至首都咸阳熔铸成十二座金人，拆除六国城防，还建造自己的坟墓以及人间天堂——阿房宫。为了方便统治，秦王朝在全国各地修建高速公路（驰道），后来他的巡游，走的主要就是驰道。

这一系列举措，都是奔着“让人民永远享受和平幸福”的大目标去的，只是后来没有实现，但我们不能否认嬴政和李斯这种念头的伟大。

秦帝国的诞生，是对几千年前黄帝确立“中华”观念的一个回应。黄帝只是知了“中华”，而秦帝国则行了“中华”。从秦帝国开始，中国终于不仅从文化上，还从地理、政治上完全呈现为一个世界，这个世界就是中华世界。秦帝国之后的两千余年，所有的中国人都在中华世界中挥斥方遒，指点江山，所有的中国人只有一个世界，也只认可这一个世界，这就是中华世界。

嬴政无疑是中华民族（将所有民族融为一炉）和中国历史（承前启后）的

创造者，而秦帝国之后的任何一个帝国的领导者，都将嬴政“天下大同”的念头铭记于心，并全身心地付诸实践，达到知行合一。

但千年以来封建制度已形成惯性，嬴政和李斯大刀一挥，把从前和现在毫不留情地斩断，这当然会引起一些人的感伤。确立郡县制的九年后（公元前213年），嬴政在咸阳宫请百官吃饭。饭局上，丞相级别（仆射）的周青臣借着酒劲对嬴政的郡县制由衷地赞赏说：“我大秦初生时，疆域只有千里，仰仗皇上英明神武，消灭六国，去除封建毒瘤，行光明之郡县，如今天下太平，大秦必传万世，古往今来，您就是千古第一人。”

嬴政正要高兴，博士（皇帝顾问）淳于越酒壮屄人胆地站出来质疑说：“我听说周王朝之所以持续千年而不倒，就因为分封子弟功臣到各地为王，以此来捍卫中央。现在皇上您拥有四海，而嬴氏子孙却只是平常人，倘若天下有变，谁来拱卫中央？任何事，如果不效仿古人，不可能长久。”

淳于越这段话透露了以下信息：第一，他在满嘴跑火车，周王朝即使算上后来看各国脸色过日子的时间，也没有千年。第二，嬴氏子孙，包括嬴政的儿子，都没有爵位，也没有任何高人一等的权力，这真是破天荒。第三，淳于越的“事要师古”思维是儒家学派的，所以淳于越应该是儒生，就是说，嬴政在位的第九年，中央政府内部不仅仅有法家人，还有儒生。第四，淳于越的话不是完全没有道理，比如西周王朝覆灭而能被东周王朝接续，就是靠秦、郑、晋诸侯的力量。

淳于越属于半吊子儒家知识分子，以他的心性和智商，根本搞不懂孔子希望恢复周王朝的统治和孟子希望某个诸侯统一天下，其实是就时论势。孔子如果生在孟子时代，他也不会死皮赖脸地希望周王朝恢复力量；孟子如果生在孔子时代，也不会胆大妄为地希望诸侯撑起中国。儒家的因地制宜、随机而动，儒家知识分子没有学到，却被法家学去了。淳于越如果眼睛不瞎，当然能看到自春秋到嬴政统一这几百年的中华大地烽火连天，大家喊打喊杀，百姓受苦，封建制的弊端一目了然。他当然也预料不到后来因封建制而发生的西汉的七国之乱和西晋的八王之乱以及再后来的明王朝朱棣夺权。

领导人的眼界和判断力，往往决定历史的走向。李斯就用精准的判断力批评淳于越说：“此乃妇人之见。就是五帝时代，也各有各的问题，商王朝没有照搬夏王朝的制度，周王朝也没有照搬商王朝的制度，它们都是具体问题具体分析。用从前的方法对付现在的时代，这是刻舟求剑。那些愚蠢的儒生只知无病呻吟地怀旧，不知向前走才是正确的，可谓糨糊脑袋。”

李斯敏锐地发现，在帝国郡县制已经建立九年后，居然还有人认为封建制是美好之制，说明思想没有统一。而对于这样大的帝国，倘若思想不统一，如同战国时期诸子百家各说各话，那王朝肯定会大乱。

在和嬴政短暂商议后，李斯以政府命令的形式说：“今后大家只准向前看，不许娘儿们似的怀旧。人的眼睛长在前，如果总是向后看，却又向前走，非摔死不可。倘若谁再敢认为古是好的，今是坏的，那就是犯了重罪。”

于是，李斯彻底地统一思想。除秦以外的历史书全部烧毁；只有皇帝顾问（博士）才有权翻阅《诗》《书》以及百家思想，其他人的藏书全部烧毁，医药、占卜、种树之类的自然科学书籍不在此范围内；凡谈论《诗》《书》的人，处决；是古非今的人，诛族。

这一整套严厉的措施，目的就是统一思想，让大家接受现在这个中国，而不是如怨妇般地怀念过去。这是法家脚踏实地向前看的基本精神，也是大秦帝国的立国精神。

可惜的是，嬴政和李斯太着急，最终好心办坏事，让本来还未彻底站稳的大秦帝国，跌跌撞撞地向不可挽救的深渊冲去。

2／
巡游天下

外行看来，嬴政特别喜欢折腾，似乎有好动症。建立帝国的第二年（公元前 220 年），嬴政开启天下巡游模式，截止到公元前 210 年他去世，这十年中，共巡游天下五次。

其实早在未统一中国时，嬴政就喜欢到自己的土地上走动。公元前 234 年，王翦在河东郡大败赵王国兵团，嬴政就跑到三川郡巡守。公元前 228 年，邯郸沦陷，嬴政就巡守邯郸。公元前 223 年，王翦灭掉楚王国，嬴政也跑到楚王国去巡守。

嬴政巡游，车队如云，骑兵万马奔腾在新开辟的高速公路（驰道）上，场景壮观，令人叹为观止。楚王国后裔、后来的西楚霸王项羽见到嬴政的巡游车队时，咬牙切齿道："彼可取而代之（我要取代他）。"同样是英雄人物的平民刘邦见到嬴政的巡游车队时，羡慕得流下口水道："大丈夫当如斯（男人就应该像嬴政这样啊）。"由此可见，嬴政的巡游车队多么奢华壮观！

嬴政巡游非他个人创新。中华从黄帝开始，最高领袖都喜欢巡游。从黄帝到尧、舜、大禹，再到西周王朝的各位国王都拥有让人恼火的好奇心，他们常常离开国都，对已知和未知世界进行探访。他们的巡游绝不属于生活范畴，而属于政治范畴。

无论是黄帝、尧、舜、禹，还是嬴政，都坚信，通过巡游，可以加深对统治范围内的臣民和环境的了解，运用其所了解的知识，实现对他们的控制，让他们各归其位，天下太平。巡游不是旅游，是政治生活的重中之重。巡游中的巨大排场，也起着威慑地方的作用。

嬴政第一次巡游，是出于光宗耀祖、衣锦还乡之念头。他从咸阳向西北出发，到今宁夏西部、甘肃东部，经甘肃陇西，抵达秦人祖先故地天水，在那里祭拜最老的祖先后，又沿祖先东进中原的线路经宝鸡、岐山、凤翔，回到咸阳。这是一次“重走秦人东进路”的巡游，当然，也是为了稳定大秦帝国的后院。

后院稳定后，公元前219年，嬴政向他新的东方国土（齐鲁之地）巡游。嬴政第一站抵达峄山（今山东邹城市），这里是原鲁王国故地，儒家宗师孟子的老家。嬴政在这里召集鲁地的儒家知识分子，和他们畅谈帝国长治久安之计。但让他大失所望，这些迂腐的知识分子，提不出任何建设性意见来。倒是故齐王国那些术士，给嬴政带来了惊喜。据他们说，无边无际的大海上有神仙，倘能和他们相见，就有机会得到长生不老药。

嬴政把这件事记在心里，直到在泰山封禅完毕，还没有忘记。从泰山下来后，嬴政就跑到齐王国故地，他有生以来第一次看到大海，兴奋得忘乎所以。在他看到大海之前，中国已经有“四海之内皆兄弟”的说法，不过这个“四海”的“海”，并非大海，而是中国人想象出来的中国之外的神秘世界，可能是沙漠，也可能是群山，微乎其微的可能性是大海。

嬴政面朝大海，发出叹息：“啊，伟大的海！”

大海会永远给那些想象力丰富的人以无限遐想，齐王国都城临淄当年有个稷下学宫（国立大学），学宫的学生五花八门，有研究儒学的，有研究阴阳学的，有研究巫术的，有研究法家的，还有一种人专攻神仙之术，他们被称为方士。方士认为，尘世之外有神仙，神仙永远不死的诀窍在于吃药，这种药就是不老药。这种神仙思想在战国中后期甚嚣尘上，根源在《庄子》和黄帝的“白日飞升”故事中。不过庄子虚构的神仙形象重点在精神，人的精神可以遨游宇宙，黄帝是以圣人身份而不是神仙身份飞升的。或许是齐国靠近大海，常有海市蜃楼的奇景发生，于是，齐人认为，大海所呈现的神秘景象就是神仙住所。

嬴政在大海边疯狂地发挥想象力，认为海中央有很多神仙，他们高寿千万岁，喝酒吃肉，永远享受着极乐。当他抵达琅琊（今山东青岛市黄岛区琅琊镇）时，一个叫徐福的术士受到他的热情召见。徐福大谈特谈“海上有仙山，山在虚无缥缈间”的神话。这种鬼话马上触及嬴政内心最深处的渴望，二人一拍即合。嬴政立即命令国库拨巨款给徐福，派他到海上寻找神仙，祈求长生不老药。自从把徐福打发走后，嬴政产生了从没有过的放松心情，好像不老药很快就会到他手心一样。他从山东南下，经过楚王国故地，沿淮水进入长江，检阅祖国大好河山，心情更加舒畅。显意识告诉他，他将永远统治天下，直到月亮毁灭，太阳熄火。

回到咸阳后，嬴政先是专心致志地等徐福，但徐福杳无音信。他不甘坐等天上掉馅饼，既然山不来，我就去见山。公元前218年，嬴政再次从咸阳出发，去东方大海边，找徐福。找徐福不是目的，见神仙才是目的。

这一次，嬴政没有前两次那么愉快，因为他遭遇了刺杀。两名刺客分别叫张良和大铁椎（当然是艺名）。张良是原韩王国贵族，韩王国灭亡后，血气方刚的张良变卖家产，跟踪嬴政，见缝插针地寻找机会，意图干掉嬴政，为祖国复仇。后来，张良通过黑社会介绍，认识了大铁椎，大铁椎膀大腰圆，臂力惊人，能舞动百余斤的铁锤。张良给了他一笔安家费，让他协助自己刺杀嬴政。

公元前218年，嬴政巡游到阳武（今河南省原阳县）东南方的博浪沙时，早就得知其巡游路线的张良在此已等候多时。他和大铁椎埋伏在高处，远远望见嬴政车队缓慢而坚定地驶来。

当时张良激动得脸开始抽搐。当车队接近时，张良的心提到了嗓子眼，等前锋车队过去，后面却跟着三辆一模一样的车，张良顿时气馁。大铁椎要站起来扔锤子，被张良阻止。他问大铁椎：“你想砸哪辆车？”

大铁椎蒙了，嘀咕说：“早知道有三辆一模一样的车，就应该准备三个锤子。”他问张良，“干还是不干？”

张良纠结得死去活来，如果不干，以后恐怕没有这样的好机会了；如果干，万一砸不中嬴政的车，岂不是白白牺牲？

三辆车马上要离开锤子的攻击范围时，张良仍一声不响，大铁椎在江湖鬼混多年，讲究的是拿人钱财，替人消灾，他可不想收了张良的钱，却不干事。而且这种事早结束早省心，因为还有其他的买卖等着他呢。他不等张良发话，就猛地站起来说："既来之，则砸之。"

张良劝阻已来不及，大铁椎已把锤子抡圆，瞄准三辆车中间的那辆就扔了出去，轰隆一声，那辆车应声粉碎。

嬴政卫队反应神速，一部分护驾，另一部分向山坡上张良所在的位置冲来。张良爬起来就跑，一面跑一面看那三辆车的情形，他看到嬴政从第三辆车上慢悠悠地走下来，朝他的方向大笑。张良气急败坏，脚步加快。大铁椎由于体态笨重，跑得太慢，被嬴政卫队捉住杀掉，张良则成功逃脱。

众所周知，博浪沙遇刺非嬴政首次遇险。早在公元前 227 年，嬴政就被荆轲刺杀过，狼狈地绕着柱子逃跑；公元前 220 年，嬴政夜间私访咸阳城，由于所带卫士不多，险些被几个刺客得逞。毋庸置疑，嬴政是中国历代皇帝中受到刺杀次数最多的一位。当然，我们还会发现，刺杀嬴政的人都来自七国中最弱的国——燕王国，燕王国指派的荆轲和韩王国的张良。这说明，弱小者被逼急了，向来不按常理出牌，所以中国哲人们敬告我们：做事留三分余地，不要赶尽杀绝。这就是中国智慧。

嬴政的第三次巡游，受张良刺杀的影响，草草结束。回到咸阳后，他惊魂未定。很快，更让他焦虑不安的事如冤死鬼一样，不停地来袭扰。

有一颗落到地球的陨石上刻有"始皇死而地分"的文字，显然，这绝对不是外星人干的，因为字体是李斯创造的小篆。嬴政让地方官在陨石周围搜索可疑人员，结果一无所获。还有人在江边遇到一个飘忽不定的老鬼，老鬼说："今年祖龙死（祖龙指的是嬴政）。"更有人夜观天象，说不出三年，嬴政将归天，六国复辟。

这一系列事件让嬴政感到愤怒的同时，又想到长生不死。他派人去打听徐福的下落。回来的人报告说："徐福自从带了数千童男童女和各种农作物种子漂洋过海后，就如同被大海吞噬了一样，没有任何消息。"

嬴政陷入孤独中。皇帝的孤独，有心人必懂。从齐国来的两个术士卢生和石生，向嬴政展现他们的神奇法力。他们自称可以找到徐福找不到的长生不老药。嬴政只好死马当活马医，派他们去寻找。这两人不去东边大海，却跑向北边，几个月后回来报告嬴政说，他们遇到神仙，神仙说了一句话："亡秦者，胡也。"

嬴政反应快如闪电，当即跳起来咆哮道："'胡也'，胡人也，匈奴！"

北方的匈奴民族，一直在偷偷摸摸地壮大自身，嬴政始终关注的是中国本土，险些把这个强悍善战的少数民族忘记。他马上命令大将蒙恬率领秦兵团三十万人北上连接赵、燕修建的长城，抵御匈奴。匈奴事件又让他想起南方广西、广东深山老林里的反叛力量，于是出兵广西、广东，将其纳入版图。

在咸阳城待了三年后，心神不宁的嬴政于公元前 215 年重启巡游，这次的对象是北方长城。经过数个长城防御要塞，转了一圈后，回到咸阳。这次巡游让他对北方抵御匈奴的防线有了信心。这一信心让他高兴了一段时间，但很快他又陷入了惆怅。在那座伟大而哀伤的咸阳城中，他魂不守舍，一直等待着长生不老药。

于是，"坑儒"事件爆发，嬴政也离开人世，大秦飘摇。

3／
接班人问题

“焚书”和“坑儒”是两回事，意义有天壤之别。“焚书”是站在国家角度统一思想，属于道的层面；“坑儒”则是一个工程失败后的惩罚措施。

很多人都以为嬴政寻找不老药是痴心妄想，不切实际，浪费财力。可换个角度来看，这就是当时大秦帝国的一个浩大工程，与大搞基建没有分别。倘若真找到不老药，嬴政绝不可能独吞，他必然要投入生产，扩大规模，让所有中国人服用。

嬴政搞不老药工程，其实是想解决人类哲学家始终解决不了的人生终极问题：人对死亡的恐惧以及希望永远不死的渴求。人生，除了生死，都是小事。孔、孟的儒家学派针对生死，提出精神不死的原则，让人为善，其善行所产生的影响，将永远在活人心中荡漾，于是，人就可以做到永远活在别人心中，达到长生不死的目的。这是正确的念头，只不过嬴政错把阴阳家和方士那一套鬼把戏当成了科学，从而南辕北辙。

徐福的一去不还，让嬴政把希望全放在卢生和石生身上。这两个江湖骗子在骗走秦帝国无数钱财后，终于发现自己根本无法找到不老药，于是撂挑子。正直的人不会撂挑子，即使撂挑子，也会把责任揽到自己身上；邪恶的人则恰好相反，永远把责任推卸到别人身上。

卢生和石生无法找到不老药后，为了推卸罪责，马上散播谣言说：“嬴政私欲太盛，刚愎自用，残暴不仁，杀人太多，没有资格得到不老药，神仙才不会把不老药赏赐给这样的屠夫。如果他得到不老药，天下人就没法活了。”

两人说来说去，居然有人相信了他们的鬼话，他们更加认定，不能让嬴政长生不老，这是民心所向。于是，两个骗子以此为脱身之计，逃之夭夭。

卢生和石生虽然逃走，但他们那些话在咸阳城生根发芽。嬴政听到后，险些背过气去，他暴跳如雷道：“我之前没收天下的图书，让人把没用的书籍废弃（焚书）。还广招方术之士，以兴太平之世。方士们都说他们要苦思秘计，寻找长生不老药。现在却听说，不知什么缘故，卢生居然把我诽谤得一文不值，把我当作一个极不道德的人。”

身旁的李斯马上见缝插针说：“这些人都不是好东西。”

嬴政被挑拨得如疯牛一样，立即下令捉拿咸阳城中卢生的同党，共捉了四百六十人，其中，有少许儒生，其他都是方士。嬴政要他们检讨自己，这些人开始检讨说：“我们不该听信卢生的话而诽谤你。”嬴政说：“你们本没有这种心，是被人蛊惑的吧？”

这些人急忙说：“是。”

嬴政松了一口气说：“看，天下人都说我好，只有这几个人受妖言蛊惑才如此对我，我很欣慰啊。”他下令，将这些人全部活埋。在这批被埋的人中，由于有一部分是孔孟所说的小人儒（只为做官而不为教化人），这次事件后来成为儒家打击嬴政的重要证据，略一激动，就拿出来痛哭流涕地诅咒，以“实锤”嬴政的确残暴。

千年后，心学宗师王阳明评论嬴政焚书坑儒时说：“嬴政焚书如是出于公心，那是正确的。因为当时思想过于混乱庞杂，一个集权帝国，必须统一思想。没有思想的统一，人心即不安分；人心不安分，帝国就会混乱。至于坑儒，嬴政坑杀的大部分是方士，儒生只是可怜兮兮的少部分，根本和摧残文化没关系，与文化人不搭边。”

所以说，“坑儒”本身就是个错误概念，嬴政坑杀的以方士居多。虽然干掉了一批方士，但嬴政仍未放弃不老药工程。

公元前 210 年，嬴政开始他统一中国后的第五次巡游，也是最后一次。早在三年前，嬴政就身体状况欠佳。他儿时在赵国邯郸做人质，当时赵王国和秦王国征战不休，人质肯定没好果子吃。建立统一帝国后，每天批阅奏折（当时的奏折是竹简）几百斤，又要到处巡游稳定国家，还要解除那些诅咒，长期的心理压力和身体的过度透支，已让他处于亚健康状态。

所以这次巡游，他只有一个目的：尽快找到不老药。不过他对山东已绝望，所以想去南中国，看看能否有奇迹发生。虽然身体状况欠佳，可他还是马不停蹄，途经云梦、九嶷山、丹阳、钱塘江、余杭、会稽山、琅琊山，这些都是在传说中有不死神人的地方。但是，嬴政连神人的鬼影都没有见到。

他的身体越来越差，有时候醒着就开始做梦，都是噩梦。公元前 210 年阴历七月初，嬴政回程路过沙丘（今河北平乡县境内）时，巡游车队停了下来。奄奄一息的嬴政叫来李斯问："到了哪里？"

李斯告诉他："沙丘。"

嬴政若有所思，这个地方不吉利。商纣王曾在此建造沙丘苑台，设置"酒池肉林"，后来被姬发（周武王）所灭。战国时，赵王国最伟大的国王赵雍（武灵王）因宫廷内斗而困在沙丘行宫，活活饿死。

嬴政想到这里，浑身发烫。某天晚上，乌云遮月，嬴政从一场懒洋洋的噩梦中惊醒，精神出奇地好。他终于明白，人终究要死，如大河向东流、众星参北斗一样。此时的精神振奋只是回光返照。他找来李斯和随行的司法长官赵高，说："我将永生。"并留下遗嘱：扶苏回咸阳奔丧。

千古一帝嬴政，从此进入历史。不过，在儒家学派掌权后，他始终在历史的反面人物群中待着，待了一千多年，直到心学巨子李贽出世，才把他从反面人物中请出，扶他到"千古一帝"的唯一宝座上。

嬴扶苏是嬴政的长子，因对帝国法治常抱怀疑态度，而被嬴政发配到北方长城，与将军蒙恬一起抵抗匈奴。嬴政要长子回首都咸阳给老爹奔丧，合情合理，但法学家赵高却解读出不同的答案来。

赵高本是赵王国人，因罪受阉割而成为太监，后来侍奉嬴政很体贴，所以得到嬴政信任，让他修习法学，自此成为嬴政最信任的官员。嬴政去世后，他马上对嬴政的小儿子，同时是他的学生的嬴胡亥说："皇上要你大哥回咸阳，明显是立嫡以长的思想作怪，你大哥要当皇帝。"

嬴胡亥耷拉着脑袋说："老大继承皇位，天经地义，有什么可说的。"

赵高说："此事只有你、我、李斯知道，倘若我们三人联合，什么事都能成。"

嬴胡亥眼里放光，手舞足蹈地道："我明白你的意思，如果我做了皇帝，你就是第一功臣。"

赵高如犯了羊痫风般去找李斯，问道："扶苏如果做了皇帝，你觉得他会用你当宰相，还是用蒙恬？"

李斯说："这不是废话吗！当然是蒙恬，他和蒙恬在塞外共甘苦这么多年，和我关系一般，怎么能用我！"

赵高说："你有生之年，想不想永远做帝国宰相？"

李斯不假思索地回答："当然！"

赵高小声地对李斯说："胡亥很看好你，如果他做了皇帝，你永远是丞相，这是他亲口许诺的。"

李斯心动了，他没法不心动。多年来，李斯始终是嬴政的左右手，抱住嬴政这棵大树后，他品尝到了权力的美味。如同饕餮对美食的饥渴，李斯对权力有着不可名状的喜爱。因为权力实在太魅惑，可以让人永远活在随心所欲、唯我独尊的情景中。

李斯的儿子从地方回咸阳，李斯摆了几百桌欢迎宴，帝国上下，除了嬴政未到，其他官员全部到场。李斯高高在上，举起酒杯，如宗教的教主一样俯瞰众生，鲜花和掌声扑面而至，内心翻滚出宇宙级别的喜悦。这种高潮的感觉，只有大权在握的人才能体味。如果这一切都失去了，李斯不敢想象。

当然，李斯和那群酒囊饭袋的官员不同，他享受权力，同时也有担当精神。宰相的权力可以让他做很多想做的事，为自己，为家族，为国家，这一切，如果没有权力支撑，全将化为虚无。

在欲望和良知的搏击中，李斯的良知惨败，他同意了赵高的建议。嬴政一死，赵高和李斯马上伪造嬴政遗嘱：扶苏和蒙恬就地自裁，嬴胡亥即位。

这道遗嘱被送至蒙恬军营后，扶苏马上自裁。蒙恬虽不相信，可也没有起兵造反，而是束手就擒，异想天开地要靠时间获取转机。

为了稳定咸阳政局，李斯和赵高秘不发丧，把嬴政的尸体和咸鱼放在一起，掩盖尸臭。嬴政是第一个尸体腐烂发臭还未入殓的皇帝。巡游车队一回到咸阳，嬴胡亥按赵高伪造的嬴政遗嘱即位，同时宣布嬴政驾崩，大秦帝国的第二任皇帝嬴胡亥就此诞生。

嬴胡亥的即位，不是阴谋，也不是政变，而是嬴政内心深处的想法。他不可能将帝国未来交到柔弱、慈悲的扶苏手上，这和他的一贯作风以及帝国性格完全不符。嬴政给扶苏的那道遗嘱，只不过是让他回咸阳奔丧，除此之外，没有任何多余的信息。不过，他的确没有明言，要嬴胡亥即位，虽然他对嬴胡亥的爱深沉不已。在多次的巡游中，他只带了嬴胡亥这一个儿子。

嬴胡亥从未受过接班人应该接受的教育，他的老师赵高教他的是刑罚而不是法律。更要命的是，嬴政不给子弟超规格待遇，使嬴胡亥对荣华富贵有着强烈的渴望，他如同一个穷鬼突然暴富一样无知无畏，却又高调张狂，一旦把荣华富贵和权力抓到手中，就绝不撒手，而且还要对潜在威胁进行残酷的铲除。

他上任的第一件事就是按照赵高的怂恿把兄弟姐妹全部铲除，接着是铲除嬴政最信赖的武将蒙恬、蒙毅兄弟。最后，又在赵高的示意下，他深居简出，模仿当初老爹的神龙见首不见尾。从此，很长一段时间，凡人从未见过他。本来，他撒手不管没有问题，因为政府还有政治强人李斯，但赵高忽然插手政府，李斯被边缘化，大秦帝国政治加速恶化，往日兴盛一去不返。

有良知的臣子撕心裂肺地呼吁，要皇帝嬴胡亥注意那些蠢蠢欲动的六国遗民，还有臣子建议嬴胡亥，停止一切基建工程，诸如长城、永不停工的皇宫建筑以及嬴政的巨大陵墓。嬴胡亥被这些声音搞得心烦意乱，突然从神秘的帘幕中伸出惨白的手，对眼含泪花的臣子们说：“民众为帝国贡献劳力天经地义，我大秦在陕西几百年来，哪一年没有工程？你们哭哭啼啼的，像什么样子！”

那些啜泣的臣子说："皇上啊，往年不同今时，当初咱们的疆土才多大？纵有土木工程，人力也征用不多。如今统一六国，疆土扩大数倍，山东人要艰难跋涉几个月才能到咸阳来做工程，河北人要翻山越岭数月才能抵达湖南做工程，民间已怨声载道啦。"

嬴胡亥回头看赵高，赵高愤怒地说："这些人妖言惑众，应该砍头。"

于是，处决。

李斯站在百官最前面，感觉脖颈发凉，他下意识地摸了摸脖子，出了一身冷汗，把在家中准备了一个时辰的话，全嚼烂咽进了肚子。

再也没人肯为帝国说一句话，大秦帝国如同瞎了眼的巨人，向悬崖冲去。

包括李斯在内的大秦高官们都预测，如天下有变，第一个吃螃蟹的肯定是六国遗民，但事实惊掉了他们的下巴。撬开大秦帝国墓门的居然只是两个草民，他们的名字是，陈胜、吴广。

4／

大泽乡革命

嬴政去世一年后（公元前209年）阴历七月，秦王朝河南登封政府派遣九百平民前往北京密云协防，领头的两个人都是河南人，一个是陈胜（今河南登封市人），一个是吴广（今河南太康县人）。行至安徽宿州大泽乡时，遇大暴雨，数日不停。陈胜和吴广焦急万分，因为时间已误，即使抵达密云，按秦法，也要斩首。

所有人的人生中，都有陈胜、吴广这样的抉择时刻，每个人必须做出自己的选择。陈胜略有头脑，还有他那个阶层的人所没有的抱负。当初务农时，他就对伙伴们说："苟富贵，勿相忘。"伙伴们嘲笑他："你一个农民，如何富贵？"陈胜冷笑说："燕雀安知鸿鹄之志？"

如今，在瓢泼大雨中，他想到这段往事，隐约感觉富贵来临，就和吴广商议说："秦法严苛，不讲情理，咱们到密云是死，不到也是死，倒不如造反，赌一把，或许有生路，即使没有生路，也壮烈一回，没有窝囊地死掉。"

吴广接受了这个赌注，两人在这场百年不遇的大雨中蹑手蹑脚地联络九百平民里的激进分子，最后，组成了临时革命团体，向几个监军突然发动袭击，将其杀死。

杀死敌人后，陈胜站到高处，在瓢泼大雨中用最朴实无华的言语告诉大家："那些王侯将相是命中注定的吗？不是，他们的地位也是靠艰苦奋斗得到的。如今咱们也艰苦奋斗，要么去北京密云送死，要么和秦帝国的官员们战斗而死，请选择！”

九百人面面相觑，脑海中翻腾着陈胜的话。他们忽然发现，原来真是如此，王侯将相的地位真就是通过奋斗而得来的。

这种思想，源于秦帝国的思想教育。秦帝国的激励机制就是，不论你出身如何，只要肯努力工作（战场上奋勇杀敌、田间认真务农）就能有荣华富贵。若是在战国时代，就不可能有陈胜、吴广这样的人诞生，因为“王侯将相宁有种乎”的价值观还未普及。所以说，一个国家的社会价值观有多么重要！

这九百人狂呼乱喊，看到富贵逼面而来，宣布造反，中国历史上第一次平民革命诞生。

九百人抵抗战无不胜、攻无不取的大秦帝国几十万陆军，等于用一颗鸡蛋向巨石撞去，没有不碎的道理。但造物弄人，这九百人的乌合之众不但活了下来，而且收获喜人。

陈胜、吴广先攻取了河南淮阳县，以此作为根据地，派出数支小分队四处掠地，同时号召六国遗民复辟，短短一个月时间，陈胜、吴广就集结起一支不可小觑的军队，六国遗民在其鼓舞下，也纷纷拥护从前的贵族复兴祖国。几十年来，各国贵族在屈辱和废墟中跪着，现在终于有机会站起，当然要迅速站起，向曾经夺取他们荣华富贵的大秦帝国复仇。

天下震动，各地救急文书如纸片般飞向咸阳城。李斯急得如热锅上的蚂蚁，但被赵高阻拦，他始终见不到皇帝嬴胡亥。嬴政时代，李斯还没有独断的信心，因为他和嬴政始终处于同一频道，但现在不行，赵高的淫威始终笼罩着他，李斯手中的权力越来越少。他眼睁睁看着帝国向衰亡走去，却无能为力。在赵高的“保护”下，六国力量全面复活，大秦岌岌可危。嬴胡亥大概听到了什么，突然问赵高：“听说东方有盗贼？”

赵高立即回答：“这是谁在危言耸听？只不过发生了几起小偷小摸的行政案件，不值得皇上担忧。”

嬴胡亥果然就不担忧，赵高继续掩耳盗铃，不但自己掩耳盗铃，还让大秦帝国所有官员都捂起耳朵，装成没事人一样。

形势越发对秦帝国不利，陈胜在储蓄了足够的力量后，采取斩首行动，集结全部力量，直攻咸阳。陈胜靠一次豪赌，功成名就。当初和他一起务农的伙伴都找上门来。陈胜怀着谦恭心礼贤下士，但这些伙伴脑子进了水，常常在陈胜部下面前谈陈胜贫贱时的丑事。陈胜开始还心胸宽大，后来被这些人不恭的话语激怒。

他私下找这些人谈话说："当初咱们共贫贱，现在咱们共富贵，就不要谈那些贫贱事了，这有损我在部下面前的威信。"

他的伙伴们就大笑说："你这叫忘本，你就是做了皇帝，也是农民的儿子，这怎么可以随便忘掉呢。"

陈胜忍住怒气，轻言轻语地说："人要有适应的能力和心智，如今不同往日，我们的身份已变，就不该活在当初的身份情境中。"

那些人又大笑。陈胜遗憾地叹息说："你们呀，不懂人情世故，来人，拉出去斩了。"

这些人到此才发现陈胜没有开玩笑，但为时已晚，他们像猪一样被拉出去砍了头。吴广来劝陈胜："杀了他们，恐怕会影响其他人来投奔咱们。"

陈胜说："这种不知人情世故的人，来投奔又有何用？！"

陈胜看得很准，这种人的确没有用。但陈胜看得准，却不代表他做得对，在知行合一上，他显然不够资格。

几个月后，陈胜所主导的斩首行动败给了秦帝国宫廷侍卫长章邯的部队。章邯所启用的部队是秦帝国的杂牌军，陈胜、吴广的革命能快速成功并光速蔓延开来，得益于三点。

第一，秦帝国的正规部队都不在中原，一部分在南方原始深林中平叛，另一部分则在北方长城防御匈奴，陈、吴二人和六国后裔如当年的姬发（周武王）进攻商王朝一样，捡了个投机取巧的大便宜。

第二，秦王朝突然从封建制决绝地转换为郡县制，没有缓冲。嬴政和李斯没有以郡县制治理如此庞大国家的经验，嬴政把特权紧抓手中，甚至包括自己的儿子，都没有因祖国扩大规模而得到任何好处，所以内心是排斥的。秦王国时期，和各国开战，许多人还有机会因军功而发家致富，可统一后，这种发迹的机会荡然无存。不但是六国后裔反感秦帝国，即使是秦帝国本国人民，也对帝国颇有微词。这就是陈胜、吴广革命后，秦帝国地方政府反应迟钝的原因，他们已经没了积极性。可以说，当时整个大秦帝国，除了嬴政外，全是帝国的敌人，一旦有机会，敌人当然群起而攻之。

第三，秦帝国的"法治"没有儒家的"人治"保驾护航，变得僵硬，毫无回旋余地。陈胜只是延误期限，罪不至死，即使法令规定要处斩，倘若有仁义调和，也会实事求是地分析其延误的根本原因（暴雨），陈胜等人就不会死。可大秦帝国给这些人的印象就是，我们只看结果（你延误了），不看理由（因暴雨导致延误），所以陈胜等人才不得不造反。确切地说，是僵硬的法治害了大秦帝国。

嬴政灭六国，可谓惨不忍睹。魏王国首都被水淹没，成百上千的人死亡，赵王国一个长平之战就被秦人杀掉四十余万人，楚王国抵抗最激烈，寸土必争，几乎被秦灭种，所以才发出"楚虽三户，亡秦必楚"的痛恨血誓。亡国之恨是有良知之人刻骨铭心的大恨，他们不会看到统一后的中华少了很多血肉横飞的战争，只看到秦灭祖国时的残忍，所以，通过各种手段来复仇，就成了大多数六国遗民的人生第一等事。

六国对嬴政的痛恨，智慧过人的嬴政和李斯心知肚明，但他们无力化解，因其根源是在秦帝国赖以生存的传统中。百年前的变法洪流中，秦国变法最震撼，商鞅用凌厉的法家手段一举消灭了成事不足败事有余的贵族政治，将秦国的政治结构、社会风气、价值观念，全部改变。赵国的变法只局限于军事，楚王国的变法只限于削弱贵族特权，这只能称为改革，根本没有到变法的层级。秦国自变法后，俨然换了灵魂，摇身一变为另一个秦国。

法家思想，讲究的是实事求是，高效、快速地解决当下问题，在推进中，最大的障碍有两个，一个是既得利益者的阻挠，但更大的一个是人生价值观，也就是人心。

商鞅以绝不容忍的态度，用“遵守法律则赏，违法则严厉惩罚”的方式来摧毁这两大障碍，经过几十年毫不慈悲的努力，秦国的贵族被消灭，秦人从前“懒散”的价值观迅速转变为“积极向上”的人生观。

这种激烈的、绝无回旋余地的法治思想之魂从此主导了秦国。在消灭六国后，仍然将这思想一股脑地套在六国人和本国人身上，自然会引起本国人和六国后裔的愤恨，六国后裔复仇的欲望越发强烈。

无论是嬴政还是李斯，只注意到法家带来的利润——秦国的迅速强大和消灭六国的不费吹灰之力，却没有看到这套思想的弊端——没有人情，只有冷酷的理性。

这是人性的弱点：选择性失明。嬴政和他的帝国，就犯了这样致命的错误。而这个错误，导致了秦帝国的迅速毁灭。

陈胜斩首行动失败，秦帝国章邯立即反击，陈胜、吴广当初起事时的奇迹重演，不过却是反着来的：奇迹般地溃败，先是吴广被杀，接着是陈胜被叛徒谋害，轰轰烈烈的中华第一次平民革命，只持续了六个月，就寿终正寝。

陈胜、吴广只是挺立在潮头上的人物，能力和名声以及所取得的成就不相匹配，所以一遇劲敌，如章邯这样的人，就必败无疑。

中国人性情向来是温和的，除非把他们逼上绝路，否则他们始终忍气吞声。然而一旦将他们逼上绝路，他们的反击也足以翻天覆地。陈胜、吴广以及后来的无数平民造反，就是活生生的证明。

陈胜、吴广的价值在此，其作用是引出另外的霸主，刘邦和项羽。

5／
六国灭秦

刘邦是今江苏沛县人，出身卑微，秦帝国时曾担任沛县泗水亭长（治安官），正是在这个平台上，刘邦靠着与生俱来的交际能力结交了很多社会人物，这些人成为他后来称霸世界的柱石。

和陈胜、吴广一样，刘邦革命也源于徭役。他押解着数百人去目的地服役，可未抵达目的地，这些人就逃亡了一大半。刘邦此时意识到危险，索性放了这些人，自己逃进深山老林。他以为没人可以找到他，但他老婆吕雉却轻而易举地在万山丛中找到了他，他大为惊异。吕雉解释说："你所在的地方上空有五彩祥云，我跟随云彩就找到了你。"

这类似网络时代的"定位"。东方帝王善于神化自己，偶尔会有帝王通过一个神来加持自己，这是中华传统文化的一大精华，帝王注定论。

刘邦知道自己头上的奇异云彩后，又听闻陈胜、吴广已揭竿造反，于是大张旗鼓地招兵买马，在朋友的帮助下，他很快组建了一个可怜兮兮的兵团，先攻下了几个不入流的帝国县城，然后马不停蹄地去投奔当时反政府势力最高领导人熊心（楚怀王的孙子，仍称楚怀王）。

熊心只是名义上的反政府势力最高领导人，实权掌控在原楚王国大将项燕的孙子项羽手中。项羽，今江苏宿迁人，年轻时和叔叔项梁学习搏击，学成后，项梁希望他能精进。但他反对，说："我要学能打败万人的兵法。"于是学习兵法，又成。项梁让他学习孔孟之术，项羽说："无用。"项梁再让他学习治国之术，项羽说："无用。"

陈胜、吴广革命后，项梁和项羽立即在对秦苦大仇深的楚王国故地揭竿造反，由于他们的楚王国贵族身份，又因为楚王国百姓对秦人有着刻骨铭心的仇恨，所以复兴的楚王国力量飞速壮大，超越了当时所有六国后裔建立的王国。

熊心（项羽）向复兴的各王国国王发出抗秦宣言，同时宣称谁先攻陷咸阳，谁就当秦帝国国王。这显然是项羽提出的绝妙的出发点（念头）：大家造反的目的不是取代秦帝国，而是恢复各国林立的战国时代。可以说，熊心这次全世界战争总动员的目的是复兴，而不是继承、发扬。

当六国联军对秦帝国磨刀霍霍时，秦帝国却在自寻短见。熊心动员世界对秦帝国发动战争的几个月前，秦帝国的砥柱李斯被赵高杀掉，李斯全族被诛。李斯走进刑场时，回首一生，感慨良多地对儿子说："现在好想回到当初遛狗的时光啊。"但他知道，已回不去。**无数人大难临头时才发现平凡生活的可贵，可如果让他们一生都平凡，他们却又心不甘情不愿，这就是矛盾的人生。**

李斯一死，秦帝国崩溃的砝码又加重了。当六国联军渐渐逼近咸阳时，嬴胡亥才从噩梦中惊醒，他从幕后走出，恍恍惚惚地问赵高："李斯是怎么死的？"

赵高回答："他谋反。"

嬴胡亥噢了一声，又问："我感觉不对啊，有人说，天下大乱了？"

赵高紧张起来，说："没这回事，好好睡你的觉吧。"

嬴胡亥打着哈欠去睡觉，赵高意识到，天下没有不透风的墙，嬴胡亥迟早会知道天下已大乱，到时他肯定吃不了兜着走。索性一不做，二不休，就在嬴胡亥睡觉时，他带兵冲进皇宫，把嬴胡亥捉住说："当初我立你，现在我杀你，咱俩扯平了。"

嬴胡亥虽然蠢，但还是能明白赵高的逻辑有问题，不过现在已不是讲逻辑的时候，而是讲谁的刀快。赵高一刀砍死他，大秦帝国没了皇帝。

赵高决心复制他一生中最伟大的事业，如当年立胡亥一样立了胡亥的侄子嬴子婴为帝。

嬴子婴年轻，却比他叔叔精明，他坐在龙椅上冷冷地问赵高："天下何以大乱？"

赵高还真不知道，琢磨半天，才说了句："树大招风，咱们就不该一统天下称皇帝。"

两天后，赵高自作主张，摘下"大秦帝国"的招牌，降帝国为王国，秦帝国只建立了十四年（公元前221年—公元前207年），就自动堕落为秦王国。可这种自废武功的行为并不能阻止六国联军向咸阳挺进，国王嬴子婴向天下喊话说："秦王国将和诸王国和平友好相处，希望大家恢复从前的战国时代，能否岁月静好？"

复兴的六国回答："滚！"

嬴子婴放弃这种不切实际的幻想，命令秦帝国唯一的顶梁柱章邯抵抗六国。嬴子婴拿出嬴氏高贵血统中的傲气对复兴的六国说："我爷爷灭了你们一次，你们不服，那我再来灭你们一次。"

似乎是嬴政在天上显灵，保佑大秦帝国。分散在全国各地的秦帝国正规军陆续集结，由章邯率领，反击六国。楚王国力量最强，章邯就先对楚王国开战，项羽的叔叔项梁骄傲自满，陷入章邯的包围圈，被乱箭射杀。楚兵团霎时溃散。章邯干掉了最厉害的叛徒，于是掉转枪头，进攻实力强大的第二叛徒——复兴的赵王国。

赵王赵歇的部队和章邯的部队一接触，立即溃败，只好退守巨鹿（今河北平乡），章邯把巨鹿围得水泄不通，赵歇向各复兴王国发出求救信，各王国兵团纷纷向巨鹿开拔。

当他们抵达巨鹿城外，看到章邯兵团疯狂攻城的场面时，从前被秦多次击败的惨事涌上心头，这些冠冕堂皇的国王立即浑身颤抖，险些从马上跌落。没人敢出战，大家都作壁上观。

六国后裔革命时，声嘶力竭地喊叫为祖先复仇，但一遇仇人，马上吓得魂不附体。可见大多数人在经历巨大失败后很难恢复自尊和信心。只有极少数伟大人物，才不会永远恐惧曾战胜过自己的敌人，项羽就是这种人物。

章邯根本没把这些人放在眼里，疯狂地进攻巨鹿。巨鹿眼看就要陷落，项羽带领楚兵团抵达。一抵达，项羽就让士兵破釜沉舟，楚兵团被绝境激起斗志，向章邯的秦军发起猛攻。章邯的秦兵团横扫陈胜、吴广，轻易击溃赵歇，可在项羽的强悍攻击下，霎时崩溃，赵歇这时又从城内反攻，章邯受到内外夹击，虽逃出重围，去咸阳请救兵，却白跑一趟，赵高不是不给，而是没有。赵高非但没有救兵给章邯，还要陷害章邯。章邯眼见死路一条，只好投降了项羽。

章邯投降，秦帝国再没有合格的统军将领能和敌人作战。巨鹿之战胜利后，各王国国王来面见项羽，都低眉顺目，战战兢兢，不自然地跪到地上，项羽因此一战而成为当之无愧的诸侯之首。

章邯的失败在咸阳城引起巨大的恐慌，国王嬴子婴痛恨赵高的祸国，把他引入宫中杀掉。此时杀死一百个赵高都无济于事。纵令嬴政和李斯同时复活，也毫无意义了。

嬴子婴做秦王国国王四十六天后，当各国兵团在巨鹿和章邯兵团生死角逐时，刘邦轻巧地绕开难以攻破之地，抵达咸阳郊区。嬴子婴知道大势已去，祖先几百年的积累，到此灰飞烟灭，如同当年六国一样。他没有任何抵抗，大开城门投降，刚刚重新建立不到五十天的秦王国灭亡。刘邦因先入咸阳灭秦而成为当时仅次于项羽的权威人物。

项羽得知刘邦先入咸阳后，大发雷霆，带领楚兵团和其他兵团抵达咸阳郊区，在鸿门（今陕西省西安市临潼区鸿门堡村）驻兵。他本来要直进咸阳，可被刘邦守军阻挠，又有人提醒他："刘邦有天子相。"项羽暴跳如雷，下令整军，准备进攻咸阳，活捉刘邦，碎尸万段。

刘邦正在咸阳城和几个谋士畅想未来，听闻此事，面如土色。那个曾刺杀嬴政未遂的张良大笑道："沛公（刘邦）放心，项羽不是咱们的对手。去和他吃个饭，世界上没有什么事是一顿饭不能解决的，如果有，那就吃两顿。"

中华历史上最有名的饭局——鸿门宴，开席。

在这场著名的宴会开席前，我们要重点审视一下嬴政和他的大秦帝国对中华的影响，这种影响可以用“惊天动地”来形容。

嬴政治理帝国的“为人民谋取幸福生活”的初心完美无瑕，他使中华世界成为现实，并由此延续两千多年，从无中断，这是积极的方面。消极的方面则是他不体恤民情，滥用民力，法治思想的毫无余地导致其灭亡后的影响。这一影响，犹如全球火山同时爆发。

嬴政和他的帝国在中华千年史上毁多誉少，有两个原因：一是存在时间太短，所以孝子贤孙没有机会为其歌功颂德，秦帝国和后来同样短命的隋帝国一样，都被接替者强力抹黑。二是嬴政的法家政策和后来成为中华意识形态的儒家思想水火不容，所以嬴政和其帝国常被当作反面教材，时不时就受到攻击。

也正因此，西汉建立后，大家都避谈法治，认为行法治会很快亡国。即使有人行法治，也要拿儒家思想来遮挡。由于法治受到后人的唾弃，所以，之后中国就走上了“人治”道路，一直走到辛亥革命。

实际上，很多人只看到嬴政行法治而使秦帝国快速灭亡，却没看到其行法治而快速富强，并横扫天下。很多人意气用事，因恨嬴政而牵累其所行的法治，实在愚蠢透顶！

嬴政最大的问题就是为中华树立了一个“用法治不行”的坏榜样，中国实行了两千年人治，精明如李世民、赵匡胤都可能发现其缺陷，但死都不肯改，问题就出在嬴政身上。因为所有人都担心一旦改人治为法治，可能会快速亡国。

归根结底，中国古代没有走上法治道路（当然中式法治和西式法治不同，但毕竟是法治），嬴政要承担主要责任。

嬴政对中华，真是功过参半！

6／
项羽的智慧

我们现在正式进入那场改变中国历史的宴会——鸿门宴。公元前206年，刘邦和谋士张良、大将樊哙带着一百多人到鸿门赴宴。表面上，这是肉包子打狗，但刘邦在项羽身边已有内应——项羽的小叔项伯。

项伯和张良有深厚的友谊，当初张良刺杀嬴政失败，过着丧家犬的生活，正是项伯施以援手。张良后来投靠刘邦，和项伯约定共患难、同富贵。所以两人虽在不同阵营，但友谊胜过政治立场。当然，这很可能只是项伯的一厢情愿。当他得知项羽要对刘邦不利时，他慌张地跑进咸阳城，通知张良快跑。张良灵机一动，将他介绍给刘邦。刘邦十分感激他，搂抱着他哭成了泪人。最后，项伯感觉自己不是来救张良的，而是来救刘邦的。

情感丰富、容易被感动的项伯对刘邦许诺："只要有我在，你必全身而退。"

项羽当然对小叔是内奸这件事一无所知，见到刘邦时，冷冷地说："恭喜你先进咸阳城啊。"

这种祝贺是彬彬有礼的嫉妒，刘邦听出了项羽充满仇恨的话外音，他像孙子被爷爷训斥一样地趴到地上，眼含热泪，情绪激动地解释自己其实是想等项羽来接收咸阳。

项羽让他站起来，有时候跪着说话反而不方便。他假惺惺地问刘邦："熊心（楚怀王）说，谁先进咸阳，谁就是秦王国国王，你既然先进的咸阳，为何说要等我来接收啊？”

刘邦吃了一惊，竟然不知该如何回答。他身边的张良急忙站出来说：“熊心说的话没用，您说的话才有用。”

项羽对这句话很是受用，他身边的谋士范增站出来对刘邦发出“灵魂拷问”：“为何在咸阳城对老百姓发号施令，约法三章？”

刘邦不知如何回答，因为这个稳定民心的行为是张良的建议。所以张良抢答道：“为了给项王一个安定的咸阳城！”

范增再追问：“为何不取咸阳城财宝，而只取山川地图？”

张良回答：“财宝是留给项王的，山川地图正要献给项王，项王分封诸侯用得上。”

项羽听到这里，高兴得大笑，把身边的范增吓了一大跳。范增老谋深算，当然知道刘邦和张良居心叵测，可他看到项羽那副得意扬扬的样子，就叹息起来。

范增还要继续向刘邦发出“灵魂拷问”，但项羽饿了，于是他宣布开席。

双方按照尊卑顺序陆续入座，项羽高高在上，一群在巨鹿之战中被项羽夺了魂魄的诸侯陪着刘邦，低声下气地笑着。

众人大口喝酒，大块吃肉，刘邦却心事重重。刘邦给张良使眼色，张良就给项伯使眼色，项伯向张良坚定地点头，意思好像是“你放心，有我在”。

宴会到高潮时，项羽似乎对刘邦的恨意全无，频频向刘邦举杯，刘邦只好硬撑着喝。范增捏着一块玉，不停地示意项羽，这是两人约定的暗号，只要范增拿出玉，项羽就命令幕后刀斧手冲出把刘邦剁成肉酱。

但项羽好像瞎了，始终没看到范增在晃动那块玉。范增怒气冲冲，快步走回后堂，对侄子项庄说：“大王宅心仁厚，不忍下手，你假装去宴会舞剑，趁机弄死刘邦。”

项庄拎起剑走了出去，叩拜项羽，道：“我愿为诸位舞剑助兴。”

项羽大笑说：“好！”

项庄就在宴席中央舞起剑来，舞来舞去，刘邦就发现，项庄的剑长了眼睛，总奔他的咽喉来。好像他的咽喉是磁石，总吸引项庄那把铁剑一样。

张良发现情势危急，急忙示意项伯快想办法。项伯急中生智，提了把剑就跳到宴席中央，对项羽说："我也来助兴。"

项羽鼓掌叫好。

项庄这下别扭死了，每次他的剑尖离刘邦咽喉只有一寸时，项伯的剑就把他的剑挑开。两人从开始的舞剑变成了械斗，在场所有人都看出问题来，只有项羽还在那里大呼小叫地喊着"好好好"。

项伯渐渐体力不支，项庄的剑又找上了刘邦的咽喉。刘邦吓得后背全是汗。张良发现，项伯已无力应付此事，就偷偷出来告诉莽夫樊哙说："沛公危险，你赶紧去救。"

樊哙从前是杀狗的，跟随刘邦后开始如杀狗一样杀人，杀狗练胆，杀人练心。樊哙天不怕地不怕，他推开站岗的护卫冲进房间。樊哙看着项羽，怒目圆睁，本来就肥头大耳，现在他看上去更像远古食人兽了。

他冲进来，大家都愣住了，连项羽都惊异地放下酒杯，看着樊哙。

樊哙用最简单粗暴的方式解决问题，他对项羽说："项王，您真是没良知，沛公把咸阳收拾妥当，等你来接收，你如今却想杀他，这是什么道理！"

项羽被镇住了，英雄惜英雄，心里已对樊哙产生好感。他问樊哙："能喝酒吗？"

樊哙拎起身边一个诸侯的酒罐子，仰起脖来，咕咚咕咚喝干。那个诸侯只能干瞪眼，不敢造次。

项羽大喜道："能吃肉吗？"

樊哙搜寻了一番，发现都是熟肉，就说："我喜欢吃生肉。"

项羽说："听说你以前是杀狗的，给你来条活狗如何？"

樊哙说："杀狗不一定吃狗肉，我喜欢吃猪肉。"

项羽下令："拿个猪腿来，生的！"

猪腿送到，樊哙拿起来就咬，吃得满嘴鲜血，俨然已成食人兽。

项羽大笑，众人都陪着笑，宴会气氛似乎有所缓和。刘邦趁机请求去厕所，出来后，问张良："怎么办？"

张良说："赶紧跑吧。"

刘邦担心项羽会问罪。

张良说："你没发现项羽对你态度已有所缓和，趁他没有改变主意，马上走。"

樊哙也劝说道："现在人家是屠夫，咱们是案板上的狗，人家只要一举刀，咱们就成死狗啦，赶紧逃吧。"

于是，刘邦等人偷偷溜走，只留下张良。项羽等了半天，也没有等到刘邦回来，张良这才跪倒在地说："沛公要抓紧时间收拾东西离开咸阳，不告而别之罪，由我来承担。"

范增气得死去活来，项羽却默不作声，最后让张良也回去，鸿门宴至此结束。

项羽默不作声，没人知道他在想什么。许久，他才端起酒来，向在座诸侯说："干了！"

项羽在鸿门宴上的表现让我们想到一个故事。有人养了一只鸽子，后来鸽子死了。他立志要好好送鸽子最后一程。开始他想土葬，后来想到火葬。在火葬鸽子的过程中，他闻到了鸽肉的味道，于是买了瓶二锅头，鸽子肉成了下酒菜。我们常讲不忘初心，项羽和烧鸽子的人一样，忘记了初心。世上有很多项羽这种人，下定决心做出某种行动，但随着情境改变，渐渐忘掉初心，让事情走向不知名的道路。诸多史学家都说项羽有妇人之仁，这是错误的判断。**项羽，正如我们大多数人一样，是意志不坚定，常常忘了初心的那种人。**

忘记初心，就要付出忘记初心的代价。

项羽的错误不仅仅是鸿门宴放走刘邦，接下来的错误，更致命。

鸿门宴结束的一个月后，刘邦退出咸阳，项羽进入咸阳，杀掉嬴子婴，宣布秦王国灭亡。现在，项羽成为中国之主，不过他还是象征性地向名义上的中国领导人熊心请教中国的走向。

熊心只说了四个字："你说了算。"

项羽现在有两条路可以选择，第一条，继承秦帝国的遗产称帝，使中国仍然延续统一的帝国面貌；第二条，恢复秦帝国前的世界格局，也就是战国时代。

很多时候，个人选择的余地很小，大都是形势所迫。秦帝国覆灭的教训，已让所有人产生了错觉，那就是秦帝国的政体有致命缺陷，再加上六国后裔不愿对某一个人俯首称臣，所以第一种“继承秦帝国政治遗产”的选择，几乎已是不证自明的错误答案。而第二种选择，完全顺应了那些诸侯的心意，项羽不是无敌的，至少他还不想和所有诸侯为敌。

有人认为，项羽即使无法继承秦帝国的政治遗产，也不要恢复战国时代，最好的方式是恢复到西周时代。这是不在其中，不知其难。

西周封建时代，西周国王是天下共主，诸侯都要听从共主的命令。如今，那些六国后裔早就习惯了各自为政的日子，谁肯心甘情愿再受他人指使?

所以，项羽唯一的一条路只能是恢复战国时的格局，连春秋那样的“尊王”时代都无法恢复。

如同姜子牙当年封神一般的威风凛凛，项羽开始封神。和姜子牙封神的庄重不同，他的封神方式很随意，完全出于个人喜好。他不喜刘邦，虽然封其为汉王，却将其封地都城设在今陕西南郑区，又把秦在关中的地盘一分为三，设置三个国，用来阻挡刘邦的东进。

项羽在恢复了其他六国的同时，还封了和自己比较亲近的几个草头王为国王，算上他自己的西楚王国，当时的中国共有十八国。中国重回战国时代，比战国还要“战国”。

项羽封神完毕，看到各路诸侯纷纷返回封地，不禁扬扬得意，认为这是他高度智慧的结晶。他下令集结西楚兵团，回西楚王国国都彭城（今江苏铜山区）。有个叫韩生的人劝他说：“关中是战略要地，据之可控制四方，不如定都咸阳。”

项羽说：“富贵不还乡，就如穿着新衣服夜行，有谁知？”

韩生从喉咙里发出咯咯的声音讥笑说：“大家都说楚人是戴帽子的猴子，看来真是如此。”

项羽大怒，让人把韩生捉住，在将其处死前说：“你们这群知识分子，说的话狗屁不通，又长了一张臭嘴。富贵还乡怎么了？这是人之常情。回老家是给老家做贡献，修桥铺路，还能用我自己给家乡人树立榜样，只要肯走出去努力奋斗，就能获取成功。”

韩生依然冷笑。

项羽接着说：“江苏是我老家，我有群众基础。而且各国领导人都回了自己的封地，我不回，是何道理？你说关中战略位置重要，我觉得最好的战略位置是一个天下无敌的兵团。”

韩生还在冷笑，但当项羽把他扔进锅里煮时，他开始哭爹喊娘，最后被煮成了肉粥。

项羽的“富贵还乡论”是中华传统思维乃至美德之一，每个在外功成名就的人都想回老家走一遭，这不仅仅是向当初处于同一起点的老乡炫耀，还有一种家之情怀。当年舜和孔子提出的家的观念和孝的理念，深深影响了中国人。使中国人无论在何方，只要略有小成，第一个要去的地方就是家乡，这是家观念和孝理念的升华。也正是在这种传统思维的千年主导下，中国人才热爱家和家乡，才有更多在外成功的人，义无反顾地回到家乡，给父母尽孝，为家乡贡献物质和精神力量。

另外，项羽对韩生说的最后一段话相当正确，他做出恢复战国时代的决定就注定了他必须回到家乡，这让他在道义（各国王都要回封地）和力量（群众基础）上都言之成理。

然而，很多“复古”都可能正确，但政治上的复古肯定错误。项羽将为这个注定的、不可更改的错误付出疲于奔命的代价。

第一个挑战他的不是对他耿耿于怀的刘邦，而是复兴的齐王国丞相田荣。

田荣是齐王国王室成员，趁陈胜、吴广掀起的风浪而复兴齐王国，田荣辅佐老哥田儋为齐王，田儋战死后，齐人又推举另一王族成员为王，田荣大发雷霆，驱逐了这个国王，立老哥的儿子田市为王，田荣大权独揽。

项羽的叔叔项梁对秦将章邯发动全面攻击前，派人要田荣提供帮助，田荣断然拒绝，结果项梁战败身死，项羽记下了这个仇恨。章邯围赵时，所有诸侯都快速到场，只有田荣慢悠悠地散步到巨鹿，项羽又给他记下一笔。

后来项羽封王时，故意把田荣辅佐的田市封为胶东王，把听从他号令的原齐国王室成员田都封为齐王，至于田荣，项羽连理都未理他。田荣没有反省自己的过错，而把错误全归于项羽。当项羽返回江苏不久，他杀了项羽在齐地所立的国王，拥有全部齐地，然后起兵，挑战项羽。

项羽权威受到挑战，他反应快如闪电，带领兵团北上攻击田荣。项羽的兵团天下无敌，田荣渐渐不能支撑，在这关键时刻，有人帮了田荣一把。

如你所知，这个人正是刘邦。刘邦的介入，开启了楚汉争霸的序幕。

7／

楚汉争霸

楚汉争霸从公元前 206 年到前 202 年，整个中国被拖进这场大混战中，无人幸免。最终刘邦胜出，项羽的西楚王国成为历史陈迹。

项羽在和田荣打得如火如荼时，刘邦突然从封地南郑杀出，先干掉了项羽在旧秦地设置的三个国（雍国、塞国、翟国），然后打起“为熊心复仇”的旗号（项羽之前将熊心杀死），联合对项羽有意见的诸侯，对项羽宣战。

楚汉争霸分为四个阶段，第一个阶段是刘邦东进，第二个阶段是彭城之战前后，第三个阶段是荥阳对峙，第四个阶段是汉灭楚。

我们用下页的图表来说明。

这张表一目了然地告诉我们，从刘邦反项羽开始，支持刘邦和项羽的诸侯旗鼓相当（9：8），原因有两个：一是项羽在之前的分封过程中，很不公正。仅以陈余为例，陈余和张耳是生死兄弟，但张耳被封为国王，陈余仅被封为侯，这让陈余不但和张耳决裂，还把怒气撒到项羽身上。二是刘邦的宣传战效果显著。他起兵反项羽的口号是为名义上的天下共主熊心复仇，这种口号可以掩盖很多人的私心，让许多不服项羽的人名正言顺地和项羽开战。

所以当项羽在全力对付齐国时，刘邦集结的五十余万大军轻而易举地攻陷了项羽的老巢彭城，此时，站在刘邦阵营的诸侯明显多于拥护项羽的诸侯。因为大家看到了项羽老巢被端，自己胜利在望。

阶段	楚阵营	汉阵营	数量比
刘邦东进	1. 雍（章邯）、2. 韩（郑昌）、3. 西魏（魏豹）、4. 河南（申阳）、5. 殷（司马卬）、6. 燕（韩广）、7. 九江（英布）、8. 临江（共敖）、9. 衡山（吴芮）	1. 齐（田荣）、2. 赵（赵歇）、3. 代（陈余）、4. 塞（司马欣）、5. 翟（董翳）、6. 河南（申阳）、7. 魏（原西魏，魏豹）、8. 殷（司马卬）	9:8
彭城之战前后	彭城之战前：1. 雍（章邯）、2. 燕（韩广）、3. 九江（英布）、4. 临江（共尉）、5. 衡山（吴芮）	1. 塞（司马欣）、2. 翟（董翳）、3. 魏（魏豹）、4. 赵（赵歇）、5. 代（陈余）、6. 齐（田荣、田广）、7. 闽越（无诸）、8. 建成侯（彭越）	从5:8变为9:1
	彭城之战后：1. 雍（章邯）、2. 魏（魏豹）、3. 代（陈余）、4. 赵（赵歇）、5. 齐（田广）、6. 燕（韩广）、7. 九江（英布）、8. 临江（共尉）、9. 衡山（吴芮）	建成侯（彭越）	
荥阳对峙	1. 临江（共尉）、2. 衡山（吴芮）	1. 魏（相国）、2. 建成侯（彭越）、3. 赵（张耳）、4. 齐（韩信）、5. 燕（韩广）、6. 淮南（原九江，英布）、7. 闽越（无诸）	2:7
汉灭楚	临江（共敖）	1. 魏（相国）、2. 建成侯（彭越）、3. 赵（张耳）、4. 齐（韩信）、5. 燕（韩广）、6. 淮南（英布）、7. 衡山（后来的长沙，吴芮）、8. 闽越（无诸）	1:9

项羽在前线得知老巢被端后，留下主力继续攻齐，自己只带领三万精锐，昼夜奔驰，突然出现在彭城，一抵达彭城即发动猛烈进攻，刘邦大败，全军覆没，连老爹和老婆吕雉都被项羽活捉。刘邦逃至荥阳，他的丞相萧何的补给（士兵和粮食）适时赶到，刘邦就在荥阳站稳脚跟，吃力地抵挡项羽的进攻，项羽不能向西越过荥阳，刘邦也不能东进，双方进入对峙时期。

从表中可以看出，彭城之战后，支持项羽的诸侯开始剧增，支持刘邦的诸侯只剩下一个。诸侯们见风使舵的本领在此发挥得淋漓尽致。

从彭城之战到荥阳对峙，支持项羽的诸侯突然锐减为两个，支持刘邦的诸侯数量大增，这是楚汉争霸的转折点。为何会有如此剧烈的转折，原因全在项羽身上。

从刘邦东进开始直到荥阳对峙，项羽连战连胜，刘邦屡战屡败。但项羽军事上辉煌的背后是政治上的一塌糊涂。每次取得胜利，对于帮助他的诸侯，项羽都舍不得赏赐，韩信就说他经常摩挲着封赏战友的大印，依依不舍，好像大印是他老婆一样。刘邦则不同，对于战友，逢功必赏，毫不吝啬。还有一条是他每次被打成落汤鸡，都能复起，关键在于他的后勤部部长萧何。萧何在根据地为他提供粮草和士兵，而项羽没有这样的人才。

最要命的是，项羽把本来属于自己的军事天才韩信、彭越、英布活生生逼到了刘邦那边。用韩信的说法，项羽自视甚高，不注重人才，只罚不赏，这是典型的政治低能。所谓政治，无非是处理最要紧的人际关系。项羽无法处理这点，所以荥阳对峙时，韩信为刘邦开辟了北方战线，一连串地将项羽的盟友全部消灭；彭越在项羽后方展开骚扰式的游击战；英布则在南方为刘邦苦心经营。荥阳对峙即将结束时，项羽俨然已成瓮中之鳖，只不过因其军事才能而勉强支撑着面子。

刘邦屡战屡败，每次战败，大家都认为刘邦死透了。可他又摇摇晃晃地从地上爬起，且比上一次更强大。人最怕的不是不敢面对失败，而是面对失败后能吸取教训，东山再起。大多数人都平庸无奇，就在于不敢屡败屡战。人只有在失败中才能有收获，而一帆风顺，注定平庸。

荥阳对峙期间，项羽和刘邦进行了无数次的对攻，双方都不能吃掉对方。项羽的后勤补给越来越吃力，他想尽快结束战争，无论是和谈还是你死我活。为此，他把刘邦老爹押到阵前威胁刘邦说：“如果你不投降，我就把你老爹煮了。”刘邦说：“当初咱们在熊心面前立誓灭秦，结为兄弟，我爹就是你爹，你煮你爹，我倒想品尝一下。”项羽对这种无赖无计可施。他又对刘邦说：“天下苦战不已，全因你我，不如咱俩来场搏击赛，谁赢谁做天下之主。”刘邦说：“你脑子进水啦，这是战争，不是流氓斗武术。”项羽黔驴技穷。

连年征战，民不聊生，刘邦也打累了，最终，刘邦同意和解，二人以鸿沟（一条运河，在荥阳境内）为界，将中国分为东、西两部分，西中国归刘邦，东中国归项羽。这是中国第一次被谈判分割，而且是分为东、西两部分。无论是项羽还是刘邦，都明白这种分割绝不会持久。项羽东归时，刘邦撕毁和约，联合天下诸侯对项羽发动全面攻击。

这次攻击是致命的，项羽孤军奋战，疲惫不堪，刘邦的帮手韩信、英布、彭越全面集结，渐渐缩小围攻项羽的包围圈。最终，双方在垓下（今安徽灵璧境内）展开决战。韩信玩起心理战，先是“四面楚歌”，然后是“十面埋伏”，最后在垓下用骑兵团攻击项羽。项羽和他的战友战斗至最后一刻，只剩下项羽一人和他的一匹马。他单枪匹马退至和县乌江边，那里，正有一艘船等他，希望他能回到彭城积蓄力量，因为“江东子弟多才俊，卷土重来未可知”。但项羽有着强烈的自尊，他说：“当初和八千子弟来中原征战，如今孤身一人回去，无脸见江东父老。”船夫说：“大丈夫想成就一番大业，不能只顾面子，要脸厚心黑，和刘邦一样。”

项羽说：“霸王我做不到啊！”

于是，项羽自杀，长达四年的楚汉战争至此结束。中华第一帝国的高峰西汉帝国在打打杀杀的远去中登上历史舞台。

第六章

西汉：中华第一帝国的巅峰

1／

匈奴汉国亮相

公元前202年阴历五月，刘邦大摆庆功宴。他神秘地问大臣王陵："项羽天下无敌，为何却败给我？"王陵就发挥联想力说："您能与天下人共利，故得天下；而项羽恰好相反，所以失天下。"刘邦礼貌性地点头说："你只知其一，不知其二。运筹帷幄，决胜千里，我不如张良；镇国家，抚百姓，源源不断运送兵粮，我不如萧何；战无不胜，攻无不克，我不如韩信。这三人都是人精，却能被我所用，这才是我取天下的玄机所在。"

与会嘉宾都频频点头，认为刘邦的总结是不言而喻的真理。但是，刘邦有点扯淡。刘邦灭项羽和嬴政灭六国截然不同。嬴政灭六国全靠自己的力量，刘邦灭项羽则是靠各路诸侯的力量。所以项羽被灭后，各路诸侯不可能受其直接统治，他们做出的最大让步是，共尊刘邦为皇帝（名誉皇帝，类似于今天的某部门名誉主席），刘邦只能暂时接受自己只是天下共主这个现实，定都长安，建国号为汉。

为和刘秀后来定都长安之东的洛阳的汉帝国区分，刘邦的汉被称为"西汉"，刘秀的汉被称为"东汉"。

简而言之，刘邦和当年的商汤王、周武王取天下的方式一样，但和两位前辈不同的是，刘邦自己也有雄厚的实力，正如他本人所说的，有张良、萧何、韩信这样的人精，自然更有强大兵力。所以，他不可能如商汤、周武一样实行绝对的分封制，更不可能如嬴政那样实行绝对的郡县制，于是，一个特异的国体诞生：封建制和郡县制并驾齐驱。刘邦所能控制的地区沿袭秦帝国郡县制，不能控制的地区则实行封建制。**这种制度很实事求是，面对不同的情势做出不同的应对方式，就是知行合一。**

虽然统一了中国，刘邦却彻夜难眠，一方面源于那些异姓诸侯；另一方面则源于外部，即匈奴的崛起。匈奴部落是活跃在中国北方的一支少数民族，由于文化水准极端落后，没有团结的概念，所以存在了几个世纪，仍然无法变强大。中国春秋时期，秦国东进不成，掉头用匈奴练兵，把匈奴练得灰头土脸。进入战国，匈奴被秦王国从西面像驱赶牲口一样驱赶到北面，本以为能过上好日子，想不到经过军事改革后的赵王国军力强劲，匈奴又被赵王国按在地上摩擦。

非但是秦、赵两个强大的王国把它当成陪练，即使是弱小的燕王国也常常把它揍得鼻青脸肿。匈奴窝囊了几个世纪，终于苦尽甘来，咸鱼翻身，当刘邦完成中国本土统一后，匈奴部落出了位英雄人物——冒顿，他在公元前 201 年杀掉老朽的父亲，也完成部落统一，建立匈奴汉国。

冒顿有着冷酷的性格和远大理想，建立汉国后就开始扩张，匈奴人的马蹄向东踏到辽东半岛，向西迈进西域（新疆），然后纵马南下把河套地区并入版图，开始攻击西汉帝国北方边境，无休无止。两股力量互相碰撞。

西汉帝国皇帝刘邦先下手为强，公元前 200 年，他集结当时所能集结的全部兵力，北上打击匈奴主力，既分胜负，也决生死。西汉帝国的兵团刚击败战神项羽，仍保持着极佳的战斗力，双方先在铜鞮（今山西沁县）小试身手，西汉兵团大胜，匈奴败退，刘邦紧追不舍，追至楼烦（今山西宁武）一带，天降大雪，三里不见人，刘邦轻敌冒进，率领前锋部队猛追匈奴，追到白登（今山西大同东），陷入匈奴设计的包围圈，和主力部队失去联系。

刘邦多次突围都无法成功，七天后，弹尽粮绝，刘邦闭目等死。随军的谋士陈平向他献出计策说：“我们现在根本不是匈奴的对手，不如委曲求全和谈。冒顿宣称他是中国夏王朝的后裔，那咱们就都是中华人，一家人还有什么不能谈的。”

刘邦采纳陈平的建议，陈平带了一批财宝跑到冒顿大老婆那里，说了些话。这些话当然不可能被记载下来，陈平的智慧神鬼莫测，不知他到底说了什么，总之，冒顿很快就在大老婆的提议下从白登撤军。刘邦狼狈地回到长安，再不敢提和匈奴开战的事情。关乎国运的和谈开始。

刘邦召集了全部政府要员：恭谨自持的萧何、计谋百出的陈平、鬼灵精娄敬、善于处理矛盾的陆贾和运筹帷幄的天机军师张良，还有武将，诸如，粗中有细的樊哙、战功最多的曹参以及孔武有力的周勃。刘邦所建立的西汉政府，是典型的平民政府，除张良是贵族外，其他人都出身底层。陈平、陆贾是无业游民，曹参是狱警，樊哙是屠狗贩子，娄敬是司机（替人赶马车），最搞笑的是周勃，他是丧葬仪式中的吹鼓手。

这是大势所趋，战国时期，各国就通过变法把贵族干掉了大半，秦灭六国，又干掉了漏网之鱼。刘邦即使想用贵族，也是缘木求鱼。这正是西汉帝国的好运所在，政府要员来自中国各地，其身份不是六国后裔，所以刘邦不必再耗费精力如嬴政那样防范六国。同时，政府要员来自民间底层，深知民间疾苦，为顺利执政提供了基本保障。

讨论会一开始，军人们就提出不要和谈，打匈奴，打到底，大不了从头来过。幕僚群却不这样想，当时中国经过楚汉战争后“十室九空”，国力弱，根本打不起长期战争，而继续和匈奴打下去的话，也很难速战速决。最终，刘邦赞同娄敬的建议，与匈奴和谈。

娄敬亲自到匈奴汉国，允诺每年给匈奴固定的金钱和粮食。冒顿很高兴，说：“很好，以后我就不用抢啦。”娄敬又说：“我们还可以把皇族的公主嫁给你，让你欣赏一下我们中国女子的美貌。”冒顿拍着大腿说：“太好了，我们族人又肥又丑，你们帮我提高了审美啊。”

汉、匈之间的和亲政策正式确立，按娄敬的乐观推理，将刘氏皇族的公主嫁给匈奴首领，再赠送让对方瞠目结舌的嫁妆，这样理论上，大家成了一家人，就不可能互相攻击。实质上，匈奴总是侵犯中国，无非是抢劫财物，现在不用抢，我们赠送给你，不但赠送财物，还赠送大美女，那匈奴也就没有侵犯中国的念头了。

众所周知的是，和亲政策并没有如娄敬估计的那样有效。刘邦在位八年，和亲政策执行后，匈奴仍小规模地进攻中国，而且还策反了刘邦最信任的诸侯陈豨。刘邦亲自出马才将陈豨干掉。

和亲政策虽没有阻止汉匈战争的发生，但的确减少了很多战争，给之后的中国争取了崛起的时间和空间。这种忍辱负重，非一般人所能承受。刘邦去世后，妻子吕雉掌控汉王朝，冒顿居然给她写信说："听说你老爷们儿死了，我恰好也死了婆娘，你干脆来做我的小老婆，咱们亲上加亲。"

吕雉虽气得死去活来，却不能和冒顿闹翻，只能以万分卑微的态度回信给冒顿说："我年老色衰，不能满足你，请让我用刘家年轻的公主代替我服侍您。"

匈奴的猖狂，注定要付出代价，只不过，还要过很久。在把匈奴基本稳住后，刘邦掉头来对付那些异姓诸侯，在刘邦和老婆吕雉眼中，这些人才是心腹大患。

2／
异姓王全体覆灭

和中央集权的刘邦政府并立中国的有楚王韩信、梁王彭越、赵王张耳、晋阳王韩王信、淮南王英布、燕王臧荼、长沙王吴芮七个异姓王，从公元前202年到刘邦去世的公元前195年这八年中，刘邦和老婆吕雉陆续向这些诸侯举起屠刀，除长沙王之外，异姓诸侯全军覆没。

最先被干掉的是燕王（国都今北京）臧荼。公元前202年，刘邦指控赵王张耳谋反，张耳冤死。刘邦又指控燕王臧荼勾结匈奴，臧荼无处申诉，只能按刘邦指控的启示勾结匈奴，攻下代地，刘邦在验证了自己的指控后，果断出击，活捉臧荼，随后将其处死。

第二年（公元前201年），匈奴进攻晋阳，晋阳王（国都今山西太原市晋源区）韩王信无法抵抗，所以假装和匈奴求和，以等援军抵达。刘邦抓住韩王信的这个过失，大加训斥。韩王信想起臧荼的往事，恐惧万分，马上投降匈奴。韩王信死于五年后，但公元前201年，刘邦已把他的地盘归入中央。

公元前196年，淮阴侯（原楚王）韩信被杀。韩信是个传奇，他的死自然要大书特书。

韩信，淮阴（今江苏淮阴区）人，年轻时熟读兵法，自得于心。人有了知识后，自然就产生志向。韩信的志向是干掉所有敌人，为天下人谋真太平。为此志向，韩信可以心无旁骛地向前走。他曾被一无赖威胁而钻其裤裆，韩信默默承受了这次胯下之辱。韩信的忍辱和姒勾践的大不相同，他是被动的，而姒勾践是主动吃屎。志向对任何人都极其重要，因为它能让你盯准一个点向前，而不会被与志向无关的琐碎事情所干扰。**人的痛苦正源于身边的琐事。**

韩信漂泊无依，到处混饭吃，混得声名狼藉。后来秦末大乱，他参加了项羽的楚兵团，经过几次升级后，成了项羽警卫团中的一员。

懂兵法的人，肯定懂战略，他发现项羽多次战略失误，才引起楚汉战争，所以多次向项羽提意见，但都被项羽否决。韩信一气之下，离开项羽投奔了刘邦。刘邦开始没看上韩信，但萧何和韩信一番谈论后发现这人是不世出的军事专家，所以极力推荐。刘邦这才半信半疑地委韩信以重任，让他去开辟北方战场，打击附和项羽的诸侯。

韩信抵达北方后，招兵买马，马上凑成了一支部队，没有经过任何训练就投入战场。所有人都以为，韩信只是纸上谈兵的赵括第二，想不到他一出手就惊动世界，先击破附和项羽的魏王国，又击溃代王国，当刘邦和项羽还未从惊骇中恢复神志时，他又干掉了庞大的赵王国和齐王国。这时，天下人才知道，兵强马壮都是扯淡，只要兵团领导人厉害，一群耗子都能干掉老虎。可如果领导人很差劲，那再强的兵团也是炮灰。这就是“兵熊熊一个，将熊熊一窝”。

韩信拿下齐王国后，项羽在北方的诸侯盟友全部丧失，所以他把全部希望都押在攻陷刘邦上，刘邦受到项羽前所未有的攻击。他日夜盼望韩信来救，可韩信突然和他谈判，条件是要做假齐王（代理齐王）。

刘邦暴跳如雷，说：“老子命都快没有了，你居然在这个时候威胁我。”

但被张良在桌子底下踢了一下脚后，刘邦立即改口说：“要做就做齐王，做什么代理齐王！”

于是，韩信才出兵进攻项羽，缔造了垓下之战的传奇。项羽刚被灭，刘邦亲自带领几百人的卫队突袭韩信大营，缴了他的齐国国王大印，封他为楚王。

从这点即可看出，韩信的军事管理能力差到极致，战争时期，军营应该严密防范才对，可刘邦居然能突然闯入。**韩信用兵，天下无敌，但管理能力，真是不值一提。**

刘邦最忌讳的就是韩信的军事才能，每当他看到韩信时，就如芒在背。于是，公元前 201 年，有人告发韩信在楚国欲谋反。刘邦兴奋得大叫，樊哙叫嚣着要去把韩信活捉来长安，陈平提醒他俩："在韩信面前谈兵，不自量力，擒拿韩信，用智不用力。"

刘邦同意陈平的建议，于是给韩信送信说："我要游览云梦泽（今湖北江汉平原的湖泊群），楚王应接待。"

韩信心中无私，当然就不做任何防卫地接待刘邦，结果刘邦把他拿下。刘邦指责韩信谋反，韩信要他出示证据，刘邦当然无法出示。这种场景太尴尬了，刘邦急忙岔开话题问韩信："你能领兵多少？"

韩信说："多多益善。"

刘邦再问："那我呢？"

韩信回答："不值一提。"

刘邦大笑说："那为什么是我把你擒了？"

韩信回答："你虽然不能将兵，却能将将。"

刘邦沉默许久，看着韩信一脸无辜的样子，想起韩信曾为他击败项羽的功劳，心中不忍，释放韩信，降其为淮阴侯。从一个超级大的国王（齐王）被刘邦偷袭成为毫无实权的楚王，再被刘邦坑蒙拐骗成淮阴侯，任是谁，都无法抚平心绪。韩信从此闭门谢客，闷闷不乐，被动地与世无争。

公元前 198 年，阳夏侯陈豨拜访韩信，两人关门长谈许久，第二年，陈豨在北方勾结匈奴造反，刘邦亲自出马，活捉陈豨。

当刘邦在前线和陈豨玩命时，他老婆吕雉让萧何把韩信骗入皇宫杀掉，一代兵仙就此陨落。刘邦凯旋后，听说韩信被杀，不禁扼腕叹息，问吕雉："韩信死前有何遗言？"

吕雉说："他说自己悔不听蒯通之言。"

蒯通是齐国人，韩信做齐王时，二人相识。蒯通曾对韩信说："刘邦那厮不是好鸟，将来肯定要干掉你，你现在要自立为王，如果可能，顺便干掉刘邦。"但韩信没有采纳他的建议。

韩信说："刘邦的皇上名头，只是我们给他的殊荣，我和他是平起平坐的，他怎么可能干掉我？"

任何人在做抉择时，都受其世界观影响。韩信不相信刘邦会杀他，正是他的世界观所决定的。韩信始终相信，中国就应该是战国时期的各国林立，而不是中央集权。他不是信任刘邦，而是信任自己对世界的看法。刘邦是天下共主，而他是诸侯，天下共主不能随便杀诸侯，这就是韩信的世界观和价值观。

早在项羽和刘邦于荥阳僵持时，项羽就派人去游说帮助刘邦的诸侯，项羽的使者游说韩信说："如今最大的三个诸侯就是你、项羽和刘邦，如果你不帮助刘邦，也不必帮项羽，中国将三家独大互相牵制。这样，则天下太平。"

韩信回答："项羽是乱天下之贼，我们诸侯联合干掉他再谈和平。"韩信义无反顾地帮刘邦，并非认为刘邦乃嬴政那样的皇帝之才，简而言之，韩信和那个时代的中国大多数人一样，所有的工作，都是在为自己工作。

这段时期，恐怕是中国人心性最自由的时期。韩信的死引起另外几个诸侯的恐惧，最先乱了阵脚的是彭越，陈豨造反时，刘邦命令他出兵协助，彭越不知出于什么考虑，居然称病，拒不出兵。陈豨失败后，刘邦派使者去谴责他，彭越慌张起来，在辖地集结兵力，刘邦对他发动突然袭击，将他活捉并处决，还把他的尸体剁成肉酱，分给其他诸侯吃。

英布吃了战友彭越的肉后，怒发冲冠，起兵造反。刘邦这几年被折腾得上气不接下气，他在战场上问英布："你为何造反？"英布说："我可不想做韩信、彭越那样的蠢货，我想坐你的位置。"

刘邦气得死去活来，后来虽然击败英布，但他的身体已被掏空。让他略感欣慰的是，异姓王除了老实巴交的长沙王吴芮外，全部被他扫除。他开始大封刘氏子孙为王，分驻各地，拱卫刘家江山。在诸多人眼中，中央集权制仍然是个不祥之物，刘邦也不例外，但又不得不执行，因为项羽分封制的教训血淋淋地就在眼前。所以彻底消灭异姓诸侯后，刘邦又把家族成员分封为诸侯。这不是一次简单的复制，因为异姓诸侯是不得已而封，无论刘邦当时承认或是不承认，异姓诸侯就在那里。而同姓诸侯截然不同，他们是刘邦用手中的权力所封，这些诸侯都是其权力的产物，必须无条件地效忠于他和中国。

要注意的一点是，**刘邦从未杀过功臣，诸如张良、萧何、陈平等人，他杀的都是与他实力相当的诸侯，所以那种刘邦大杀功臣的说法是不对的。刘邦和朱元璋不一样的地方也在这里，刘邦对下属爱护有加，而朱元璋最喜欢做的事就是杀下属。**

公元前 195 年，刘邦去世。去世前，他拉着接班人——儿子刘盈（汉惠帝）的手说："好好做，咱们老刘家要统治到世界末日。"说完，看了看身边面无表情的老婆吕雉，吐出三个字："拜托了。"

3／

黑市女皇吕雉

吕雉跟着刘邦，可谓倒了八辈子霉，这位意志坚强的女性饱经忧患。楚汉战争时期，她跟着屡战屡败的刘邦提心吊胆，彭城之战失败后，她被玩命逃亡的刘邦踹下车，因此被项羽俘虏。西汉帝国建立后，刘邦因那些异姓诸侯的存在而彻夜难眠，她也跟着担惊受怕。从做丈夫的角度来看，刘邦就是个渣男，他特别喜欢小老婆戚姬，因此还试着把戚姬生的儿子刘如意立为太子。吕雉气炸了肺，伤碎了心，到处哭天抹泪哀求刘邦那些战友，在张良等人的帮助下，总算保住了她和儿子刘盈的身份。这种经历大风大浪的女人，太适合做幕后黑手了。所以刘盈登基后，吕雉就坐在刘盈身后，当起了帝国真正的主人。

吕雉虽然掌控着西汉帝国，但她只有黑市地位，不能走到台前，可能她也只想做个黑市女皇。在她的主持下，西汉帝国选择了黄老之治。刘邦还活着时，就和他的团队达成共识：如果不能富国强兵，匈奴给中国带来的耻辱将是永恒的。富国强兵的前提是有兵源和财源，若想快速获取兵源和财源，就需要百姓休养生息，道家思想恰好与这种希望非常契合。

道家思想的精髓是顺应事物的发展，不多加干涉，用两个字概括就是“无为”，譬如树苗，不要揠苗助长，横加干涉，只要不管它，按它的生长规律偶尔浇水施肥，它会自我生长，越来越茁壮。中国历史上改朝换代后实行道家思想的政府，诸如汉政府、唐政府、清政府，都绵延几百年，强大无比；没有实行道家思想的政府，诸如秦政府、隋政府，都昙花一现。

第一个把道家思想引入政治的是宰相萧何，刘邦去世两年后，萧何去世，曹参接班。曹参比萧何还要无为，这个甩手掌柜一切都依照萧何制定的规章行事，不做任何调整。当有人向他请教治国理政方略时，他就请人家喝酒，曹参的酒量很大，每次都把人喝到桌子下面。后来没有人敢来问询，曹参就坐在丞相府中无所事事地发呆。

皇帝刘盈也无所事事，因为他老娘不让他管理帝国任何事务。刘盈闲得发狂，突然发现曹参也闲得发狂，就趁老娘不在，跑到丞相府，偷偷行使皇帝的权力责备曹参尸位素餐。曹参喝着老酒问他："你和你老爹比如何？"刘盈说："不如。"曹参再问："我和萧何丞相比如何？"刘盈气呼呼地回答："肯定不如啊，你只知道喝酒。"曹参鼓掌笑道："这就对了嘛，他们两位定下的制度，不如他们的人，哪里有能力更改！"

曹参的话精准道出了道家思想在政治上运用的实质。刘盈却伤感起来，曹参是主动清闲，而他却是被动清闲。刘盈性情温和，不善争斗，被老娘夺取权力后，只能以生闷气的方式反抗。吕雉杀戚姬的儿子刘如意时，刘盈惊骇不已，尤其是老娘把戚姬斩断手脚放在酒缸里的凶残行为，更让他魂飞魄散。

在这种压抑的环境中，刘盈久病在床，八年后的公元前 188 年，刘盈一病而死。太子刘恭（汉前少帝）被吕后抱到龙椅上，吕雉从幕后走到台前。四年后，吕雉发现刘恭不老实，于是杀掉他，再把刘盈的另一个儿子刘弘（汉后少帝）推上龙椅，吕雉让他娶侄子吕禄的女儿为皇后，意图让刘、吕两个家族亲上加亲。但这是她一厢情愿，刘、吕两家，在她多年的政治操纵下已水火不容。

吕雉的执政方略可圈可点，由于刘邦和萧何已定下帝国半个世纪的"无为"政策，吕雉只需要奉行即可。她也的确坚定不移地奉行，而且政绩斐然。但她时刻保持着警惕，她当然明白自己正在鸠占鹊巢，与刘氏皇族和其他支持刘氏皇族的那些大臣相比，她吕家势单力薄。所以在台前执政的八年中，她想方设法提高吕家人的政治地位。

她曾试探宰相级官员，问是否能将吕家几个优秀人才封王。王陵怒不可遏地说，当初高祖（刘邦）在众臣面前杀白马盟誓，非刘姓而王者，天下人共击之。吕雉很不高兴，又咨询智商极高的陈平，陈平伶俐地说："高祖当年是皇帝，可以封他家人为王。您现在也是皇帝，当然可以封自己家人为王。"

吕雉非常高兴，把吕家四人封为王，又封了很多侯。为了让刘家内心平衡，她又封了刘家数人为王为侯。可无论是吕家人还是刘家人，都明白这种方式只能加深两家的仇恨，而无法缓解。

公元前 180 年，吕雉病危。长安城开始风吹草动，刘氏家族、忠于刘氏家族的政府要员、吕氏家族三大势力进入战备状态。吕雉对病床前表情凝重的赵王吕禄和丞相吕产说："让你等享受人上人生活十余年，如今看来是害了你们。"

吕禄和吕产掌控着中央军（南军、北军），对吕雉的话不以为然，拥有丰富政治斗争经验的吕雉最后告诫两人："让中央军严阵以待，不要出城送丧，以防有人在京城乘机作乱。"

吕禄和吕产不置可否，吕雉一死，寓居京城的刘章（吕雉封他为朱虚侯）早就对吕氏家族长期专权不满，如今突然复兴刘家江山的机会到来，他马上付诸行动，派人昼夜飞驰到老哥齐王刘襄那里，要他起兵入长安。吕禄和吕产得知后，立即派大将灌婴以讨伐叛逆为名，阻击刘襄。想不到，灌婴是多年来卧底吕氏家族的撑刘派，他立即和刘襄会合，声言要进攻长安，干掉吕氏。

长安城内，丞相级官员陈平跑来怂恿吕禄和吕产交出兵权，堵住刘襄进长安的借口，吕禄和吕产两个笨蛋，一直在吕雉的保护下"英明神武"，如今吕雉一死，两人顿时没了主意。就在二人犹豫不决时，太尉（主管军事）周勃突然进入北军，动员士兵反对吕氏，北军马上背叛他们的领导吕禄。北军反水后，吕产掌控的南军也马上反水，陈平、周勃等人现在有了军权，捉住吕禄、吕产杀掉，再把吕氏家族成员全部铲除，被吕雉掌控了十余年的朝政重新回到刘氏和功臣手中。

周勃、陈平和刘章决心对吕氏斩草除根，皇帝刘弘的皇后是吕家人，功臣和刘氏皇族商议后抛出惊天结论：不但现任皇帝刘弘不是刘盈的儿子，就是被吕雉杀掉的刘恭也不是，至于刘盈其他几个儿子更不是。

这种荒唐的结论，源于帝国的皇帝自刘盈以来包括刘盈都是吕雉的傀儡，他们要追根溯源，排除刘盈这一系，让刘邦的血脉重新从其儿子开始。在刘邦众多儿子中，周勃和陈平选择了年纪最大的代王刘恒来继承刘邦的遗产。

刘章激烈反对，可反对无效，因为军权在周勃手中。周勃俨然成为中兴重臣，不可一世。政府官员们也在周勃的带领下趾高气扬，但他们不敢趁乱推翻刘氏，因为刘邦的子孙在各地为王，这就是封建制的好处。

刘恒在代地知道自己是皇帝后，根本不信。后来数批使者前来报喜，刘恒才相信。可他谨小慎微，认为此时中央暗流涌动，不能轻举妄动。于是他推辞，推辞数次后，才终于上路，抵达长安城后，他发现周勃等人没在城门迎接，所以并未进未央宫（皇宫），而是停留在代国驻京办。

刘恒这招可谓深得政治三昧，这是杀一杀周勃等功臣的锐气。周勃果然识相，带领文武百官来代国驻京办，山呼万岁，请刘恒进入未央宫。刘恒这才扭扭捏捏地进宫，登基称帝，即汉文帝。刘恒本是诸侯中不起眼的一个，如果不是吕雉乱来，他和皇帝宝座是八竿子打不着的。人生在世，选择固然重要，但运气更重要。

西汉帝国选择了他，是中国的荣幸。刘恒完全奉行祖宗的无为政策，用道家思想继续治理国家。他对道家思想只有三个理解，一是俭；二是慈；三是别人没有做过的事，不去做。这正是道家思想的精髓。俭是勤俭，刘恒以身作则，常常穿着草鞋上朝，他那些大小老婆也在宫中效仿刘恒，衣服尽量减少多余的材料，饮食以能吃饱为主，不求多样化。

刘恒是个仁慈的君主，在位期间废除了很多残酷的肉刑，吕雉执政时曾废除诛三族的恶劣之刑，刘恒再接再厉，把五刑中的黥、劓、刖废掉。他满怀深情地说："对犯人用肉刑后，造成终身残疾，这不是为民父母之念头。"全国人民都称赞刘恒是个慈悲的皇帝。

同时，他保持所有制度不改变，也不希望别人去改变，这就叫不为天下先。道家思想在西汉政府生机勃勃，持续创造着力量。

勤俭节约、慈悲为怀，本是一种美德。但如果这种美德体现在领导人身上，那就成了高度智慧。领导人勤俭，下面的人就不敢奢侈；领导人慈悲，下面的人就不敢残暴。即使是违心地效仿，搞形式主义，也总比没有要好。

刘恒可不仅是个老好人皇帝，他还有高度的政治智慧，在对待同姓诸侯的问题上，他采纳贾谊、晁错“把一个大国分为无数小国”的建议，悄无声息地削弱了一些大诸侯国的实力。在匈奴频繁侵犯的问题上，他一方面坚决奉行和亲政策，另一方面要有关部门强烈抗议，可就是不开战。

在刘恒的引导下，中国人逐渐养成了一种道家思想的性格：别人没有做过的事，尽量不去做（不敢为天下先）。这不是保守，而是稳当，在稳中求发展，和平崛起。**维稳至此逐渐成为中华人的主旋律，看似是政治、社会、经济方方面面的维稳，其实还是人的价值观、人心上的维稳。**

公元前 157 年，刘恒去世，儿子刘启即位，为汉景帝，帝国迎来危机。

4／
七国之乱

刘启是老爹刘恒道家思想衣钵的忠实传人，毫无悬念地准备继续推行道家思想，但他没有老爹那样好的运气，在位的第三年（公元前 154 年），七国之乱爆发，西汉帝国惊出一身冷汗，幸好有惊无险。七国之乱这样的叛乱注定爆发，只不过是时间问题。刘邦干掉异姓诸侯，分封同姓王时，已藏隐患。刘姓诸王虽然由中央分封，但权力很大，其官制与中央相同，中央方面唯一能控制他们的就是王国政府的丞相由中央政府任命，其他官员都由国王任命。中央派来的丞相孤苦伶仃，很容易被孤立，并不能实际治理国事，这就导致国王从心理上越来越感觉自己就是一个国家，而不是中央政府的下属。

七国之乱是吴王刘濞、楚王刘戊、赵王刘遂、济南王刘辟光、淄川王刘贤、胶西王刘昂、胶东王刘雄渠联合向中央政府发难的一次诸侯国叛乱。

刘恒时代，拥有真知灼见的政论家贾谊就已注意到封建制的危险，在《治安策》中强烈建议刘恒在诸侯犯错的情况下“众建诸侯而少其力”（把大诸侯分为无数小诸侯，借此削弱其力量）。贾谊在对待诸侯的问题上还算温和，刘启做太子时的老师晁错就非常激进了，晁错脑容量极大，脑洞大开，常常出其不意地拿出解决问题的最佳方案，刘启称他为“智囊”（智慧的百宝袋子）。他一针见血地指出封建制的问题：不管他们是否犯错，必须全部取缔。

刘恒性情温和，而且对家族有着浓厚的感情，他对晁错说：“你这是挑拨我们刘家亲戚关系，要不得。”刘恒不感兴趣，但六亲不认的刘启对晁错的建议大大地感到兴奋。他即位不久，就升晁错为仅次于丞相的御史大夫（掌管全国纠察、弹劾）。在皇恩浩荡之下，晁错勇敢地推行“削藩策”——逐步削夺诸侯王国的土地，收归中央政府直接统辖。

这个政策一出，赵王国、楚王国、胶西王国的封地马上被削夺，晁错的下一个目标就是诸侯王国中的万王之王吴王国。吴王国领导人刘濞控制着丹阳、会稽、豫章三郡五十三城，西汉帝国东南半壁江山都在他手中。刘濞和刘启有血海深仇，刘启为太子时，刘濞的长子与他下棋，结果刘启输不起，拿棋盘砸死了对手。刘濞从此再不入长安城，这份深仇藏在心中，无法消除。他偷偷招收流民，编练成军，又冶铜铸铁，煮海水为盐，无论是经济实力还是军事实力，都能称雄一方。

当刘启和晁错刚开始削藩时，刘濞就静观其变，暗中与东方诸侯沟通。当刘启和晁错要削他的地盘时，他趁机爆发，联合六个诸侯国，宣布清君侧（清除君王身边的坏蛋，“坏蛋”当然指的是晁错）。由于事发突然，中央政府没有任何准备，东方半壁江山全部沦陷。

刘启想不到这些诸侯真敢造反，慌慌张张地和晁错商议。晁错似乎也没有想到会发生这样的事，两人急忙妥协，派人和刘濞谈判。七国提出两个条件：第一，杀掉晁错。第二，中央政府向全国下令恢复被削封国的原貌（地盘和权力），并保证以后绝不搞这种让家庭不和的事情。

刘启眼泪汪汪地看着晁错，晁错魂飞魄散。刘启请他拿出办法来，智囊晁错黔驴技穷。琢磨了许久后，他给刘启出了个大大的馊主意：“您御驾亲征，大概就能搞定这场叛乱。”

刘启当即石化，许久才醒过神来责骂晁错说：“你这头猪，削藩的主意是你出的，如今出了事，你拿我顶包？！”

晁错立即发现自己身陷险境，他浑浑噩噩地回到家，倒头就睡，希望时光就此停止，人事也就此停止。但这不可能，他的政敌袁盎见干掉对手的机会来临，当夜去见刘启。刘启因恐惧和气愤而浑身是汗，袁盎也因为要搞死晁错而浑身是汗。他对刘启说："我在刘濞处做相国时，刘濞的心思我一清二楚，他根本不想造反，而且很重视亲人，若不是晁错，他正安享晚年呢。"

刘启为之一动，想到这所有事情都是晁错惹出来的，气不打一处来地说："晁错这小子还想让我御驾亲征。"

袁盎火上浇油说："有本事搞事，没本事平事。我从来没听过君王给臣子擦屁股的。"

刘启问袁盎："那些诸侯真的只要晁错的命？"

袁盎回答："还能要什么呢？！"

刘启下定决心处决晁错，说："不是我要灭晁错，是晁错要灭我大汉啊。"

第二天，晁错心神不宁地去上早朝，还未到未央宫，就被刘启派来的官员阻住去路，免职处斩。很多人都责怪刘启翻脸无情，其实是晁错能发不能收。自己制造的坑，就是死也要填上。削藩的功劳他据为己有，却不想承担后果，这是典型的知行不一。

杀掉晁错后，刘启再下圣旨："我已杀掉晁错，同时恢复七国原貌，你们可以收刀入鞘了。"但刘濞哈哈大笑，认为已胜券在握，他要掌控天下，顺便为儿子报仇，于是七国联军继续向长安进发。

刘启悔青了肠子，咬着牙重启平叛按钮。他选了周勃的儿子周亚夫为东征兵团总司令。这次选择是明智的，周亚夫有着高超的军事才能，善于将杂牌军快速训练成正规军，打起仗来连天王老子都不认。刘恒时期，周亚夫曾在北方和匈奴作战，刘恒视察军营，周亚夫居然不下马叩拜，说出"将在外，君命有所不受"的名言，刘恒尴尬无比，只好说："这才是真正的军人！"

真军人周亚夫跨马上任，先击溃最凶猛的楚王国兵团，又击溃吴王刘濞的兵团，刘濞被杀。其他五国见势不妙，迫不及待地投降。只用了三个月，周亚夫就将来势汹汹的七国联军打得满地找牙，七国之乱被平定，西汉王朝拨开阴霾，迎接新曙光。

在整个帝国的庆祝声中，刘启下令：各封国面积减少，封国大小官吏的任用权全部收归中央，封王只有享受的权力，再无执政的权力，执政权交给中央政府派去的相国。

从公元前 208 年陈胜、吴广革命后的六国复起到前 154 年七国之乱平定，计五十六年，封建制才告结束。从战国的封国林立、战争频仍到秦的残暴，再到诸侯灭秦和楚汉战争直到周亚夫平定七国之乱，中华人受尽了战乱摧残，幸好道家思想护佑中华人，人的元气和社会的元气开始被培养壮大，封建制和郡县制并存的“一国两制”也升级为更有利于国家稳定的治理方针，中华人在辛苦积攒了若干年后，终于迎来了高度自信和扬眉吐气的光辉的汉武（刘彻）时代。

当然，在人心和社会光明的背后，不是没有黑暗。对刘邦家族有再造之恩的周勃、周亚夫父子，就是这种人心黑暗的牺牲品。

周勃当时力排众议，迎刘恒为帝，但因权力过大被刘恒猜忌，晚年入狱。在狱中，他受尽狱卒的羞辱，后来还是狱卒给他出主意，让他家人找刘恒的老娘说情，周勃这才保住一条老命。出狱时，他不禁感慨万千地说：“我曾领千军万马纵横天下，哪里想过一个小狱卒的力量有这么大啊！”

这是赤裸裸的现实：人在屋檐下，不得不低头。

他儿子周亚夫就没有他的好运气了，刘启指使人诬陷位高权重的周亚夫谋反，周亚夫只能俯首被斩。这也许就是政治，**从光辉的汉王朝开始，中国帝制时代的政治环境就异常恶劣。纵然人性皆善，可一旦陷入政治旋涡，人性的善就被隐藏，呈现的全是恶。**

不过，中国有一大批“此心光明”的人，他们敢于担当，在危急时刻，毫不犹豫地站出来，承担别人不敢承担的责任，死而无憾，这就是中华人的一个重要基因。

5／
儒家的崛起

公元前 141 年，十六岁的刘彻即位，他注定将成为千年后我们耳熟能详的汉武帝。刘彻做皇帝时，距儒家祖师爷孔子创建儒家已过去三百年。

三百年来儒家一直半死不活。战国时期，各国用法家以求快速进步，孟子这批人无用武之地。秦帝国时期，国家意识形态是赤裸裸的法家思想，儒家经典被烧毁。西汉初期几十年，帝国重视道家，儒家只能在政府中当花瓶。刘邦曾把尿撒在儒生的帽中，还让人家湿漉漉地戴上。刘彻初期，儒家学派的辕固生因对道家发表了一番不满的演讲，就被道家拥趸窦太后（刘启的老娘，信奉道家）扔进野猪圈，险些成了野猪的晚餐。另一位儒家学派的宰相赵绾因主张儒术治国，被窦太后逮捕下狱，后来自杀。

但儒家是倔强的，只要不死，必找机会雄起。嬴政时代，儒生钻营嬴扶苏，把他塑造成了仁义之人；陈胜造反后，山东儒生们抱着书去投奔，希冀把陈胜辅佐成圣王；楚汉战争期间，儒生们倾巢出动，见缝插针，游走于诸侯国之间。遗憾的是，属于他们的时代还未到来；令人宽慰的是，属于他们的时代正姗姗而来。

刘彻亲政后，儒家的好运气从天而降。刘彻虽然年轻，却在诸多大臣的建言下看到不容乐观的现实。近半个世纪的道家无为政策，让西汉王朝的经济和政治面临种种危机。

在经济上，国库虽然充盈，但百姓并非全都能吃上饭，因为有严重的土地兼并问题。由于帝国几十年的无为政策，政府对民间不闻不问，豪强之徒胆大包天，疯狂兼并土地，大地主阶层形成。大地主形成的另一危害则是政治上的，商人在地方开始用金钱干扰政治。同时，无为政策让帝国多年受匈奴侮辱，人总被欺负，会让自信荡然无存，中国人太需要一场对外战争的胜利恢复自信了。刘彻决心终止道家的无为，选用进取型的国家意识形态。

登基第六年（公元前 135 年），道家保护神窦太后去世，刘彻立即举办全国人才选拔大会，目的是为国家选拔“贤良”“方正”“直言极谏”的政治人才，刘彻亲自做考官，儒家学子、宰相卫绾做副考官。

刘彻给了三道题目：第一，天下何以会乱？第二，既乱之后，如何才能治？第三，既治之后，如何才能长治久安，永享太平？

这三个问题，其实是一个问题：如何能让一个国家长治久安？

各家学派纷纷撸胳膊挽袖子，展开洋洋洒洒的回答。道家说，应无为；法家说，应法治第一；农家说，应发展农业；兵家说，应巩固国防；阴阳五行家说，应从天道中寻找治国之术。

刘彻对这些答案都不满意，只有儒家学派董仲舒的回答让他看到了正确答案。董仲舒是刘启时代的博士（政府顾问），研究《春秋》的顶级专家。他认为，国家太平第一要务是统一思想，国家应支持正当学术（当然是儒家学术）研究，百家应任其自然发展，不必由政府供养。所以**董仲舒提出的“罢黜百家”不是把儒家之外的百家干掉，而是政府不再像从前那样供养他们，只供养儒家一派，这一派是正宗，其他派当然也不是外道，只不过政府不再支持。**

西汉前期，五经（《诗经》《尚书》《礼记》《周易》《春秋》）并非儒家独享，各门各派都在研究这五本经典，董仲舒认为，政府必须承认儒家研究这五本经典的正统地位，这就叫统一思想。它是孟子“大一统”理论的延伸，也是方法论。从此，中华世界的主旋律就是大一统，从疆域到思想，绝不改变。如何统一思想，董仲舒认为，唯一的武器是教育。

教育，唯独儒家最重视，也做得最好。**孔子收弟子，不是靠帮规，而是靠**

知识的传授和教化，由此形成永不可灭的心法传承制度，这也是儒家学派能绵延千年而不绝的原因。所以，董仲舒给汉武帝的终极答案是，以教化治平。

刘彻大喜过望，认可了董仲舒的绝妙建议。从此，中华历代帝国和王朝，无论开国领导人是什么样的知识水准，都把“教化”看成治国第一等事。“教化”也由此成为中华帝国的主旋律，再不能有一丝改变。

教化是纲，刘彻又按照董仲舒的建议设置教化之目，大致有四条。

第一条，政府中的博士（顾问）全由儒家学派人士担任，其他学派的人全部清出博士队伍。表面上看这是儒家思想很霸道，实质上，一个广大的帝国必须只能有一种思想。

第二条，设立干部大学（太学），由儒家学派人士担任教师，传授儒家学派解释的五经。学生无论出身如何，只要能通过考试，就能进入干部大学学习，同时，只要被认可毕业，即被任命为国家干部。直到现在，作为平民组建的汉帝国政府才真正具备了平民政府的要素，平民有了进入政府的途径。至此，所有的公务员都成了儒家学派人士，之后的两千年，儒家虽有暗淡之时，但一直保留着复兴的火种，屡灭屡燃。

第三条，随着儒家学派的发展，不但中央政府有干部大学，地方上也开始有自治大学，向中央政府源源不断输送儒家学子，由此形成了“儒家中国”这样圆满的闭环。

第四条，全面巩固中华美德。中华从黄帝展开中华宏图开始，到尧的谦让、舜的孝顺，再到儒家的仁义，各种美德已共存共荣。董仲舒和刘彻将其用外在的礼制彻底恢复。比如孝顺，要让人民认识到孝顺必须身体力行，而不是嘴上说说。所以上至皇帝，下到平民，都必须遵守孝之礼，父母生时要对父母恭敬，父母死后要守三年之丧。其他各种礼仪和孝顺一样，都能量化，人们按部就班地去做，外在的形式渐渐养成习惯，习惯会影响心性。至此，中国人就具备了“温良恭俭让”的美德，这就是儒家津津乐道的教化，它不是空口无凭，而是有据可行。

在董仲舒看来，任何人，只要是人，都能通过教化将其人格提升，使其心性进化，从而成为国家的有用之才。

儒家学派自此复兴，董仲舒厥功至伟。很多人都认为，董仲舒是继孔子之后的儒家老二，连孟子都不能与其争锋。董仲舒之命运和孔子相差无几，他虽然为刘彻贡献了最伟大的治平之策，自身却未受到重视。刘彻没让他在中央政府担任任何职务，而是将其派到地方王国做国相。

原因在于董仲舒还有另一种思想，也是儒家的中心思想，即“天人合一”。“天人合一”这个理念是庄子提出的，庄子说：“马是天，给马钉上马掌是人，人应该和马一样，不应该有许多束缚，而是要天马行空，这就是天人合一。”

董仲舒重新解析“天人合一”。他解释说：“人有耳目，天也有耳目。帝王是人，也是天为人所设，人要与天相应才有祥瑞，人不与天应就有灾异。天意并非不可见，祥瑞和灾异就是天在发表意见。夏、商、西周三代之所以太平，就是因为符合天意，那么所谓天人合一，就是人必须按照天的意志来做事，帝王也不例外。”也就是说，若想长治久安，帝王是重中之重，如果帝王符合天命，就能长治久安；如果帝王不符合天命，那就无法太平。这是中国历史中最重要的一环：帝王非永恒，帝王必须听天命。皇权不是绝对的，王朝不是永久的，改朝换代是天经地义的。一个领导人如果违抗天命，那就会有人取代他。

儒家知识分子用虚无缥缈的天命来控制政统，看上去很幼稚，其实很靠谱。因为天命不在上，而在下，天意就是民心，得民心就是符合天命，失民心就是违背天命。将民心当作天命来控制帝王，这是儒家的创意，也是中华人的伟大贡献。

刘彻当然不喜欢这种论调，任何独裁者都不可能喜欢这种论调。所以董仲舒不可能得到高位。当他被派到地方做相时，刘彻假惺惺地对他说：“你不是说教化无敌吗？我现在派你去做相国，江都王是个傲慢无礼的浑蛋，你去帮我教化他。”

董仲舒觉得这是验证自己是否知行合一的大好机会，于是乐颠颠地跑去该封国。想不到，还未等他将对方教化完成，就有人告发他用阴阳五行等邪术搞鬼。这本是死刑，刘彻念他功勋卓著，才赦免了他。

董仲舒于是效仿孔子，闭门谢客，开始著书。后来，一部伟大经典《春秋繁露》问世。儒家学子为了感谢董仲舒给他们打开的那扇能和皇帝一起共命运的大门，称他为“大儒”。这是一个破天荒的称谓。

当我们从孔子、董仲舒的人生经历来看待人生时，就会发现，在思想上成就非凡的人，往往在政治上默默无闻。似乎思想家永远都在为他人做嫁衣，自己的存在价值只限于此。

如果把思想看成知，把政治行为看成行，知和行还真的很难合一。在中国几千年历史中，只有明代的心学大师王阳明做到了知行合一。

6／

张骞发现新世界

刘彻登基前的半个多世纪，中国道家思想与对付匈奴的和亲政策并驾齐驱。公元前 135 年，刘彻废掉道家思想，定儒家思想为尊。两年后（公元前 133 年），刘彻再废掉与匈奴的和亲政策，对匈奴忍辱负重了半个多世纪后，中国开始全面反击。

四年后，汉帝国准备完毕。亚洲历史上规模最大、历时最长的汉匈战争开始。其实，早在刘彻登基的第三年（公元前 138 年），西汉帝国就已开始了反击匈奴的准备。

当时刘彻听说今天的阿富汗地区有个月氏王国，它本来在今天的敦煌、祁连山地区，后被匈奴攻破而西迁至伊犁河流域（今新疆西北部），灭国之仇令它和匈奴不共戴天。

西汉帝国希望能和月氏王国联盟，对匈奴东西夹击。但要联系上月氏王国，必须通过匈奴控制区，这是个危险的任务，必须由英雄人物完成。

中国最不缺的就是英雄人物，刘彻早上发布招募令，下午就有人报名，报名人就是郎官（皇帝私人秘书）张骞。张骞性情洒脱，不太喜欢坐办公室，喜欢冒险，出使西方是个体现其人生价值的大好机会，当然也充满风险。

刘彻给他最大的物质支援，张骞招收了也想做英雄的一百余人，从长安出发，踏上冒险之旅。张骞团队取道陇西郡进入匈奴控制区后，厄运不期而至，他们被匈奴巡逻队捉住了。这些中国英雄敢作敢为，主动向匈奴人承认自己的目的地是月氏王国。

匈奴人气急败坏，训斥他们说："你们这是疯了，月氏王国在我们西面，汉帝国怎敢越过匈奴跟他们来往。如果我们派人去南越王国（今广州），汉帝国允许吗？"

张骞回答："当然不允许。但我们就是这样做了。"

匈奴人虽然气咻咻的，却敬重他们的勇气，于是将张骞团队强行留下，开设婚姻介绍所，给他们介绍匈奴女子，匹配成婚。我们搞不明白，匈奴惩罚敌人的方式竟然如此滑稽，难道是他们想改良人种，或是希望用美女攻陷张骞团队的勇气，让他们以后羞愧得自裁？

总之，张骞团队在刀架在脖子上的情况下，只好娶匈奴女子为妻。匈奴人只管他们的婚姻，却不管他们的生活水准，张骞团队只好带着匈奴老婆自谋生计，有时候甚至饿得打鸟为生。这样的日子一过就是九年。九年后，张骞团队的人都有了孩子，可仍念念不忘自己的使命。某次，趁监视的匈奴士兵松懈，他们抓住机会，连老婆孩子都不要了，疯狂向西逃跑。

匈奴人发现后，猛劲儿追赶，他们的老婆孩子也猛劲儿追赶，可并没有追上英雄们去月氏王国的脚步。他们摆脱追兵后，先抵达葱岭西边的大宛王国（今中亚费尔干纳一带）。大宛王国常受匈奴欺负，却不屈服，得知张骞团队是去联络月氏王国对付敌人匈奴后，大宛国国王欢喜不已，给张骞团队配备了饮食、衣物和向导。张骞团队在大宛的帮助下抵达康居（今中亚阿姆河以东，巴尔喀什湖以西）。康居也是匈奴的受害者，所以很欢喜张骞去月氏王国，于是，亲自派兵把他们送到月氏王国。

张骞辗转十年，耗费巨大精力，终于抵达目的地。他兴奋地劝说月氏王国的人东归，回到老根据地敦煌，和西汉帝国夹击匈奴。但月氏王国的人拒绝了他的提议，因为他们打跑了肥沃的妫河流域的大夏王国（在今阿富汗北部）后，已变得非常富裕，只想安享荣华。那些陈芝麻烂谷子的事，月氏王国的人已记不起来，而且也不想记起。张骞团队在月氏王国待了一年，除了和月氏王国的人谈天外，他还做了件比联合月氏王国夹击匈奴重要百倍的事情，那就是把他西行之路上所见到的国家情况（山川、地形、物产、人口、风俗）做了详细记载。

这份工作完成后，他眼见已无望说服这个健忘的月氏王国，只好返程。返程也要经过匈奴控制区，倒霉的张骞团队又被匈奴巡逻队活捉。一年后的公元前 126 年，汉帝国和匈奴已开战多年，张骞趁匈奴领导人去世匈奴大乱的机会终于逃回中国。

张骞此次西行，用时十三年，去时一百余人，回来时只剩下他和一个仆人。虽然没有取得和月氏王国联盟的结果，但张骞为中国发现了一个新世界。这个新世界就是西域（狭义指新疆天山南北、葱岭以东，以及玉门关、阳关以西；广义指今玉门关、阳关以西，经过天山南北，越过葱岭，直到中亚、南亚、西亚、欧洲、非洲的广大地区）。

张骞未去月氏王国之前，中国人对西方的了解很浅陋，只知道西方世界有匈奴和月氏王国，其他就是无边无际的沙漠，那是一个魍魉世界。张骞去了月氏王国之后才发现，这片世界除了匈奴和月氏王国外，至少还有五十个国家。同时他更惊奇地发现，当时只有四川成都出产的布匹居然在西域各国都有销售。他询问来源时，西域人告诉他，是从身毒王国（现在的印度）买来的。张骞立即推测，四川和西域的联系可以通过身毒王国完成，如此，就不必再通过危险的匈奴控制区了。

张骞把这一情况报告给刘彻后，刘彻下定决心，对中国西南部进行开拓和巩固，不知不觉中，中国疆土再次扩大。

公元前 123 年，西汉帝国对匈奴进行第二拨进攻，张骞被派上用场。由于他熟悉西域地形，了解沙漠地区哪里有水草，使得西汉兵团不受水源困扰，大破匈奴。公元前 119 年，汉帝国已将匈奴彻底逐出西域，可以直接和西域各国接触。张骞跨上马背，第二次去西域。这次的目的是联合西域各国彻底将匈奴残余铲除。不过，和第一次一样，这次他仍没有达到目的。西域各国虽然知道东方有个强悍的帝国把匈奴打残了，但不知这个国家到底有多强悍，而且也不知能强悍多久，所以对于合作异常谨慎。

张骞对他们说："耳听是虚，眼见为实。你们可以跟随我到中国去走一走，看一看。"各国仍然犹豫，只有被月氏王国驱逐到更西地区的乌孙王国（现在的吉尔吉斯斯坦）接受了张骞的邀请。

乌孙王国的特使抵达中国后，被中国的富裕、强大惊得目瞪口呆。乌孙王国特使在中国心脏长安待了数月后返国，一路上，他成了中国的免费宣传员，宣传着中国的繁荣昌盛。之后，张骞发现了甜头，于是派出数路使节邀请西域各国来中国参观。这些参观者被中国惊得失魂落魄，从此，汉帝国和西域各国交通日益频繁，关系更加密切。

张骞以坚韧不拔几乎是六亲不认的意志力，克服了千难万险，最终完成了中国向西方的探索，从此这条张骞发现和经营的路被称为"丝绸之路"（中国丝绸从这里走向世界）。张骞功勋卓著。千余年后，哥伦布通过一次冒险，发现了新大陆，他和张骞的功绩相差无几，但张骞带给"新大陆"（西域）的是文明和繁荣，哥伦布带给新大陆的却是屠杀和血腥。

中国人从来不缺乏冒险精神，只要给个支点，中国人就能撬动天下，无论是已知的还是未知的。张骞为中华世界的再扩张和巩固立下了汗马功劳，他的探险，使中国人对未知世界发生了兴趣。然后就是刘彻，他将未知世界逐渐变成中华世界。

两人的合作，异常愉快。

现在，就让我们离开张骞，进入那场伟大的汉匈战争和传奇的西汉帝国对中华世界的再巩固，欣赏一下中国人舍我其谁的血性与坚韧不拔的志向。

7／
中华世界的再巩固

刘彻时代，是中华世界的再巩固时代。秦帝国塑造了中国本土，但没有时间和机会巩固。刘彻接手后，在八荒六合进行开辟、巩固。

首先自然是匈奴，公元前 133 年，马邑（今山西朔州）土豪聂壹以商人的敏锐性感觉到中央政府要和匈奴翻脸，所以向中央政府提议由他来引诱匈奴进入中国，然后设下埋伏打它个措手不及。刘彻立即同意，要马邑政府尽快疏散人群，命令大将王恢率领三十万人埋伏在马邑左右山谷中。聂壹把死囚的人头悬挂马邑城门，并向匈奴人报告说："我干掉了马邑行政长官，你们赶紧来见识一下中国的繁华世界啊。"

匈奴首领军臣单于当时缺食少穿，西汉帝国答应的进贡迟迟不到，正在焦虑愤怒时忽然听到如此好消息，立即带领主力迫不及待地向马邑冲来。军臣单于进入中国本土不久，马上发现不对头，遍地牛羊，却不见放牧者，正当他犹疑不定时，有人把西汉帝国的阴谋告诉了他。军臣单于胆战心惊，怒火中烧，抢了大批牛羊后迅速撤出中国本土，西汉和匈奴维持了六十多年、"和亲"七次的屈辱条约自然终止，双方同时进入战时状态。

公元前 129 年，匈奴先发骑兵团入侵上谷郡（今河北西北部），刘彻下令帝国军队全面反击。大将卫青从上谷（今河北怀来）出击，大将公孙敖从代郡（今河北蔚县）出击，大将公孙贺由云中郡（今内蒙古托克托）出击，传奇将领李广从雁门郡（今山西右玉）出击。四路大军声势浩大，结果，公孙敖和李广兵团被匈奴击败，公孙贺一无所获，只有卫青捕捉到匈奴一部分主力，追击之下打死一百多人。

这次大规模反击战，雷声大雨点小。此后，匈奴骑兵团又来侵犯，刘彻命令卫青率领三万骑兵从雁门郡出击，击败匈奴，杀死数千人。公元前 128 年，卫青又从云中郡出击，向西疯狂地扫荡追击匈奴骑兵团，采用诸如突袭、迂回侧击等战术把匈奴打得仓皇逃窜。这次出击，卫青远征军纵横数千里，和匈奴的每场战斗都竭尽全力，让一向都以欺负别人为主的匈奴大惊失色，简直不敢相信这是真的。他们的好运已用完，出来混，迟早是要还的，风水轮流转，现在到汉家。当然，这还只是开始。

公元前 124 年，匈奴右贤王（匈奴将领分为三部分：单于在中央设“王庭”，下辖东、西两部，东部由左贤王治理，西部由右贤王治理）不甘心失败，开始持续不断地侵扰西汉帝国。刘彻下令再来一次高规格的反击。卫青率三万骑兵从高阙（今内蒙古杭锦后旗西北）出击，将军苏建等人从朔方（今内蒙古鄂尔多斯市）出击，将军李息等人从右北平郡（今辽宁西北部、河北东北部）出击，三路大军共计十万余人。双方迎头相撞后，大小战役数十次，匈奴且战且退，被杀被俘十万余人，损失惨重。当然，对于匈奴而言，这还不是最坏的。

公元前 121 年，匈奴伟大的将领昆邪王被卫青的外甥霍去病击败，匈奴单于怒气冲天地要干掉昆邪王，昆邪王为求活命，率领部下四万余人投降西汉帝国。自汉匈开战以来，这是少有的绝对性胜利，因为没有损失一兵一卒而白得了四万匈奴人。

匈奴单于眼见已不是西汉帝国的对手，所以举家北迁，远走漠北。刘彻不可能让他跑掉，两年后的公元前 119 年，西汉帝国决心一战解决匈奴。全国动员身经百战的骑兵十万人、战马二十万余匹、步兵三十万人，后勤部队五十万人，卫青出定襄，霍去病出代郡，打击匈奴主力。

卫青兵团纵深一千余公里，横穿大沙漠，终于发现匈奴主力，双方即行决战。卫青用兵车环结为堡垒，以精锐骑兵五千突袭单于大营，双方进入决战时，空中飞沙走石，两军视而不见，战况惨烈无比，最终，卫青突袭单于大营成功，匈奴兵团如山崩一样溃败，三十万主力全军覆没。卫青在取得决定性胜利的同时，霍去病也给了匈奴东部战区的左贤王以致命打击，左贤王十万人只剩下三万，霍去病俘获了各种王爷、小王爷和匈奴官员八十三人，霍去病在狼居胥山（今蒙古国乌兰巴托以东）刻字以纪念这次功勋，卫青与霍去病的人生进入巅峰。

这次战役将匈奴主力全部扫除，西汉帝国八十余年来的威胁完全解除。匈奴单于带领残兵败将逃至沙漠更深处，那里几乎是史前时代，从前所有的荣光至此成为历史陈迹，只留下了"失我焉支山（焉支山所产的红色颜料可做妇女的化妆品，即胭脂），令我妇女无颜色。失我祁连山，使我六畜不蕃息"的哀叹。西汉帝国开始在河西走廊设置四个郡（酒泉、武威、敦煌、张掖），将这块曾被匈奴控制近百年的地方永远纳入中国版图。

匈奴虽被汉帝国逐进沙漠，已走投无路，但这个强悍的民族并未屈服，它和中国永远不共戴天，直到公元前 71 年，汉帝国联合乌孙王国才彻底击败匈奴。公元前 55 年，匈奴终于投降中国，延续了一百三十余年的汉匈战争才告一段落。

汉匈之战中，有人一战封神，比如霍去病和卫青；有人运气不佳被匈奴活捉而投降，比如大将赵信在公元前 123 年的战役中就气节未保，他投降后给匈奴出主意要其退守漠北，这才引出了公元前 119 年远征军深入漠北的大决战；还有人一直在尽忠职守地战斗，却没有卫青、霍去病那样的好运，一生都活在憋屈中，比如李广。

李广，陇西郡（今甘肃）人，将门之后，他的祖先是秦王国大将李信。李广善带兵，而且射箭超准，后来《水浒传》中的神射手花荣绰号就叫"小李广"。李广和匈奴，那是几百辈子修来的孽缘，从他走上仕途开始，就和骚扰帝国的匈奴打个不停。皇帝刘恒曾对李广的战功做过超高的评价，说："如果你生在高祖时代，肯定已封侯拜将了。"

李广情绪激动，发誓今生必须搞个侯爵来当当。刘启时期，李广靠军功步步跃升，其所担任的职务都和匈奴有关——北境各地的军政长官。

公元前 133 年，马邑之谋开始，李广兴奋得大叫，可惜功亏一篑。公元前 129 年，汉匈开战，李广倒霉透顶，在雁门关外遇到匈奴一部分主力，他寡不敌众被俘。后来靠计谋逃回，被刘彻废为平民。李广在那段毫无希望光芒的时光中，总想到先祖李信。大概是李信在天之灵护佑了他，公元前 128 年，他被重新起用，守卫右北平（今内蒙古宁城）。正是在这段时光中，总来侵犯而总损兵折将的匈奴人称他为“汉飞将军”。

公元前 123 年，卫青出击匈奴，李广终于再次迎来主动进攻匈奴的机会，可霉运形影不离，所有出征的将领都有功劳，只有李广一无所获。这让他愁肠百结，感叹造物真能弄人于无形。公元前 121 年，西汉帝国派遣东西两支远征军进攻匈奴，西线大获全胜，而李广所在的东线倒霉，惨败。

李广是东线的先锋，只有四千骑兵，增援部队是冒险家张骞所率领的万余骑兵。李广立功心切，渐渐和张骞的增援部队拉开距离，就在双方失去联系时，李广悲催地遇到了匈奴的四万骑兵。敌我实力相差悬殊，虽然李广打退了匈奴人，但损失过半，事后评定功劳时，李广无罪但也无功。张骞受李广牵连被停职，一年后才复职，开始第二次去西域。

公元前 119 年，刘彻下令深入漠北，彻底消灭匈奴。李广请求参战，可所有的将领都认为李广是个扫把星，只要有他在的部队，肯定无法立功，所以大家都不希望他参战。刘彻只好安慰他说：“你看你刚过完六十大寿，干了一辈子革命工作，也该休息休息了。”

李广倔强地说：“我还能为帝国服务十年。”

刘彻摆出一副茫然的神情说：“我就纳闷了，这么多年来，你和匈奴也厮杀了七十余次，怎么就没有大功呢？”

这也是李广的困惑，他不相信自己是扫把星的命运，哭着喊着要求参战。刘彻没有办法，就把他分配给卫青，并偷偷嘱咐卫青：“李广这人有与众不同的魔力，会给团队带来厄运，你千万不要让他担任攻击主力。”

卫青同意刘彻的看法，可抵达前线后，李广非要担任前锋。卫青不同意，李广就私自率领自己的骑兵团，向北推进。倒霉的事又来了，他居然迷路了。在沙漠中转了几十天也没有转出来。当卫青凯旋时，李广才找到道路，和卫青相遇后，得知匈奴已被废，李广仰天长哭道：“我这到底是什么命啊，上辈子到底做了多少缺德事啊，让我命运如此多舛，就是不能封侯！”

说完，李广拔出佩刀，向这个世道，向扫把星命运，向那些战友，向汉帝国，向他的列祖列宗道别，自杀。

李广家族好像被人施了魔咒，他死后，儿子李敢被霍去病冤杀，孙子李陵又霉运当头地被匈奴活捉。李家，真是“缘数奇”（命运多舛），但他们是中华世界的英雄，日月可鉴。

与李广的命运多舛截然相反，在刘彻领导下的西汉帝国，开疆拓土，一路畅通。

在和匈奴开战的同时，刘彻眼观六路地将目光投向中国的南方、西南方和东北方。

中国南方曾被嬴政纳入中国版图，并设置四个郡（闽中、南海、桂林、象），秦王朝灭亡后，中国本土大乱，南方四郡遂脱离中国，诞生了三个独立王国。它们是东海王国（治所在今浙江温州）、闽越王国（治所在今福建福州）、南越王国（治所在今广东广州）。

张骞去冒险的公元前138年，闽越王国攻击东海王国，东海王国不能抵抗，向汉帝国求救。刘彻立即派遣一支远征军向闽越王国进发。闽越王国听闻庞然大物赶来，马上撤退，东海王国举国回归中国。三年后，风风火火欲扩张的闽越王国再攻击南越王国。南越王国效仿东海王国，向汉帝国求救。汉帝国再次派出远征军，还未和闽越王国军队接触，闽越王国就投降，和东海王国一样回归中国。

但它的回归和东海王国回归不同，它没有将政权全部交出，只是象征性地臣服汉帝国。随后，南越王国也效仿闽越王国，宣布取消王号，回归中国。公元前111年，南越王国发生政变，恢复王国称号，刘彻下令远征军即刻南下。这一次，双方发生交战，南越王国被灭。第二年（公元前110年），远征军又把矛头指向始终对汉帝国三心二意的闽越王国，闽越王国也被灭国，至此，秦帝国开拓的这片南中国疆土，全部恢复。

在恢复南中国的同时，刘彻又积极向中国西南方扩张。刘彻之前，汉帝国边界只延伸至今天的重庆和四川成都，此线之外的四川、贵州、云南的万山丛中，散布着不胜枚举的部落（国），这些国根本不知北方有个强大的汉帝国。汉帝国也不知道它们。双方发生接触是在汉帝国经营南方三国（东海、闽越、南越）时，帝国远征军发现了这片新天地，遂派出使者出使各国，要它们归附汉帝国。当帝国使者来到夜郎国（今贵州关岭）时，夜郎国国君问帝国使者："汉帝国和夜郎比，谁大？"

使者告诉他："我们正在动用帝国力量向你们这里开辟道路，道路完成后，你可顺路去汉帝国看看。"

当时西南各国都和夜郎国一样，虽不知道汉帝国到底有多大，但被跟随使者而来的汉帝国现代化军队所震慑，纷纷归附，只有远在今云南晋宁的滇国不肯。公元前 109 年，汉帝国派出的一支远征军抵达滇国。滇国看到西汉兵团军力强悍，立即投降。中国西南至此全部纳入中国版图，刘彻将郡县制在此全面推行，设置郡县。这是西汉帝国的巅峰，所向披靡。

在东北，汉帝国的邻国是朝鲜王国。汉帝国远征军进攻滇国的公元前 109 年，刘彻派使者到朝鲜，命令其取消王号，归附汉帝国。朝鲜人大怒，驱逐了使者。朝鲜人当然不知道，当时的世界上没有人敢驱逐西汉帝国的使者，第二年，双方同时宣战。

西汉帝国远征军轻而易举就进入朝鲜本土，然后以秋风扫落叶之势横扫朝鲜北部城镇，攻陷它的首都（今韩国首尔），杀掉其领导人卫右渠，刘彻把郡县制推进到此，设置四个郡（乐浪郡、临屯郡、玄菟郡、真番郡）。朝鲜成为中国领土长达四百余年，后来被在朝鲜半岛崛起的高句丽王国夺走。

如果说，嬴政是中华世界的缔造者，那么刘彻就是中华世界的守护者、巩固者。大破匈奴，让中华世界不再受到威胁；征服东南沿海和西南内陆地区，奠定了今后中国本土疆域。后人心目中的中国，正是刘彻所缔造的。此外，派遣张骞冒险，发现新世界，沟通东西交通，这些功勋，也后无来者。

刘彻之后的诸多儒家知识分子，出于保守之目的，攻击刘彻穷兵黩武，这明显是忘恩负义。如果没有刘彻，中华世界不知是什么样子。那些腐儒不可能坐在太平无事的家中，沐浴着春风，谈什么仁义道德，更不可能有中国人特有的“温良恭俭让”。刘彻用巩固中华的一系列战争，打出了中国人的威风，让中国人重新找回消失了几百年的民族自信。

中国儒家最要命的地方在于，常常空口谈仁义道德，不注重事功。事功才是一个人价值的最直接体现。嬴政、刘彻为我们中华人苦心打造了中华第一帝国，值得我们永远敬重怀念！

8／
中华人的品质：苏武、李陵、司马迁

在汉帝国泰山压顶的打击下，匈奴意识到只有与汉帝国讲和才能保证民族存活。公元前101年，匈奴首领且鞮派使者到长安修好，刘彻出于中华世界的礼尚往来思路，派大将军苏建的儿子苏武率领一支使节团出使匈奴。

苏武以廉洁正直闻名于世，胆量和骨气并驾齐驱。在匈奴和谈期间，苏武的副手张胜发现匈奴中有很多投降的中华人，于是瞒着苏武联合这些人预谋偷袭匈奴且鞮，结果事情败露，张胜被捉。苏武作为张胜的领导，自然难辞其咎。张胜立即投降，苏武不降。

匈奴人把他投放到装粮食的空窖中，不给饮食，恰好天降大雪，苏武饿了就吞吃毡子，渴了就饮雪，如此坚持了数日而不死，匈奴人认为苏武是神人，又把他放逐到贝加尔湖，给了一群公羊让他放牧，同时声称："公羊生小羊后，你才可以回中国。"这和骡子生孩子一样是不可能发生的事。苏武可不管这些，为了活下去，他一厢情愿地和野鼠结下友情，野鼠所藏的过冬粮食，全被他掏取。

苏武在冰天雪地的贝加尔湖，每天一面牧羊，一面抚摩出使时汉武帝给他的"汉节"（"节"是使者拿着作为凭证的东西）。这个充满情感的动作，象征着他不忘祖国的忠义情怀。

匈奴人始终搞不明白，苏武到底是从哪里得来的力量，在滴水成冰的恶劣环境下坚守了二十年。公元前81年，汉帝国终于把苏武从匈奴手中索回。苏武被囚禁时四十多岁，回到中国时已是六十多岁的老头儿，妻子早就改嫁，家人也不知所终，除了仰天长叹外，苏武别无他法。

苏武牧羊的故事流传千年，从事功角度来讲，苏武不值一文，但其名声比那些消灭敌国凯旋的将军的更动人心魄。这正是中华世界思想的一个特质，我们之所以歌颂苏武，是因为他留给我们的不是俗世功名，而是大义凛然、一片丹心的中华精神。

汉帝国盛产中华品质，苏武被囚的两年后（公元前99年），汉匈再次开战。西汉帝国远征军兵分两路向匈奴进攻，其中一路就是李广的孙子李陵率领的五千步兵。李陵继承了家族优良传统，能征善战，肯吃大苦耐大劳，并爱兵如子，兵团战斗力强悍。李陵兵团出居延海（今内蒙古额济纳旗）向北进发，挺进至浚稽山（今蒙古戈壁阿尔泰山山脉中段）时，和匈奴且鞮率领的三万骑兵迎头相撞。双方立即开战，李陵兵团虽是步兵，但装备精良，将且鞮的骑兵打得溃不成军。且鞮恼羞成怒，召集援军，共八万骑兵，誓将李陵兵团歼灭。面对强敌，李陵兵团且战且退，组织严密，匈奴始终找不到突击口。

在没有任何防御工事的大荒漠上，骑兵对步兵，永远占据绝对优势。李陵边打边撤，希望能在保住有生力量的情况下退至汉帝国边境内。匈奴骑兵兵力虽然占据绝对优势，而且一直追着李陵猛打，但就是无法取得决定性胜利。且鞮气得七窍生烟，攻击更加猛烈。最后，李陵被迫撤进一条山谷，匈奴骑兵合围，箭如雨下。

李陵叹息说："如果再给我三万支箭，我就能支撑到边境。"然而，这是空想，李陵决定突围。他带领一千人负责殿后掩护，剩下的两千人从谷口后突围。由于没有对付骑兵的箭，所以突围兵团被歼，李陵战至最后一人，本想殉国，但匈奴人不停地派人来劝降，李陵终于投降。

李陵以五千步兵应对十六倍于己的匈奴骑兵，杀伤敌人两万余人，创造了以步兵对骑兵战绩赫赫的纪录。能取得如此战绩，除了李陵兵团的装备精良，尤其是箭支奇多外，李陵现场突出的指挥能力也是重要因素。李陵投降，在他后来的追忆录中辩解说投降是“留得青山在，不怕没柴烧”的智慧。

李陵是有良知的人，投降匈奴后，匈奴人要他去劝苏武投降。李陵不敢去，在苏武面前，他是那么渺小自卑。后来经不住匈奴人的苦口婆心，李陵抱着试一试的心态去找苏武。两人在冰天雪地中相见，唏嘘不已。李陵身穿绫罗绸缎，苏武却破衣烂衫。李陵劝苏武说：“你家人的境遇很惨，大家都认为你死了，人生如朝露，何必自苦？”

苏武格外严肃地跟李陵说：“如果你再劝降，我马上死在你眼前。”李陵只好叹息说：“真是硬汉，我和你一比，简直是乌鸦与凤凰。”

苏武的家人境遇再惨，也惨不过李陵家族。李陵投降匈奴的消息传到长安城，刘彻咆哮如雷，将李陵家族全部处决。李陵除了在荒漠中号啕大哭外，没有任何办法。而他那种李家的扫把星气质传染给了太史（天文台长）司马迁。

司马迁继承了中国人对历史的执着，所以一直和历史打交道。刘彻登基不久，司马迁就开始写中国历史。李陵事件爆发时，这部历史刚好写到一半，刘彻向臣子们征询处置李陵的意见，所有人都认为李陵家族的人该死，只有司马迁认为爱国者和必须殉国没有必然联系。

他向刘彻解释说：“李陵爱护士兵，是个好领导，还把杀敌报国当成人生第一等事。天下没有常胜不败的将军，况且此次战败，也非李陵之错，以五千步兵对阵八万骑兵，还杀敌万余，这是战神都无法做出的成绩。仅这一项，就完全可以激励他人。而且我认为李陵投降，必有用意，可能是做卧底，准备找机会报效祖国。”

这番话无法说服刘彻，刘彻不但屠灭李陵三族，还把司马迁下狱，最后用宫刑（阉割生殖器）对付他。

司马迁受宫刑后，痛不欲生，不仅是生理上的，还有心理上的。他几次想自杀，但不知是什么力量让他和悲惨的命运和解。他将所有的屈辱全部掩埋，这屈辱非但没有让他变态，反而让他产生了神奇力量，终于将他所知的中国历史写完，这部奇书当时被称为《太史公书》，东汉末年，大家称它为《史记》。

关于《史记》，先来说人所共知的。它是中国第一部纪传体历史读本，从中华世界的创造者黄帝开始，直到汉武帝刘彻，以帝王世系为中心，按年月顺序，列举历代的人事，是全书的总纲。同时用二百余人（包括帝王）的传记，表达了两千六百年间的人事变化和社会变动。再用若干的表格和专题报道，作为补充。从此，《史记》成为中国所谓正史的模板，两千年来，没有人能跳出司马迁设置的这套规矩。

《史记》是文、史、哲三合一的典范，各传记中，司马迁用小说式的笔法描写事件和人物，其文通俗易懂，有滋有味。尊重历史，但有精彩的发挥，有的地方还有司马迁的哲理总结，仅从这点而言，《史记》就该是中华人的必读的书之一。

再来谈大多数人不知道的。司马迁的《史记》看似是帝王将相的家谱，但他也描写了一些底层人士，比如刺客、商人、优伶等，也就是说，司马迁很重视人文，凡是人，只要有所成就，对社会有贡献，就能名垂青史。

《史记》等同于西方的《圣经》，不同的是，《圣经》记述和歌颂的是神，而《史记》记录和赞颂的是人，纵然里面有些荒诞情节，但无论是三皇五帝还是高祖刘邦，司马迁都将其定义为和我们普通人一样的人。**《史记》就是中华人的《圣经》，这部经文中，你看不到神，只能看到活生生的人。人只要有益于人类社会，就是神。**

中国人重视历史，和西方人重视《圣经》本无区别。只不过，中国人信仰、尊重的不是神，而是那些为中华做出贡献的人。

苏武、李陵和司马迁都是中华人爱国、有担当的杰出代表，虽其事功不同，其精神却一致。当我们歌颂这些伟大人物时，其本人只是躯壳，躯壳中那些不肯屈服、一心为中华的精神才是灵魂。

9／
汉武的继承者

刘彻用西汉全部国力巩固了中华世界，巩固完成后，弹尽粮绝，西汉帝国沾上暗影。和嬴政一样，刘彻渴望长生，而且比嬴政极端一百倍，他曾说，如果能长生不老，可以把江山当成破鞋扔掉。上有所好，下必从焉，所以刘彻一朝，长安城里到处都是方士、巫师和神棍的身影，这些人像苍蝇一样在刘彻这块腐肉左右飞舞。刘彻喜欢长生，就有术士给他炼丹；刘彻好色，就有方士给他配置壮阳药；刘彻想要见死去的小老婆，就有神棍用幻术让他见到。

妖魔鬼怪多的地方，注定会出事，而且是大事。刘彻晚年，可能经常吃错药，总出现幻觉，光天化日之下就能见到鬼怪，本来生性多疑的他变得越发神经兮兮。人心有鬼，外鬼就很容易进入。公元前92年，丞相公孙贺捉拿了长安城中的黑社会大佬朱安世，朱安世却反过来诬告他用巫蛊（据方士们说，受过训练的专家可以用凡人听不懂的咒语把人咒死，或是把类似受害人的木偶人埋在地下，以促成受害人死亡）诅咒刘彻。

刘彻居然疯了一样地相信了，把公孙贺处决。这件事虽然很轻易就过去了，却给刘彻的宠臣江充输入了灵感。江充是个势利小人，对掌控大权的老家伙刘彻是坚定无畏地谄媚，但对皇后卫子夫和太子刘据却爱搭不理，而且总在刘彻面前说刘据的坏话。刘据曾当着很多人的面威胁江充：“你等着！”

江充明白刘据这句话的意思，刘彻已老，又多病缠身，一不小心翘了辫子，刘据就是皇帝。想到这里，江充胆战心惊，他决定先下手为强，模仿朱安世诬陷公孙贺，在刘彻床前诬告刘据正用巫蛊谋杀刘彻。刘彻当时正在长安城外的甘泉宫（今陕西咸阳市淳化县）休养，闻听此言，他宁可信其有，立即下令到太子宫中搜查，江充就是带头人。

刘据对老爹刘彻的多疑了解深刻，即使这次搜不出木偶，也难保下一次搜不出。下一次纵然还搜不出，只要刘彻下令搜，就总会有搜出的那天，因为江充完全可以先把木偶埋下。刘据不相信老爹，如同老爹不相信他一样。他立即伪造圣旨，动员长安城中的军队，要把江充干掉。刘彻在甘泉宫气得发了疯，下令仍然效忠于他的军队向他亲儿子开战。

双方在长安城中血战五天，死亡数万人，长安城血流成河，最后刘据战败自杀，皇后卫子夫也自杀。刘彻回到长安城，坐到龙椅上，发号施令，凡是跟随刘据造反的官员、士兵全部诛族，这就是巫蛊之祸，这场祸乱中死亡十万余人，刘彻把繁花似锦的长安城变为了血腥的鬼蜮世界。

巫蛊之祸后，很多大臣都替刘据说情，认为刘据起兵不是造反，而是被江充诬陷后情急之下的反应。刘彻只能相信刘据没有造反，为了让自己心里好受些，他屠杀江充家族的人，又建了个思念太子的“思子宫”，每个月都跑去流几滴眼泪。太子刘据冤死后，刘彻还有三个儿子，燕王刘旦、广陵王刘胥和昌邑王刘髆。刘彻一面催促那些方士加紧制造不老药，一面审视这三个儿子，发出孤魂野鬼般的叹息。

公元前 87 年，刘彻把那些炮制不老药的方士全部诛杀，然后把他晚年最宠爱的夫人赵女士（钩弋夫人）叫到朝堂上，宣布她的死刑。赵女士花容失色，虽然她知道这个老东西性情不定，却从没想过不定到这种地步。她被武士拖出去斩首时，拼命地挣脱，泪流满面，回首眼巴巴地望向刘彻。刘彻哽咽着挥手让武士赶紧拖走，一代艳妇，就此陨落。

刘彻杀掉钩弋夫人后，就立他和钩弋夫人所生的儿子刘弗陵为太子。此时，大臣们才知道眼前这个老东西并没有抽风，而是考虑长远。西汉帝国从建立时起，就存在一种危险的政治模式，即外戚政治。刘邦的老婆吕雉在刘邦死后，控制三个皇帝掌控大权十几年，后虽被铲除，但接下来的皇帝刘恒、刘启，依然无法摆脱这一传统，那个把儒家知识分子扔进猪圈的窦太后就是最典型的外戚代表。直到刘彻时代，仍大量重用外戚，远征匈奴的最高统帅卫青、霍去病都是外戚，但刘彻有其他皇帝所不具备的优势，他能控制外戚。可他死后，就无法控制了，所以他先杀掉钩弋夫人，这叫未雨绸缪。

干掉钩弋夫人后，他向近臣霍光解释说："我死之后，她就是太后，一定重用其家人，重现吕雉故事，所以先杀掉她，免除后患。"

霍光大吃一惊，他不明白这"杀母立子"的套路，更让他大吃一惊的是，刘彻居然让画工画了一幅画给霍光看，画的内容是"周公辅佐成王朝诸侯"，这显然是让他辅佐刘弗陵的意思。刘彻临死前，给霍光配备了两个助手：从匈奴投降来的金日磾和养马官上官桀。这个诡异的三人组把年仅八岁的刘弗陵（汉昭帝）抬到龙椅上，光芒万丈的刘彻时代结束，新时代来临。

霍光是霍去病同父异母的弟弟，霍去病在外功勋赫赫，他在内则谨小慎微，据说他参加会议时，永远站在一个地方，那个地方在若干年后留下了他两只脚丫的印记。霍光谨慎如此，可见刘彻托孤的眼力。不久，金日磾去世，上官桀联合燕王刘旦想从霍光手中夺取大权。刘旦公开声称："当初父皇死时老糊涂，不但立个小屁孩为太子，还让霍光辅佐，这里面必定有鬼，我不服。"公元前 80 年，两方开战，刘旦和上官桀败亡，皇帝刘弗陵越发信任霍光，霍光一人之下，万人之上。

公元前 74 年，刘弗陵病逝，由于没有儿子，所以霍光和众臣商议后就把刘彻的孙子昌邑王刘贺（他老爹刘髆已死）立为皇帝。但刘贺和刘弗陵不一样，他非常不喜欢霍光在他面前指手画脚，所以决心夺回本应该属于皇帝的权力。但霍光比他要老辣十倍，先发制人将其废掉，刘贺和他从封地带来的二百余臣属在长安城中全被斩首。

霍光废立皇帝，已超出了他的权力范围，可他大权在握，没人敢发声。刘贺被杀后，霍光不知从哪里把刘据的孙子刘病已挖了出来。巫蛊之祸后，刘病已被忠于刘据的人藏在民间，霍光可谓有通神的智慧，居然能把隐藏在民间十八年的人揪出。刘病已（汉宣帝）即位后，对霍光是感激涕零，如果不是霍光，他可能老死民间，永远无法享受拥有权力的快感。可他又恐惧厌恶霍光，每次看到霍光的身影，都有种白日见鬼的感觉。

霍光向来谨慎内敛，当然知道长大成人的刘病已对自己的复杂态度，他多次要求归还大权，但刘病已放眼四望，**发现霍光手中的大权在霍光手中是大权，一旦到他手中就是个炸弹**。所以他苦苦哀求霍光，千万不要多想，不要抛弃他。

霍光对刘病已的感激发自肺腑，可他哪里知道刘病已身上同样流淌着刘彻家族冷酷的血液。公元前 68 年，霍光病危，刘病已高兴得满脸泪水去看望他，并赏赐他家人大量房产土地，还有高官厚禄。

霍光弥留之际，突然看到眼前闪烁出白茫茫的光，刘病已的狞笑出现在白光中。他突然意识到什么，张着嘴对家人们说了句："我等你们。"然后一命呜呼。两年后的公元前 66 年，有人告发霍光家族要发动政变，刘病已以雷霆手段对霍家进行斩草除根式的屠杀，风光了二十余年的外戚霍氏家族偃旗息鼓。

刘彻的继任者先是霍光加刘弗陵，然后是霍光加刘病已，最后才是刘病已。刘病已起自民间，又能有意识地留心吏治和刑狱，所以自刘彻以来的帝国疲惫稍有缓和，政治比刘彻时代要清明许多。只要政治清明，一切都好说。中国古代集权制度下，最恐怖的就是政治不清明。

刘病已是个睿智的皇帝，他对帝国思想有着清晰的认识。太子刘奭（汉元帝）喜欢儒家的仁义道德，常和老爹辩论，认为以仁义治国才是王道，而西汉帝国虽然独尊儒术，却并没有将儒家思想提升到唯我独尊的地位。刘病已训斥他道："汉家自有制度，本以霸王道杂之，怎么可能只用德教？那些俗儒不达时宜，喜欢是古非今，使人在名实上混乱，不知该坚守什么，根本不堪重用！"

刘奭惊作一团，老爹刘病已又来了句更狠的话："乱我家者，太子也！"

刘病已这段话，信息量比海洋还大，可谓是知行合一的高级典范。他所谓的"霸王道杂之"是"霸道"与"王道"的结合。儒家学派的看法中，君主应

实行"王道"，即以仁义道德治国，不应该实行"霸道"，即以严刑峻法治国。同时，"王道"是以道德保守，"霸道"是以实力进取。刘病已说西汉帝国向来是两道并行，用"王道"教化，以"霸道"治官吏、打天下。二者根本就是知和行的问题，王道是知，霸道是行，缺一不可。西汉自刘彻以来，由于对外战争频繁，奖赏制度必须紧紧跟上，所以以法治官吏成为主流。执法严苛的张汤和诏狱之神杜周很受刘彻赏识，就是因为他们用法律维持了帝国的稳定，倘若纯用仁义道德的所谓"王道"，在政治混乱时期，那根本无效。

不过，我们应该注意到的是，刘病已所谓的"王霸道杂之"根本不是儒家和法家的联合，而是儒家在不停进化过程中，把教化和刑法合二为一，它不是后人所谓的"外儒内法"，根本就是儒和法的水乳交融。

中国的政治思想走到刘病已时代，已经定型：**教化和刑法并驾齐驱，不见不散。**

刘病已作为刘彻最合格的继承者，完成了刘彻没有完成的中华使命，那就是对匈奴的全面胜利。公元前 60 年，西汉帝国在西域设置军政长官西域都护（办公地点在乌垒城，位于今新疆库尔勒与轮台之间）。这时恰好匈奴内乱，四个地方领导人和一个中央领导人展开激烈血斗，最后郅支单于胜出。公元前 51 年，被郅支单于打得满身鲜血的呼韩邪单于主动投靠西汉帝国，请求西汉帝国援助他揍老乡郅支单于。于是，中国历史上最让人血脉偾张的"犯我强汉者，虽远必诛"名言，应运而生。

10／
虽远必诛

在郅支单于眼中，匈奴虽然有许多单于，但只有呼韩邪单于是他的劲敌。呼韩邪单于投靠西汉帝国后，郅支单于认为自己已是匈奴老大，就开始在西部兴风作浪。公元前 45 年，始终想以仁义感化郅支单于的皇帝刘奭对其行径忍无可忍，终于想起老爹“霸王道杂之”的真知灼见，决心对郅支单于采取严厉措施。但这个窝囊废所使用的严厉手段就是派使团去和郅支谈判。

想不到，郅支居然把使团干掉。干掉使团后，他才发现大事不妙，于是向西逃到康居（巴尔喀什湖和咸海之间，王都卑阗城）。康居国王好心收留他，他却把康居国王干掉，强占康居，又进攻更西面的乌孙王国，在他强大的兵力威慑下，西域许多小国都向他进贡。西汉帝国派遣使者去斥责他，他不可一世地对使者说：“让你们的皇帝把太子给我当人质，我可以考虑归顺你们。”

西汉帝国忍无可忍，任命大将甘延寿为西域都护，陈汤为其助手前往西域，见机行事。甘延寿虽是武将，却有文臣的大局观，他认为这次去西域，只要能让郅支单于签下和平协议，就算完成任务，不必动刀动枪，浪费人力、物力。他的副手山东人陈汤却不这样认为。

陈汤看上去性格沉稳，但沉稳中却是暗流涌动，常有出其不意的智慧。抵达西域后，陈汤向甘延寿指出危机所在：“西域各国都畏惧强者，这是他们的天性。郅支单于这些年就是靠武力逼迫他们降伏的，如果让郅支单于再发展下去，后果将不堪设想，西域各国将脱离中国，匈奴东山再起，我中国将不堪重负。”

甘延寿同意陈汤的分析，说：“此次前来务必要和郅支达成和平。”

陈汤说：“蛮夷懂个屁和平，倘若懂和平，武帝（刘彻）何必费那么大力气发起十余年的反击战！和知识分子要谈人生理想，和蛮夷，就要玩刀枪剑戟斧钺钩叉。”

甘延寿不说话。陈汤接着说：“郅支兵团不设坚固城墙，没有防守意识，如果咱们发动屯田（公元前68年，西汉帝国在西域设置屯田军，正是这种脑洞大开的政治模式，让中国在西域站稳脚跟）的官兵，动员被郅支欺负的乌孙兵团，快速打进郅支老巢，他逃也无处可去，守又无防御可守，咱们成名的时刻就到了。”

甘延寿想了想说：“先向中央政府上奏请示。”陈汤冷静地分析说：“周亚夫说过，将在外，君命有所不受，将可以便宜行事。你把咱们的计划给那些书呆子讨论，他们又没有来过这里，看不到危机，怎么可能同意咱们的计划。非凡的策略是凡夫俗子想不到的。”

甘延寿有高度的政治敏感，他知道这是擅作主张，即使立下功劳，也不会得到中央政府的认可。于是他犹豫起来，陈汤像毒蛇一样纠缠他，要他以西域都护的身份下命令。最后，甘延寿被逼得没办法，只好称病。陈汤马上假托中央政府命令调动各国军队以及西汉帝国的屯田军集结。甘延寿从床上爬起，劝阻他三思而后行。

陈汤怒目圆睁，按住手中佩剑，叱责甘延寿说：“兵团已经集结，人人都想建功立业，你想坏大家的事？”

甘延寿假装惊骇不已，他忘了自己才是西域最高长官，而不是陈汤。两人黑红脸的大戏表演完毕，陈汤马上把四万兵团分为六路，向郅支大本营进发。

郅支当时的老巢在都赖水（怛罗斯河）上游，城堡新建，并不坚固。陈汤兵团突然抵达，郅支单于惊慌失措，马上爬上城墙观看情况。他发现陈汤四万人的兵团杂七杂八，都是西域各小国的杂牌军，于是放下心来。他太把自己当回事了，匈奴人不善攻城，郅支就认为西汉兵团也不过如此。

陈汤下令西域各小国军队原地待命，屯田军攻城。霎时间，西汉兵团就攻上城墙，双方在城墙上血战。郅支拼了老命，才把西汉兵团赶下城墙。陈汤再命令西域各兵团攻击城门，郅支没有见过这种打法，对于守城，匈奴人是陌生的。

战斗进行到半夜，郅支的城门被攻破数次，虽然匈奴人顽强地把攻入城中的人全部杀掉，可郅支知道，这种好运气越来越少。两天后，郅支决定突围，陈汤早有准备，调来郅支的敌人康居兵团，把城围得水泄不通。郅支在城墙上指挥突围时，突然被西汉弓箭手射中鼻子，顿时血流如注。他哇哇怪叫，滚下城墙。

当夜，月黑风高，杀气逼人，陈汤兵团又趁夜放火烧城门，郅支在内城也能听到城门被火蹂躏发出的凄惨叫声。天亮时，城四面都起了火，陈汤兵团高呼乱喊，士兵推着巨大盾牌，攻入城中。郅支的卫队拼死作战，却已无济于事。郅支的头被砍下，其家眷一百多人全被烧死。他连累了所有亲人，真是愚蠢至极。郅支兵团一大半战死，其余被俘虏。陈汤把俘虏赏赐给那些参战的西域小国，并对他们说："从此西域再无匈奴！"

西域各国欢呼雀跃，感动得泪流满面。这次胜利虽然没有如卫青、霍去病对匈奴所取得的胜利那样使草木变色、山海皆惊，但它有更重大的意义，那就是战役结束后发生的事。

处决郅支后，甘延寿和陈汤把这个捣乱分子的人头送到千里之外的中央政府，并上奏书道："臣等听说天下大道理，应是天下一统，以前有唐和虞，如今有我强汉。匈奴呼韩邪单于已称北藩，只有郅支单于反叛对抗，多年来未受惩罚，大夏以西，都认为我强汉对付不了郅支单于。郅支残酷，毒害黎民，罪大恶极，被人唾弃。臣甘延寿、陈汤率领仁义之师，替天诛伐，受陛下神灵保佑，干掉了敌人，斩了郅支的人头，杀掉了他的团伙。臣恳请把他的头悬挂在长安城中外国人居住区，用以昭示万里之外的国家，让他们明白侵犯强大汉朝的人，即使再远也必须诛杀（明犯我强汉者，虽远必诛）。"

这句话是那个时代中华人的豪言壮语和高度自信，我们铭记的不仅是这句话，而是这句话背后的中国人“人若犯我，我必犯人”的以直报怨的光明精神。人不犯我，我不犯人；人若犯我，我必犯人，这就是知行合一！

戏剧性的事情发生在甘、陈二人的奏折抵达长安城后，郅支的首级已经臭不可闻，皇帝刘奭捏着鼻子和众臣讨论两人的奏折。

小时曾凿壁偷光的丞相匡衡学富五车，是个行走的知识宝库，他发表见解说：“《月令》（记载历象、物候，并依此安排生产生活和政治管理活动的文献）指出，春天是‘掩埋尸骨’的时候，悬挂尸骨，非常不好。”

刘奭都蒙了，他以为“小偷”匡衡是为了缓和大家观看死人头的悲凉气氛而故作幽默，可当他看到匡衡一本正经、极端严肃的表情后发现，匡衡没有故作幽默。如此大的功勋，居然被匡衡如此稀释，足以证明他是在木桶中长大的。

幸好，有人不是在木桶中长大的，甘、陈二人的巨功让他们激动万分，大臣王商驳斥匡衡说：“春秋时夹谷会盟，优施讥笑君主，孔子当场杀了他，那时是盛夏，被斩的手和足分不同的门运出。悬挂十天后才掩埋。我们应效仿孔子。”

匡衡嘴唇直哆嗦，学富五车的他好像偏偏没有学到这个典故。刘奭立即下令把郅支人头挂到外国人居住区，再把陈汤那句话写到挂杆上。

讨论完郅支人头的去处后，政府又开始讨论甘延寿和陈汤的功劳。这是一目了然的事，于万里之外斩杀最大敌人的首级，功勋可与日月争光，但一讨论，问题就来了。

匡衡大概因皇帝没有同意他的建议，气咻咻地说：“甘、陈二人违抗圣旨，私自讨伐郅支，不应该赏赐。”大臣和皇帝刘奭惊讶地张大嘴巴，还没有闭上，中书令（皇帝高级顾问官）宦官石显也站出来说：“非但不应该赏赐，还应该斩首。”

匡衡只是蠢，但石显就是坏了。他曾经想把姐姐嫁给甘延寿，甘延寿却不想有个阉人当小舅子，所以拒绝，石显怀恨在心。如今找到机会报仇，他当然不会放过。

石显虽然职务低，却因靠近皇帝而暗中掌握大权，有众人都认同的黑市地位，所以朝中许多大臣都附和他，认为应该把甘、陈二人斩首。

刘奭虽然被老爹刘病已指责是“坏我汉家”的败家子，不过本性尚纯，还算是个理性的好皇帝。石显以宦官身份窃取政治权力，并不是他的错。自霍光主政以来，为了把权力牢牢掌控在手，他在政府中安排的都是些没有能力的老好人，霍光去世后，这种布局靠惯性前进，于是权力都跑到皇帝贴身官，也就是那些宦官手中，石显就是代表人物。

西汉帝国的政治掌握在这些阉人手中后，不得不败坏，而甘、陈二人正是政治败坏的见证者。虽然两人没有被斩首，后来也得到了适当的封赏，可所有人都注意到，西汉帝国政治已从极点向下滑落。花开花落，人间天理。只不过，没有人知道，花终将落到谁家。

11／
无力的三帝

刘奭果然如他老爹所说，缺乏果断力。如果“王道”是以仁义治理百姓，那么“霸道”就是以雷霆法律手段治理官吏。场面上，刘奭做到了第一点，比如各种减税政策、亲民措施的颁布，但没有做到第二点。其实，如果做不到用法律手段治理官吏，那亲民就是梦幻，因为所有的亲民行为都要由官吏来完成。

刘奭所重用的人，全是他身边的宦官。在刘奭眼中，这些人的命运是悲惨的，象征着男人的唯一物品被充公，活得没有尊严，没有未来，刘奭用佛祖般的慈悲对待他们，石显就是他普度的对象之一，弘恭也是。石显和弘恭掌握皇权，作恶多端，最大的恶就是用阴谋诡计谋杀了政府大臣萧望之。

萧望之在霍光时期就进入政府，在很多人眼中，他是个刺头，刘病已刚登基不久，霍光正扬扬得意于又立了个皇帝时，萧望之就跳出来让刘病已亲政，刘病已吓得从椅子上站起要捂他的嘴。霍光脸上闪烁着复杂的表情，所以霍光执政时期，萧望之始终得不到升迁。霍家势力倒台后，刘病已升他为御史大夫，希望他能纠察百官，同时向帝国多提宝贵意见。萧望之立即指责老丞相丙吉说：“老丙为丞相，啥啥不管，吃嘛嘛香，典型的尸位素餐。这倒不是他品质不好，而是太老了，老糊涂了。”

丙吉气得脸红脖子粗，刘病已也生气地说：“我让你提宝贵意见，你怎么对丞相搞人身攻击呢？”

萧望之一看不对头，跑回家闭门谢客多日，反省告诫自己以后少做多嘴驴。可他就是这种喜欢挑刺的人，刘奭即位后，他对石显、弘恭死活看不上，多次联络政府大臣千方百计要干掉这两个人，而且多次在刘奭面前诅咒这两个阉人。

石显和弘恭发现，如果不把这个人干掉，那就永无宁日。公元前47年，石显和弘恭诬陷萧望之不轨，派兵包围萧府。萧望之对家人说：“这场牢狱之灾是无法避免了，即使将来无罪释放，我也丢不起这个人。”于是，他选择服毒自杀。

刘奭知道后，仁慈心顿生，责骂石显、弘恭，两人跪下痛哭，想不到这一哭又把刘奭的慈悲心哭醒，刘奭竟然放过了两人，此事不了了之。

刘奭不分是非的慈悲让他身边的宦官们更是肆无忌惮，公元前33年，刘奭一命呜呼，太子刘骜即位。刘骜即位时已二十一岁，他并不是老爹刘奭最中意的接班人，因为他极度好色。但由于中国立嫡以长的政治接班制，他必须成为皇帝。

刘骜即位不久，就展现出他极度好色的一面，除了许皇后之外，他把后宫中所有的女人全部邀请上床，他最喜欢的两个人就是美女赵飞燕和赵合德。赵飞燕不但容颜绝世，而且身轻如燕，能在掌中舞蹈，她与赵合德两个尤物让刘骜抛弃政治如抛弃破鞋一样，大权自然而然地落到皇太后王政君的手上。

王政君女士开始了她为王家光宗耀祖的“辣眼”表演。第一步，她把宫中以石显为首的太监团伙全部清除，石显无力反抗，任由摆布，因为他失去了权力魔杖刘奭的保护。第二步，王政君把哥哥王凤一日数升，王凤如坐过山车一样升为帝国最高军政长官（大司马、大将军、领尚书事）。王凤这把王家的开山刀向其他外戚一顿乱砍，先是把能力超群、威望十足的刘骜小老婆冯女士（冯昭仪）的弟弟冯野王清除，又迫使许皇后的老爹许嘉辞职。在搞定这两个外戚后，王凤小心翼翼地把大刀对准丞相王商。

丞相王商的老爹王武是刘病已的舅舅，王商一族是活跃在西汉朝廷中力量最强的外戚，不过，王商为人敦厚，没有如其他外戚那样的花花肠子，所以很得人心。王凤把帝国重要权力抓到手后，开始与王商短兵相接，王商本来不想接招，但架不住王凤三番五次地挑衅他，王商决心反击。

公元前25年，琅琊郡（治所在今山东青岛市黄岛区琅琊镇）发生天灾，接着就是人祸，百姓流离失所。王商大张旗鼓地命人查办琅琊郡行政长官杨彤，其实如此大的帝国，某郡发生天灾实属正常，根本轮不到帝国丞相如此兴师动众。王商如此，就是因为杨彤和王凤是姻亲。他想借此事间接打击王凤。

王凤得知后，找王商说情，王商胜券在握地说："我是公事公办，不容私情。"王凤大怒说："我等你的调查。"结果，王商把公正的调查报告递上去，希望皇帝罢免杨彤，却始终得不到刘骜的回复。

王商右眼皮直跳，感觉事情不好。果然事情不好，王商一击未中，王凤已展开凌厉反击，他命人搜寻王商的"罪证"。王凤以己度人，认为王商做丞相多年，屁股底下当然不会那么干净。可他让人搜寻许多天，只搜到王商和他老爹的奴婢通奸这件事。

刘骜拿到这份王商的"罪证"后，认为这是根本说不清的事，不能因此对王商进行惩罚，但王凤却认为，这里肯定有更多的阴谋诡计，强烈要求刘骜将此案移交司法官（王凤的走狗）彻查。

王商知道，一旦刘骜同意，他就将进入最黑暗的牢狱，严刑拷打之下，王凤要什么证据，他都会给。情急之下，他想起王政君问他女儿的事，希望他女儿能进宫服侍皇帝刘骜。不过当初他觉得把女儿嫁给个色鬼，有辱王门，所以没有同意。

现在，只能把女儿投入色鬼的怀抱来拯救自己。可这件事还未办成，西汉帝国上空发生了日食。王凤兴奋地大叫起来："啊哈。"他向刘骜说："日食就是王商和他老爹的婢女私通引起的，王商不配做丞相。"

王凤的走狗们都跳出来高喊口号："王商辞职！"

刘骜常年沉浸在美色中，腰酸背痛、头晕眼花，被这些人闹得心烦，只好把王商免职。王商愤恨难平，免职三天后，大口吐血而亡。王商死后，王凤把在朝中做官的王商家族成员全部清除出中央政府，王凤家族完胜。

当王凤在他奢华的王府中庆祝家族胜利并志得意满时，王家成员，除了死掉的、还没有出生的，其余全部涌入政府，占据权力要津，西汉帝国成了王家帝国。王凤说："王家万年不倒。"下面的人谄媚道："直到天荒地老。"

这是幻想，公元前 7 年，色鬼刘骜中风而死，他一生中和无数女人上床，但四个儿子夭折，临死前居然没有留下后代，这真是老天爷和他开了个莫大的玩笑。所以，他的侄子刘欣（汉哀帝）继承西汉帝国遗产，王凤家族的无限发展遇到了瓶颈。

刘欣是定陶王（定陶在今山东菏泽定陶区），他能成为太子，是靠贿赂王凤家族的王根和刘骜的小老婆赵女士（赵昭仪）。刘欣不在封闭的皇宫中长大，这让他颇有明主气质，深知事情的本质所在。他最痛恨的是王凤家族掌控朝政，皇帝成为傀儡，所以上任一年后，就对王家挥起砍刀，仅半年时间，王凤家族在政府中的人员被全部清除干净，同时他任用自己的外戚母族丁家和祖母族傅家为自己保驾护航。不过，丁家和傅家全是酒囊饭袋，不但不能为他分忧解难，反而总给他添乱。

刘欣痛定思痛之下，发现外戚就是烂泥扶不上墙，于是重用他的情人董贤，让董贤做宰相。两人的同性恋情历史留名，据说某次董贤枕着刘欣的胳膊睡觉，刘欣怕吵醒他，就用刀将袖子割断。后来的"断袖之癖"之说就源于此，说的就是真挚热烈的同性恋情。刘欣和董贤的关系，本是私生活。可刘欣以皇帝的身份把国库的钱拿出来给董贤建造府邸和坟墓，这就不是私生活，而是国家大事了，众人对此当然愤怒叹息。

刘欣很有恢复祖先汉武、汉宣时盛世的抱负，问题是，一个家族的命数是注定的，从刘邦开国到刘欣即位，西汉已经出现了十四位皇帝（算上吕雉），刘氏家族的运气越用越少。刘彻把充盈的国库挥霍一空，接下来的几个皇帝虽然几乎都采用了道家的休养生息政策，但于事无补。刘骜在位二十六年，天灾人祸无日不至，农村经济大面积破产，百姓倒悬于水火，天下匮乏之下，中央政治在太监和外戚手中又无法清明，恶果如夕阳西下，不可挽回。

刘欣用董贤，更是用情感代替理智。董贤只善于投怀送抱，卿卿我我，对治国一窍不通。刘欣必须寻找能真正挽救帝国和家族的人，可他找来找去，最后却找上一条死路。这条路的开拓者就是大名鼎鼎的王莽。

12／
新朝皇帝王莽

王莽是中华历史上的另类，他是王政君的侄子。王凤大权在握后，所有王家的人都被拉进政府，封侯的封侯，拜将的拜将。只有王莽的老爹王曼早死，没有封爵。王政君对这个孤儿侄子王莽尤其宠爱，叮嘱王凤一定要好好关照王莽。王凤对王莽的印象很奇怪，王家全是吃喝玩乐尽享人生的暴发户，只有王莽温良恭俭让，俨然一副儒家贤人的样子。

王凤对这个家族异类并不看好，直到临终前才把王莽推荐到中央政府担任黄门侍郎（皇家秘书处传达诏命的人），王莽看上去对这个职务非常满意且充满敬畏。在所有人印象中，王莽长了一张那个年代少有的国字脸，方方正正的大嘴与一个肉嘟嘟的大鼻子，让人记忆最深刻的是他的眼睛，王莽的眼睛细长，永远眯着，他对任何人都微笑着，由于眼睛细长而窄，又永远保持着微笑，你会发现他没有睁眼，所以当他看你时，你无法确定他到底是在看你，还是在闭目养神。

受儒家的人文主义影响，王莽对外结交士大夫，对内则善待他的叔叔伯伯们。这让他在掌控话语权的人的保驾护航下，官职越来越高，地位更是一日千里。皇帝刘骜封他为新都侯（治所在今河南新野县东南四十里九女城），这是王政君家族第一个名副其实的侯爵。

让人对他尤其钦佩的是，他的地位越高，越能谦虚谨慎，礼贤下士。他行善如呼吸，常把家里的余财分给那些贫穷的士子。如此一来，在朝的官员推荐他，在野的士子赞颂他，他成了西汉帝国最有名望的人，远在皇帝之上。公元前 8 年，王莽在全国人民的称颂声中跃升为大司马（政府总理）。

王莽并未因得到如此高位而松懈，他继续贯彻着自己的价值观，勤俭得近乎苛刻，他的夫人身为宰相老婆，穿戴却比奴婢好不到哪里去。家中装修简陋，除了书籍外没有值钱的东西。

多么伟大的帝国总理啊！

公元前 7 年，新皇帝刘欣上台。王莽眼见帝国衰败，向刘欣拿出了改革方案，主要有两条：第一，限制贵族及平民的私有土地，每家拥有的土地均不得超过三十顷。第二，诸侯王、贵族的奴婢数量不能超过两百人。

刘欣的外戚丁家和傅家马上跳起来，坚决不同意。因为他们刚靠刘欣的地位升上来，正准备享受，王莽这是破坏了他们日后的美好日子。即使是王莽家族，也认为他丧心病狂，怎么会想出这样自掘坟墓的损招来。

王莽不为所动，眯着有独特魅力的眼睛，不说话。但这个改革计划却流产了，皇帝刘欣是个想振作的人，可他不能以身作则，王莽发现无法施展抱负，马上称病辞职。

刘欣简单地安慰了他几句，让他回新都侯国养病。王莽眯着眼微笑着去了侯国。王莽离开长安城时，给他送行的人多达数万，这让他更加坚定自己的人生价值观。要拯救这个帝国，要重新开辟一片天地，如同当年盘古开天地一样。

王莽在新都侯国韬光养晦了三年，他的儿子杀了一个奴婢。主人杀奴婢，至多是到政府部门受点教育，王莽却逼迫儿子自杀。这种冷血行径非但没有降低他的人格魅力，反而让他声名大噪，搞得天下皆知。

当时政府要员和士子都纷纷向皇帝刘欣请愿，认为如果王莽不出山，天下苍生就没了活路。刘欣正和董贤卿卿我我，没有心情处理这些事。可最后，刘欣架不住天下人对王莽的推崇，好像如果王莽不出山，地球就不转了一样。恰好他的母亲和祖母都已死掉，刘欣顺水推舟，召王莽进京，但并未给他任何高级职务，只是让他照顾王政君。

王莽微笑着回到长安城时，迎接他的人数以万计，好像他们迎接的不是一个人，而是救世主。王莽入京后，专心致志侍奉老太太王政君。公元前1年，皇帝刘欣去世，和他叔叔刘骜一样，他也没有后人，于是王政君自作主张，迎立刘奭的孙子刘箕子为帝。刘箕子只有九岁，必须有人辅佐，王莽当仁不让。他自封大司马，废掉董贤，西汉帝国的丧钟敲响了。

从公元前1年到公元9年，王莽以大司马的身份开始进行他的第一次改革，这一次改革主要是针对教育方面。王莽深受儒家提倡的“教化”思想影响，按照董仲舒所说，一切命运源于教育，于是他先改革教育。他大范围扩招学生，在郡国设置“学”，县设置“校”（今天的“学校”二字，即从此来），让尽可能多的人读书，以此来净化民俗、教化民风。另外，就是法律方面的改革，按照儒家教化原则，他废除了很多严刑峻法，用德政代替刑罚，把西汉帝国“王霸杂之”的治国理念扔到垃圾堆中。这些举措，深得民心。

公元5年，傀儡皇帝刘箕子去世，刘家另一个小孩刘婴被立为皇太子，王莽被众人推举为“摄皇帝”。董仲舒提出的“五德终始”和“天人合一”理念开始发挥作用。自从成为“摄皇帝”后，西汉帝国就经常出现祥瑞，今天有麒麟降世，明天有百花同时盛开，后天又出现五彩祥云笼罩长安。再过几天，又有人挖到巨石，上面有“莽为皇帝”字样。各种各样的祥瑞，其实都是想说明一点：西汉已经不符合天命规范，王莽受天指派要代替西汉。

这在后来的中国历史上，是大逆不道的。但在东汉之前，这种思想有很深的民众基础：如果老天都认为不行了，那你就该把位置禅让给有能力替天行道的人。

刘弗陵在位时期，就有人上书请他禅让，很多人都认为这是霍光搞的鬼，霍光为了表示自己的清白，将上书者诛杀。公元前60年，又有人请刘病已禅让，刘病已居然还让大臣开会讨论，讨论的结果是上书人被杀。天下读书人对这种思想深信不疑，即使是皇帝本人也有这种吊诡的想法，刘欣执政末期，突然有一天询问大臣们：“我想效法尧禅舜，如何？”

他如果是尧，那董贤就是舜。大臣们目瞪口呆，用一句话堵住他的想法：“天下是高皇帝（刘邦）的天下，并不是您所有，以后这种话可千万不能说，天子无戏言。”刘欣听完这段话，居然大怒，掀翻了桌子。

也就是说，王莽被禅让，有着硬道理，这就是无能的在位者就应该把位置让给新出的圣人。王莽就是新圣人。

当然，不全是好消息。王莽的新圣人角色咄咄逼人，引起刘氏皇族一些人的激烈反对。公元 6 年，安众侯刘崇鼓动刘氏宗室向王莽开战，结果跟随他的只有百余人，被王莽击败。刘崇的叔叔刘嘉趁机向王莽请罪说：“刘崇是浑蛋，怎么能挑战圣人。之所以有人反对您，是因为您的权力太轻。”王莽笑眯眯地点头。于是，在众人的推波助澜下，王莽被封为假皇帝（代理皇帝）。老子说，福兮祸兮，一团乱麻。王莽因别人的反对之祸而转化为福——晋一级，这种好事可能连他自己都想不到。不过，福气过后，又是祸——公元 7 年，拥有强大号召力的东郡太守翟义联络十万余人起兵讨伐王莽。

王莽被这个数字吓破了胆，抱着太子刘婴眯着眼哭个不停，还絮叨着：“为何天下人不识我心啊！”刘婴睁大了眼睛看他，以为他哭着睡着了。王莽当然没有睡着，他哭完后，就挂上招牌式的微笑，向天下人发布告示说：“皇太子年幼，我现在只是代他管理，几年后肯定把权力还给他。”

正当他被迫做出这一表态时，去平定叛乱的大将把翟义击败，王莽顿时恢复伟大的姿态，微笑着大摆宴席，庆祝这场胜利，并且说：“这是天意啊，天意。”

公元 8 年，王莽让刘婴禅让，自己登基称帝，确立他的政权为“新”（源于他的新都侯爵位），新王朝至此取代西汉王朝，统治中国。王莽这套禅让把戏搞得并无新意，因为刘婴是皇太子，根本无法把皇位禅让给他，他直接从皇太子一步到位为皇帝，可谓是个玩笑。

王莽建立的“新”王朝和中国历代王朝相比，有两个突出特点。一是王莽的皇位虽由汉帝国皇帝禅让而来，其实出于民选。当时上书歌颂王莽，要求王莽做皇帝的人近五十万（487572 人），他们都是儒家知识分子。二是王

莽是学者，以学者身份建立一个庞大的帝国，这在中国历史上是第一次也是最后一次。

现在，大新王朝的皇帝王莽带着高贵的微笑坐在龙椅上，对着中国说："我要再创世纪！"

13／王莽创世纪

盘古当年创世纪牺牲了自己，王莽也有这个心理准备，所以他登基后不久，就开始抡起大斧对帝国横砍竖劈。他先是将政府部门和官员的称呼复古，比如，大司农（财政部部长）改为古名纳言，大鸿胪（外交部部长）改为典乐，这些还可以接受，但王莽秉承古时“天无二日，土无二王”的世界观，将汉帝国的诸侯均改为公，四夷被封王者均改为侯。匈奴原本是王，突然降为侯，先是大惑不解，然后是大发雷霆，开始反叛。王莽用高压手段对付叛徒。

这种改革是典型的复古思维搞怪，对事情本身没有任何意义，可王莽乐此不疲，而且极端严肃，一本正经。不过，被王莽当成心头肉的改革是生计的改革，他要从生计入手，建立一个古圣先贤幻想出来的大同社会。

第一条是将土地收归国有，私人不得随意买卖，必须做到耕者有其田。

第二条是不得再进行奴婢交易。

第三条，把与人民生活有关的重要物资（盐、铁、铸钱、冶铜、织布、昂贵的各地特产）统统收归国有，由政府进行计划分配，让奸商不能囤积居奇，让百姓可以买到生活必需品。同时，百姓还可以向政府低利息借贷。

第四条，对游手好闲的人征收重税，迫使他们劳动。对一些边缘劳动产业，诸如渔猎、畜牧、巫医、方技等有收入的行业，征收百分之十的所得税。

第五条，改革币制，这是他最糟糕的改革方案，他在位的十五年，币制改革了四次，一次比一次乱，最终导致民怨，动摇了其统治。

王莽这些开天辟地的改革，念头是好的，他希望能回到那些圣贤幻想出来的上古治世，但他最终失败了，我们来分析分析其原因。

一、王莽迷信政策的出台，认为只要政策好就一定会收到奇效，却没有用力去兑现，所有他自认为好的政策都停留在纸面上，这是典型的知行不一。比如对游手好闲的人征收重税这一条，根本没有实现。倘若该政策可以实现，那后来就不可能有那么多无业游民参加叛乱。

二、王莽出台的改革政策固然有针对现实问题的考量，但他痴迷古训，常常强行要求解决现实问题的政策和“六经”必须吻合，他把政府官员的称呼修改为古名，是想正名，让官员一想到自己的职务名称，就马上想起为人民服务的良知来。可他经常改名，以至于有些官员连自己的官职都搞不清楚。

三、王莽所用非人，其所使用的都是把他推举出来的那些官吏和地方豪强。民选出来的领导人有个致命的缺点，民选出来的不是国家领导人，而是民的经纪人。他们选的人的智商永远都和他们是一样的水平，低于他们的肯定不会选，高于他们的，他们自然听不懂也看不懂，所以更不会选。所以民选出来的领导人，最好的也不过是中等智商。王莽所用的这些中等智商的人，要么办不成事，要么就故意不办，所以都是成事不足，败事有余，知而难行。

四、王莽可以判断善恶，却无法判断是非，这导致有些改革措施无法实事求是。比如不允许奴婢买卖。当时的西汉帝国，土地集中，王莽如果能做到收归国有后耕者有其田还可以，但他所用非人，又醉心制度却不注重实行，所以所谓的“耕者有其田”纯是口号。如此一来，有些人若想活下来必须卖身到地主豪强家为奴婢。可王莽把这项制度废除了，许多没有生活来源的人只能等死，加剧了社会矛盾。不允许奴婢买卖是善的行为，却不一定是对的。

一个人的判断力出错，而且是屡屡出错后，肯定会出现难以挽救的问题。王莽在位的第九年（公元 17 年），中国大地上旱灾、蝗灾、水灾你来我往，从未停歇。各地迅速出现大量饥民。叛乱开始出现，并且迅速蔓延。湖北方面的绿林军、山东的赤眉军是叛乱集团的典型代表，对新王朝的伤害也最深。王莽此时头昏脑涨，不想办法处理内部叛乱问题，居然还笑眯眯地强征民财，要去讨伐反叛的匈奴。

赤眉军已成长为很难对付的庞然大物后，王莽才集结全部力量对付赤眉军。双方在昆阳展开决战，王莽兵团大败，昆阳之战中，赤眉军中有一个将领崭露头角，他就是日后让汉帝国起死回生的刘秀。

昆阳之战后，绿林军趁王莽兵败沮丧，毫无斗志，突然攻陷长安，王莽被一个商人叛徒杀害。死前，他仍然坚持，自己继承了天意，所作所为非己之错，至于错在哪里，他笑眯眯地一无所知。

王莽的失败，不是他个人的失败，而是古代中国本应美好的制度的失败。王莽用一种绝对和平的方式建立了一个帝国，中国人由此形成了“政权转移应该以和平禅让方式，而不是战争方式来进行”的价值观。但这价值观因王莽的死亡而被摧毁，之后所有的政权转移，全以暴力血腥的方式进行。

王莽代替汉帝国，明示了“任何朝代一定会灭亡，不可能由某家族的人永远统治下去”的认识，这是“天人合一”和“五德终始”的作用，可惜王莽失败，这两个最伟大的发明也灰飞烟灭。此后，每个王朝无论昏庸成什么样，都再没有人敢站出来让皇帝禅让。

最后，王莽是按照天意和民心取得政权的，尤其是民心，可以说，王莽是民选出来的皇帝，但王莽用几十年的行动证明了民选出来的领导人未必有能力领导人民，他只是大部分人选出来的代表，而不是领导人，这是积极意义。消极意义则是，从此古代中国再没有发生过民选这件事，因为王莽的失败证明了这种方式很不合理。同时，之后历代王朝的大部分皇帝都不重视民心，认为这毫无意义，中国普通百姓于是生活在水深火热中。

王莽失败了，其主动和被动为中华世界创造的价值观同时失败，中国重新开始，好像王莽从来就没存在过一样。

也许，正如盘古创世纪后被人遗忘一样，那些真正开天辟地者，最终的结局就是被人遗忘。盘古用死亡创造天地，王莽可能也希望用死亡创造另一个天地，但他远不如盘古幸运。**无论如何，极端严肃的盘古和始终微笑着的王莽都是中华世界的英雄，我们不可以以成败论英雄，而应以念头的正邪论英雄。**

图书在版编目（CIP）数据

知行合一五千年 : 度阴山讲中国史 / 度阴山著 . --
南京 : 江苏凤凰文艺出版社 , 2020.6
ISBN 978-7-5594-4866-8

Ⅰ . ①知… Ⅱ . ①度… Ⅲ . ①中国历史 – 通俗读物
Ⅳ . ① K209

中国版本图书馆 CIP 数据核字 (2020) 第 078394 号

知行合一五千年：度阴山讲中国史

度阴山 著

责任编辑　张　倩
特约编辑　谢　演
装帧设计　崔欣晔
出版发行　江苏凤凰文艺出版社
　　　　　南京市中央路 165 号，邮编：210009
网　　址　http://www.jswenyi.com
印　　刷　天津旭丰源印刷有限公司
开　　本　700mm × 980mm　1/16
印　　张　18
字　　数　265 千字
版　　次　2020 年 6 月第 1 版　2020 年 6 月第 1 次印刷
书　　号　ISBN 978-7-5594-4866-8
定　　价　46.00 元